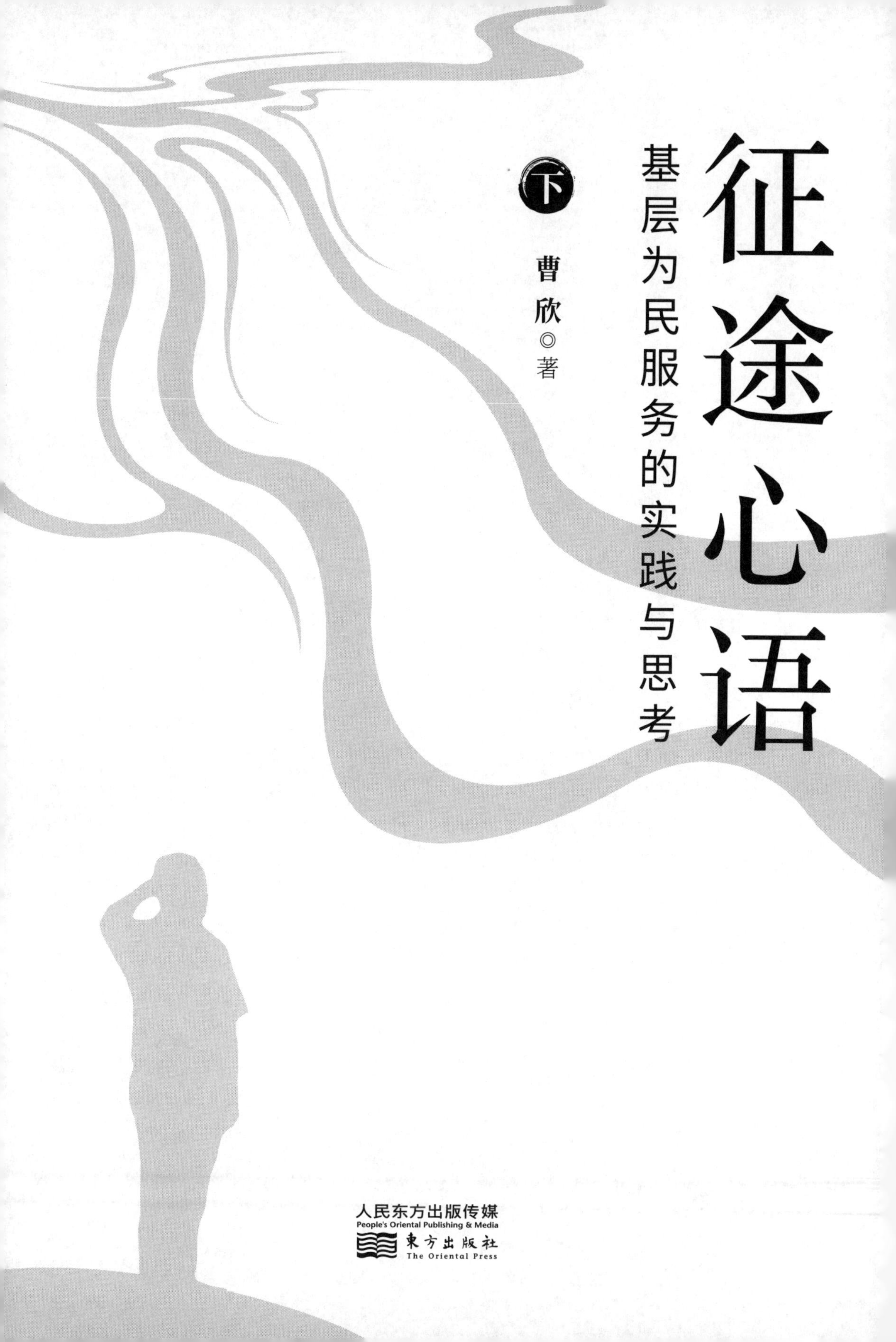

征途心语

基层为民服务的实践与思考

（下）

曹欣◎著

人民东方出版传媒
People's Oriental Publishing & Media
東方出版社
The Oriental Press

下　册　目　录

做好商标工作当围绕三要素推进

商标是用以区别商品或服务的标记，在一定程度上反映的是企业发展水平，也是一个地方经济软实力的体现。一个企业具有驰名商标，一个园区汇聚众多驰名商标，一个地方云集各种驰名商标，无疑说明该企业、园区或地方实力强大，活力强盛。可见，切实做好商标工作，对于企业和地方经济发展至关重要，具体应围绕定标、创标、护标三大要素抓好落实。

一、定标

众所周知，商标工作源头在商标战略。确定好的商标战略，不仅是企业的大事，也是地方政府的大事。

政府是主导。从一般意义上讲，一个地方商标发展水平高不高，商标战略有没有和执行得好不好，所折射的是地方政府行政能力问题。因此，地方政府一定要从整个经济发展高度深刻认识商标战略的重要性、必要性和紧迫性，并在吃透实情基础上，集聚各方智慧，大手笔制定商标战略，统领区域商标工作的当今和未来，使之与地方经济发展战略相适应和相融合，做到商标工作纲举目张。

企业是主体。企业发展的目的是做大做强，主战场则在市场，要在市场竞争中占得先机和赢得胜利，关键要靠商品或服务质量被消费者青睐，得以把企业、市场和消费者聚在一起的黏合剂就是商标。故企业一定要有大视野、大气魄和大思路，高水准制定商标战略。即从增强注册商标意识入手，从创立知名商标起步，从创建著名商标过渡，从争创驰名商标定位，从挤进世界级商标方阵努力，以形成具有独特优势的商标系列，助推企业不断做大做强。

工商是主管。工商管理部门是一个地方商标管理工作的职能部门，任务艰巨，责任重大，事关商标工作兴衰成败，以及地方经济发展水平高低。制定高水平和专业化商标战略，是工商管理部门的基本要务。工商管理部门必须摸清和吃透地方经济发展实情，注重对企业发展情况了然于心，按照争创驰名商标、著名商标、知名商标、注册商标梯级系列，明晰商标工作的指导思想、目标任务、重要原则、基本政策、推进措施等，力求上为政府当好参谋，下为企业铺路导航，内为自己拓展路径。

园区是主力。园区是企业集聚之地和发展平台，园区管理部门肩负着服务企业和发展企业的重任，制定好园区商标战略可谓责无旁贷。围绕把园区建成商标大区和商标强区，特别是驰名商标洼地，园区管理部门一定要立足当前，着眼长远，统筹规划，以招商引资扩大增量为抓手，以支持培育盘活存量为己任，通过外引内创，形成商标集聚优势，不断增强园区发展软实力。

二、创标

无论企业还是行政，商标是创出来的，落实商标战略是干出来的，且创与干的过程充满艰难险阻和风险挑战，但只要紧紧围绕商标战略不放松，各方协调联动加倍努力，就一定能不断开创商标工作新局面，为经济发展提供不竭动力源泉。

企业上战场。商标是企业的名号和招牌，企业是商标的载体和依托。商标看似简单的符号，实则是企业实力的标志。创标的主战场在企业，打主攻的是企业。企业必须善于凝心聚力打大仗和打硬仗，且不达目的不罢休。在实际操作上，就是要靠企业家带头，创标头脑清醒，注重从企业生存发展战略高度看问题，进而明晰思路，坚定信心，狠抓落实，这是企业创标的龙头；就是要加大投入，按照既定发展战略和创标过程要素配置路线图，组织协调各种资源，在创标刚性投入上舍得“割肉放血”；就是要注重科技创新，着力打造领先优势，做到推广一代、储存一代、研发一代，皆因商标背后的重要支撑是科技；就是要优化商品或服务质量，坚持市场导向和顾客优先，注重科技支撑和管理保障，确保商品或服务更优质、更具人性化和实用性，坚持靠质量为商标增辉；就是要不断提高员工素质，企业实施商标战略，皆要通过员工具体操作体现，操作能否规范达标，源于员工素质如何，这对企业创标来说，既是一场攻坚战，更是一场持久战，必须下决心常抓不懈；就是要加强文化建设，注重学习世界文明成果，继承发扬传统文化精髓，吸取掌握现代先进文化思想，不断实践创新总结提升企业独具特色的文化内涵，为企业创标注入强劲文化元素，使之在商标百花园一枝独秀。此外，企业既有创标问题，又有用标问题，关键在于搞好市场营销，发挥商标赢得消费者的特殊功效。

政府把舵掌。地方政府是创标工作宏观管理者，如果把创标比作一艘大船，政府的角色即形同舵手。大船要顺利达到理想彼岸，政府这个舵手应抓好三件大事。一是把握宏观大局，抓住主要矛盾，紧扣重大事项，营造良好氛围，确保创标工作按照既定战略贯彻落实。二是出台支持创标优惠政策，集聚和配置各种资源，大力扶持有创标意愿和创标实力企业，特别是龙头企业、重点企业和特色企业，帮助克服创标过程中的艰难险阻和疑难杂症，助推企业创标成功。三是安排部署政府职能部门紧贴企业创标实际，全力以赴帮助企业搞好创标，加强对职能部门工作落实情况检查督办，防止在服务企业创标上不作为、慢作为和乱作为。

工商跑四方。创标是工商管理部门的重要业务，而工商管理部门也是行政部门创标第一责任人，在相当程度上起着承上启下、承前启后的作用。工商管理部门要在创标上积极作为和大有作为，就必须坚持不懈跑企业，毕竟企业是创标主体，其优势在平台、技术和投入，弱势在商标专业，以及所涉及法律法规、创标程序和规范标准等，而这恰恰是工商管理部门职能优势。这就要求工商管理部门不能坐等企业上门和一般化对企业帮扶指导，而要根据商标战略和创标路线图，将主要精力放在对创标企业包点、蹲点和驻点之上，面对面和手把手地进行业务技术指导，避免企业创标走弯路。工商管理部门要在创标工作中发挥作用，一是必须坚持不懈跑市场。市场是商标展示的舞台，也是消费者对商标论证的舞台，更是企业商标竞争的舞台，工商管理部门是市场监管主要部门，在履行职责和指导企业创标过程中，必须经常深入市场，把握走势，了解动向，洞悉规律，确保创标工作更有前瞻性、针对性和实效性。二是必须坚持不懈跑政府。政府是实施商标战略的宏观管理者，但在职能上又分为多个层级，即国家、省、市、县等。工商管理部门在充分掌握企业创标实际和市场实际的基础上，也要经常有针对性和有重点地实时向地方政府汇报工作，争取领导重视和支持。同时，还要根据创标实际需要，实时跑部进京和跑厅进省，注重向上级对口部门汇报和争取业务上的大力支持，让创标工作不断快马加鞭。三是必须坚持不懈跑媒体。创标工作需要全社会重视与支持，特别需要广大消费者重视与支持，营造良好创标氛围。故工商管理部门一定要根据创标战略要求和实际工作需要，有组织地联袂媒体加强宣传，以提高全民支持创标意识和热情，不断增强商标工作的吸引力和影响力。

园区多帮忙。一般而论，创标是企业的事，其实也是园区的事，因为现代企业建设发展模式多集聚在园区，园区汇集的商标越多，特别是驰名商标越多，说明园区实力越强。所以，园区在企业创标上责无旁贷，必须有为。一要针对园区企业创标实际，结合园区产业发展规划，成立协调服务工作专班，有领导牵头，有专人负责，有具体任务，有工作机制，经常深入企业服务指导。二要经常联动工商管理部门，加强对企业及其创标队伍的专业培训指导，将基础工作做实，将技术工作做牢，将产品质量做优，将发展业绩做好，将创标资料做精。三要拿出真金白银，舍得在营造环境和氛围上加大投入，及时奖励或重奖创标成功企业，通过激励优胜企业，带动更多企业创标你追我赶。四要及时向地方政府汇报园区创标工作情况，争取政策支持，以及与工商管理部门联系，有效解决创标中的专业性问题。

民众寄希望。企业创标看似与民众无关，实则关系密切。一来民众虽然不是企业创标局内人，却是企业发展的外部环境，外部环境好，企业发展条件就有利，条件有利，创标胜算就大增。二来从市场角度讲，民众作为消费者，是企业成败的直接关系人，企业创标能不能成功，或能否成功创建驰名商标，投票权往往在消费者手中。企业市场营销实践也反复证明，民众作为消费者，对于商品或服务一般呈两头冒尖式反应。民众对企业商品或服务品牌认同、推崇时，就会产生持续效应和蜂群效应；一旦企业出现问题，哪怕是细小问题，民众对企业商品或服务品牌的认同、推崇就会动摇，企业好不容易建立起来的招牌也就难免遭遇潮水般砸牌效应。因此，企业在实际创标过程中，必须以市场和消费者需求为导向，时时刻刻绷紧质量这根弦；地方政府要加强对民众的宣传，引导民众关心支持企业创标；民众是一个地方建设发展的基础，当与企业发展荣辱与共——表现在企业创标活动上，应立足关注、关心和支持，多体谅理解企业的困难和艰辛，多向企业献计献策，多为企业创标唱赞歌，以形成有利于企业创标的社会氛围。

三、护标

俗话说：创标不易，护标更难。难就难在市场竞争激烈，诸多企业粗放经营局面尚未根本改变，市场秩序和市场监管不尽完善，知识产权保护有待进一步加强，假冒商标等不法侵权行为时有发生，不仅侵犯创标企业合法权益，也对地方经济发展产生了不利影响。因此，必须将护标纳入社会构建良好经济环境范畴，动员各方力量，加强商标知识产权保护，严厉打击各种商标不法侵权行为，促进商标工作不断迈上新台阶。

政府统筹引领。维护商标知识产权是地方政府优化经济发展环境的重要任务。面对维护商标知识产权上的问题，地方政府必须高度重视，把维护商标知识产权纳入商标战略与工作重要议事日程，定期听取保护商标知识产权情况，研究保护商标知识产权重点事项，检查督办行政职能部门保护商标知识产权工作，协调部署社会各方保护商标知识产权活动，构筑浓厚的保护商标知识产权社会氛围，力求将所辖区域建成保护商标知识产权的净土，并统筹组织好打击侵犯商标知识产权的不法行为。

企业一岗双责。企业是创标主体，注重维护商标知识产权天经地义，但也存在突出问题。一方面，企业历经艰辛所创立的商标因市场知名度和美誉度较高而非常容易遭到不法侵害，甚至被侵害而不察，给企业造成重大损失。另一方面，有的企业为应对市场激烈竞争，放着创建自己商标品牌正道不走，转而靠假冒他人商标，侵犯他人商标知识产权，大搞不正当市场竞争，严重扰乱了市场经济秩序。因此，要不断净化市场经济秩序，防治假冒伪劣侵犯商标知识产权行为，企业责任非同小可。必须牢固树立维权意识，熟悉法律法规和政策，洞悉各种不法侵权行为的特点和手段，善于运用法律武器和舆论手段保护自己的合法权益。同时，还必须牢固树立行业自律意识，自觉遵纪守法，力戒不正当竞争，尊重他人商标知识产权，用自身法治诚信行为，促进市场经济秩序优化。

工商打防并举。市场监管是工商管理部门的重要职责，保护企业商标知识产权免遭不法侵害，是其常态业务和当务之急。在经济转型发展过程中，各种不法侵害企业商标知识产权问题比较突出，需要工商管理部门出重拳，抓落实。一要加大法律法规宣传力度，不仅在范围上广覆盖，更要注重深入性和针对性，抓住企业这个牛鼻子，既增强企业维权意识，更增强企业自律意识。二要加强市场检查、巡查。尤其要善于运用信息网络手段和大数据分析，加强对商标市场管控，建立企业商标信用体系，用人管 + 技防堵塞各种漏洞。三要加大打假和查办案件力度，对于查获的各种侵犯企业商标知识产权的不法案件，一定要快查快结快处，坚决将综合打击手段运用到位、惩戒到位。

园区内管外维。企业商标不仅是园区实力所在，也是招牌所在，巩固和发展园区，在一定程度就要保护好企业商标这个金字招牌不受侵犯。面对市场秩序不尽完善，商标侵权时有发生的情况，园区管理部门对内必须加强法律法规宣传和行政执法监督检查，防止区内企业侵犯其他企业商标知识产权，一旦发现不法活动，要及时依法查处，决不能内外有别，视而不见，或以罚代管，或徇私卖放；对外就是要通过信息网络等多种渠道，关注区内企业商标在区外市场运用情况，一旦发现遭到不法侵害，应当主动协助企业依靠法律手段、行政手段和舆论手段维护合法权益，制止不法侵害，打击违法行为。对此，有的园区可能认为遭不遭侵害是市场和企业的事，查办与否是行政执法部门的事，园区不必多此一举。其实这不是多管闲事，说白了既是为企业服务，也是在巩固和发展园区实力。

民众广泛监督。民众是消费者，对于企业产品或服务质量最有发言权，对于企业所提供商品或服务质量是否与其展示商标名号名副其实也最有感知力。要维护企业商标的合法权益，当充分调动社会民众积极性，发挥民众社会监督作用。民众要注重了解掌握域内企业商标品牌情况，毕竟人都有地域观念，能为域内企业商标维护做点工作是分内之事，理当做一个为企业服务的有心人和热心人，了解商标和维护商标就是一个好的切入点。此外，民众还要用消费维权的眼光和对企业商品或服务质量的直接感受，发现和洞悉市场各种商标侵权行为，并及时向工商管理部门举报投诉，为净化市场和维护正义尽到法定义务。

2016 年 2 月

试述商事制度改革“三步走”

商事制度改革，是行政领域改革的重头戏之一，事关行政能力和经济发展环境的优化，以及市场主体的倍增与做大做强，工作涉及广、难度大、时间紧、任务重，必须在抓好顶层设计基础上，紧密结合地方工作实际，全力以赴打好攻坚战，走好“三大步”。

一、放得开

大力推进商事制度改革，首先必须矫正传统收得过度、捆得过紧、管得过死的习惯性思维行为方式，核心就是“放”。

（一）解放思想

思想是行动的先导，商事制度改革首先要突破传统思维藩篱，在解放思想上来一场革命。一是破旧。在计划经济体制下，行政包打天下，企业是政府的附属物，计划是企业生产经营的杠杆。那么在行政与企业之间，也就形成了父子关系、管理与被管理关系，表现在商事制度上的行政思维更是如此。围绕全面管理和强力管理，行政增强控制力和约束力的举措越来越多，难免影响企业的生机活力。在改革开放、建立和发展社会主义市场经济形势下，企业是市场主体，要让市场在资源配置中发挥决定性作用，促进企业主动作为和创新发展就显得尤为重要。因此，在商事制度改革上，必须突破传统思想观念，这也是改革开放全面向纵深推进的必然选择。二是继承。在商事制度改革上要解放思想，但决不是非此即彼和否定一切的简单思维，而要善于扬弃和辩证思维。也就是说商事制度改革，主要是针对传统商事制度不适应新形势的部分，凡被实践检验行之有效的东西则必须继承发扬，不能举着解放思想的旗帜，不加区分地将适应部分与不适应部分混为一谈、一概否定，这实际是对解放思想的误解和解放思想不到位的另一种形式。其正确态度是扬长避短，力求让相适应部分在新形势下发挥更大作用。三是立新。在商事制度改革上，破除旧的东西不容易，建立新的东西更不容易，且破旧是手段，立新是目的。立新会没有既成经验可以借鉴，面临已知和未知的风险挑战，面临实践过程中各种不确定性因素，且人的思维行为方式提高有一个不断深化的过程。故立新可能成功，也可能遭遇挫折和失败，但不管怎样，要立新，就必须有新视野，把改革方向和重要内容看准吃透；必须有胆识，大胆地试，大胆地闯；必须坚定不移向前推进。只有破旧、继承和立新有机统一，解放思想才会落到实处。

（二）拆障松绑

推进商事制度改革，当从经济发展需要出发，以有利于市场主体茁壮成长为导向，着力打破旧的商事制度弊端，扎扎实实打好三大战役。一是简政放权。本着将行政统得过多和管得过死的权力还权于社会，还权于市场主体，就是要对行政权力进行系统清理，制定权力清单、负面清单和责任清单，将该放的坚决放下去，该减的坚决减下来，该并的坚决并一块儿，该撤的坚决撤到底；就是要实行多证合一、先照后证、一照一码等；并在推进过程中，力戒明放暗不放，明减暗不减，明并暗不并，明撤暗不撤，用所谓的变通和游戏，穿新鞋走老路，坏了改革名声。二是优化流程。如果说商事制度的源在权力清单，那么流即是运行的各种流程，特别是为市场主体和百姓办事的流程——有的行政门槛就是通过流程加高的，有的行政壁垒就是通过流程构筑的，有的行政人员吃拿卡要就是通过流程实现的。因此，要真正在拆障松绑上动真的、来实的，必须对流程进行合并简化，并联运行；必须将优化的流程向社会公开，接受监督；必须力戒公开在台面上的流程尽善尽美，实际运行的沟沟坎坎潜伏在台面下；必须实现流程设计和运行的电子化，用技术手段加以管控。三是降低成本。商事制度改革实质是利益调整，旧的痼疾突出表现，就是有的机关和工作人员借助于行政审批等刚性手段，通过提高办事成本，从市场主体那里获取利益。因此，商事制度改革成功与否，具有风向标性质的指标就是要对所有收费事项进行清理和压减，并向社会公开；就是要整治增加市场主体办事成本台面下的隐形活动，堵死这方面的漏洞；就是要通过服务上网运行和下沉到基层，减少市场主体办事在时间、精力和物质上的消耗，切实将办事成本控制在合理合法的区间。

（三）改进服务

商事制度主要通过行政机关具体行政行为和工作人员具体举动体现，核心就是优质服务。因此，在商事制度改革以放为主的同时，还必须围绕服务跟进和服务提质做文章。一是规范型展示。即从严格规范入手，工作人员要处处表现出专业、文明、亲切、细致，一个人就是一面旗帜；场地建设要标准、洁净、舒适、方便，充满文化氛围；办事要简约、快捷、高效，更多集聚和使用现代化工具。二是人性化操作。传统商事制度主要体现在严进宽管，而严进的结果就是市场主体和百姓找机关、机关内具体审核把关，形成千军万马挤独木桥和机关开门等客上门之势，其弊端显而易见。商事制度改革要体现优化服务，就必须转换思维行为方式，更多为市场主体和百姓提供特殊性与个性化服务。诸如在做好常规服务的同时，更多开展延时服务，为市场主体和百姓提供时间上的便利；更多开展预约服务，让市场主体和百姓办事具有选择性与机动性；更多开展上门服务，使市场主体和百姓在大事、要事与难事的办理上得到集中有效服务。三是功能性下沉。涉及商事制度实施工作，基本集中在县级层面和行政机关，离服务下沉到社区和乡镇村还有相当距离。推进商事制度改革，最终就是要通过信息化手段，千方百计将为市场主体和百姓服务事项向外与向下延伸扩展，尽可能让市场主体和百姓足不出户办事，或办事实现半小时、一公里就近办理。

二、管得住

推进商事制度改革，要下的先手棋无疑是“放”，但该放的放开以后，并不意味着万事大吉和高枕无忧，还必须清醒地看到，放开既在促进市场主体倍增和全民创业上功不可没，却也大大提高了行政市场监管难度。一方面，有的行政机关和工作人员比较习惯严进宽管，在全面实行先照后证、宽进严管为重点商事制度改革之后，不仅思想认识转弯有个过程，而且人员素质也参差不齐，机关建设在某些方面还不相适应。另一方面，市场主体的直接目的是实现自身利益，传统粗放经营方式还没得到根本性改变，从业人员素质良莠不齐。当传统商事制度改变以后，市场准人条件降低和管理宽松时，也容易导致不正当竞争增多，造成市场秩序混乱。要通过商事制度改革实现管得住和管得好目标，就必须在总结传统商事制度经验教训基础上，在强化管的举措和力度上打硬仗。

（一）调整思路

管好市场，首先还在思路，思路正确，监管工作就方向明确，推进落实方能纲举目张。一是由前置改后置。扬弃传统市场监管重前置把关和设高门槛，将工作重点转移到后置监管上，做到先放行再规范，理顺各种关系，制定各种措施，深入抓好落实。二是由先查改先帮。注重和加强对市场主体的监督检查，是传统监管方式的重要特征，以至于随意检查、多头检查和重复检查较多，让市场主体应接不暇。对此，必须把重点从检查转到帮助支持上来，促进市场主体规范发展和协调发展，在帮助支持中检查问题，重在防范、纠偏、早抓、早管。三是由重罚改重教。市场主体出现违法违规问题是经常发生的，但在具体监管和查处过程中，有的监管部门习惯和得心应手的主要还是严查后的重罚，基本不管市场主体违法违规的具体情况和影响程度，导致有的市场主体不服或大力公关，权力寻租多是在这种条件下发生的。故必须把传统处罚为主转到教育为主、处罚为辅上来，加强对市场主体全过程的法律法规教育，对问题根据情节轻重慎重妥善处置，重在处罚主观故意和主观恶意，以及累犯和恶性事件，且处罚也是为了配合教育。

（二）过程控制

市场主体的生产经营过程复杂多变，基本阶段表现在事前、事中和事后，无论是整体发展还是具体事物运行都是这样。推进商事制度改革，不断优化市场监管，就必须按照链条路径，搞清情况，掌握规律，创新和完善各种监管措施。一是事前堵与疏。主要是针对市场主体可能出现的违法违规行为，在其准入之前，准入后的行为之前，坚持用宣传教育方式亮红灯、画红线，用服务告知方式明晰流程监督，将预防针打在前面。同时，也要从有利于市场主体办事和发展角度提前介入，从正面引导和做好前置性服务工作，以避免市场主体在酝酿谋划阶段错打算盘。二是事中防与打。市场主体违法违规行为大多表现在事中，常见的有萌芽初始阶段，或问题成堆和法不责众阶段。因此，要着力搞好市场监管，就必须围绕事中问题的不同情况，在问题萌芽和初始阶段，采用综合手段，重在防御，让市场主体及早回头，避免矛盾发展和激化。在问题成堆和法不责众阶段，则必须重拳出击，专项整治，坚决将各种问题发展势头遏制住，且不能有丝毫的手软和含糊。三是事后推与拉。对于市场主体出现的问题，通过事中控制解决以后，还不能就此停手，必须举一反三，注重事后总结经验教训，继续推动事物向好的方面转化。即当市场主体主攻方向明确、能力不足时，行政机关要大力助推，支持市场主体沿着正确轨道运行。有的问题虽在面上得到了解决，但在其基础和体系内在关系上仍存隐忧时，也要善于“拉一把”，促使市场主体走出困境，良性发展。

（三）竞进提质

通过商事制度改革，实现把市场管好、环境做优、企业壮大，关键是发挥行政主导作用，强化企业主体责任，依靠广大消费者监督。一是高标准。主要是在市场监管上要善于贯标，学习国际通行标准，执行国家既定标准；善于对标，学习发达地区先进标准；善于创标，紧密结合自身实际，创造性将成功实践上升为自定标准等，进而形成商事制度标准体系，在市场监管过程中，严格按标准行事，走标准化之道。二是强素质。就行政执法队伍而言，就是要坚持依法行政，强化监管责任，端正工作态度，在服务中搞好监管，在监管中搞好服务。就企业家队伍而言，就是要增强自律意识和自觉守法经营、维护良好市场秩序的主体责任意识，力戒不正当竞争，在优化经济发展环境和市场秩序上打好主攻。就消费者群体而言，就是要不断增强依法维权意识，丰富依法维权知识，按照依法合规路径对行政执法和企业市场行为实施监督。以上三者素质都提高了，并形成良性互动，市场监管也就落到了实处。三是创佳绩。商事制度改革是否有效，市场监管是否管好，最佳诠释就是经过各方努力和深入实践创造了佳绩。首先，社会取得了良好经济效益和社会效益；其次，行政机关服务优良，履职到位，没有不作为和乱作为，各项工作无论从专业化角度讲，还是从社会化角度讲，都不断攀升到新的高度和境界；再次，企业主体责任切实落实，社会不正当竞争和假冒伪劣几近绝迹，法治诚信成为企业基本规范；最后，消费者善于依法维权和依法有效监督行政执法与企业市场行为，进而提升综合水平。

三、搞得活

商事制度改革要达到放得开不至于乱，管得住不至于死，其重中之重就是要立足当前，把握长远，辩证思维，注重度的规定性，在搞得活和运转好上下功夫。

（一）改善结构

传统商事制度之所以不适应新形势，存在诸多问题，往往就在于其结构不优。尤其在市场监管上职能交叉，条块分割，好管的都想管，不好管的都不管，导致行政市场监管能力相互抵消和弱化，管不好易乱，乱了再专项整治，矫枉过正，也就难免步入一放就乱、一管就死的窠臼。因此，在商事制度改革和加强市场监管上，必须先从优化结构入手。一是上下一贯。商事制度改革和市场监管讲究自下而上和自上而下有序进行，无论下面先行探索，总结经验，还是上面顶层设计，层层推进落实，都涉及上下要素结构如何协调联动。上要深入和抓住要害推动，下要强化素质，消除利益作祟，抓好落实，做到下情上达，上情下达，始终一贯。如此，方能有效克服企业家和百姓所言“上面很好，下面好狠”“上面讲，下面望，中间有个顶门杠”等上下关系结构不顺问题。二是内外一致。商事制度改革和市场监管，涉及行政众多职能部门，这些部门平时专业执法个个称行，一旦综合执法寸步难行，皆因职能配置不优，相互以邻为壑。故必须彻底打破部门各扫门前雪的结构，在对社会和市场主体拆障松绑的同时，相互也要拆障松绑，在市场监管上你中有我，我中有你，彼此不分，融为一体，共同做好工作。三是多维一体。市场监管一般涉及点、线、面、专、综、辅六大要素合理配置，点是一个个企业，线是一个个行业，面是一个个区域，专体现部门专业化水平，综体现部门综合管理水平，辅体现配合协助其他部门水平。在点的问题上，要把各个企业情况搞明白，注重点的深入；在线的问题上，要把产业链上企业搞明白，注重线的连贯；在面的问题上，要把区域市场主体情况搞明白，注重面的协调。在专的问题上，保持专业水平一致；在综的问题上，加强协调联动，发挥行政拳头效应；在辅的问题上，注重配套服务能力建设，做到跟进及时，补位恰当。

（二）机制保障

传统商事制度有着特定运行机制，多体现在入口上设置高门槛，部门行政审批互为前提条件，彼此交叉又井水不犯河水，程序纷繁复杂，导致市场主体和百姓办事要过的沟沟坎坎越来越多。在市场监管上，基本以我为核心的专业化和单一性封闭运行，习惯单打独斗，一旦涉及全局性问题，就容易有扯不完的皮。商事制度改革就是要在运行机制上突破，以有助于各行政机关宽进严管的统一性和一致性，实现综合和专业有机结合，行政资源配置效率和能力发挥最大化。一是创新引领。确保行政机关充满生机活力，就应在体制内加强创新能力培养，加快资源向创新领域倾斜，加深各要素间创新协作，集聚发展创新优势，让因循守旧、按部就班、不思进取、小富即安、行为懈怠成不了气候和没有市场。二是激励奖惩。人是商事制度改革和市场监管的核心要素，建设一支能征善战的行政执法队伍，就是要坚持正确用人导向，让那些政治素质好、业务能力强、为市场主体和百姓服务优、工作业绩突出的人有职有权有名有利，得到机关推崇和社会尊重。同时，要强化履职监督和责任追究，让工作人员在重任面前不敢懈怠，不能懈怠，不会懈怠；在各种利益诱惑面前不敢腐败，不能腐败，不会腐败；在服务监管各种复杂矛盾面前，不敢失职，不能失职，不会失职。尤其在一些重大事项上，必须采取一次过错，终身受罚，以提高不作为、乱作为的成本和代价。三是协调联动。推进商事制度改革，为市场主体和百姓优质服务，着力管控好市场秩序，靠行政机关唱独角戏不行，唯一出路就是善于打组合拳。因而在机制建设上，必须以区域为单位，建立健全政府联席会议制度，统领商事制度和市场监管大局；建立健全部门协作联席会议制度，进行专业化深度对接和职能配置，所涉及任何一个部门，只要工作需要，都必须迅速有效地向其他部门提供支持，联动出击；建立健全部门内部工作联席会议制度，注重统一步调，检查督办，促进工作；建立健全政企互动联席会议制度，各行政执法部门都要定期与企业联系，坚持以企业需求为导向，进一步搞好服务。同时，加强对企业指导宣传，以增强企业行业自律意识，共同维护和打造良好的市场经济秩序。

（三）网络支撑

与传统商事制度相比，商事制度改革主要优势在于互联网和信息化技术是其重要工具，且被广泛普及和运用。一是互联互通。实行商事制度改革，加强市场监管，必须着力将传统以部门为主体建立起来的信息孤岛彻底打开，实现信息在部门间互联互通，这也是行政资源配置优化，形成拳头效益关键之举。二是技术管控。注重把为市场主体和百姓服务事项、市场监管所涉及市场主体情况，逐步晒到网上，让各种流程和事项办理在网上流转。要善于利用网络手段加强信用系统和征信系统建设，有效监督行政自身运行和市场主体行为。三是数据活用。面对各职能部门汇集的海量管理服务信息，为深度挖掘大数据的价值，大力提升商事制度改革各项工作，加强市场监管，无疑必须对大数据进行全面深入的开发运用，以更好服务宏观决策，实现商事制度和市场监管不断提档升级。

2016 年 2 月

招商引资要在“三转”上狠下功夫

招商引资是地方行政工作的重头戏，在相当程度上决定着经济发展和民生改善水平，历来为地方行政所重视，且抓工作力度之大、竞争之激烈，皆不言而喻。应该看到，地方行政围绕招商引资都在积极作为，取得的实际效果却不尽平衡。其原因除各地条件不同外，关键还在于传统招商引资思维行为方式还不同程度存在。要实现招商引资工作良性运行和卓有成效，就必须在“三转”上打好攻坚战。

一、转观念

招商引资一般涉及三大要素：地方行政、企业、市场。地方行政是招商引资主体，企业是招商引资对象，市场是招商引资背景。要做好招商引资，也就必须注重三大要素良性互动和有机统一。也就是说，地方行政既要把招商引资当成行政工作来做，更要当成经济工作来做，两者既有联系，也有本质不同。做行政工作讲究个人服从组织，下级服从上级，按行政政策、法律法规、制度纪律和群众意愿行事。做经济工作讲究遵循经济规律，让市场配置资源，追求利益最大化，抓招商引资更是如此。反观有的招商引资在观念定位上仍习惯于当成行政工作来做，加之行政工作环境条件不同、人员素质参差不齐，在发挥行政工作优势的同时，也容易将某些不足融入招商引资而影响效果。一是看上面。抓招商引资，必须认真学习领会上级精神和切实贯彻落实。同时，还必须更多紧盯企业和市场去谋篇布局，着力推进。然则，有的却习惯领导叫干啥就干啥，领导招商引资抓得紧，就组织动员力量跟进。对企业情况的了解，对市场变化的洞悉，对经济规律的把握，则显得不足，其结果就是招商引资少有所成。二是重表面。既然招商引资是地方行政工作的重中之重，也是社会关注的热点，那么对上、对下、对外和对内总得有成果和政绩展示。这就需要有扎实的基本功，作出不懈努力，拿出实实在在的干货来，而不能重形式轻内容、重数量轻质量、重外延轻内涵，甚至为展示而展示。三是争脸面。举办大型招商引资活动，是地方行政的常用举措。旨在集中推介项目，集体批量签约，集聚商贾人气，促进政企合作，展示招商成果。只不过需要防止和克服的是为展示而展示，搞一些形式主义的东西。因此，要更新和优化招商引资观念，就必须按经济规律办事，把握市场脉搏，围绕企业展开，进而善于认识企业、研究企业、适应企业、争取企业，开创政企双赢局面；必须紧紧抓住经济和市场属性这一矛盾主要方面推进招商引资，作为矛盾次要方面的行政操作要自觉服从于和服务于矛盾主要方面；必须充分发挥行政优势，防止和纠正旧的思想观念干扰和影响招商引资质量与效果。以实现招商引资行政、经济和市场相融相济，协调联动。

二、转方式

招商引资是有机链条，涉及迎来送往联系阶段、紧锣密鼓谈判阶段和项目落地建设阶段。实践证明，用不同行为方式去应对不同阶段招商引资工作，效果会截然不同。有的地方招商引资过程之所以会出现问题，主要还在自身行为方式落后或局限在表层。一是联系阶段。有的重在与企业家建立联系；有的蜻蜓点水上门拜访；有的考察重规格和摆阵势；有的侧重与企业家增进民间感情和私人感情。二是谈判阶段。招商引资是行政行为，工作对象是企业家，一般是企业家居于优势地位。与企业家谈判，也就必须具有深厚功底与应对之策。但是，有的表现却不够专业，要么与企业家打交道表面热热闹闹，涉及专业问题即少了共同语言；要么只了解企业和企业家外表，分析掌握不到企业和企业家内在情况；要么面对企业和企业家卖方市场地位，加之同行之间的竞争压力，有时也就未能在法律法规范围内把握好利益取舍尺度。三是建设阶段。如果说招商引资上半场考察谈判和签约固然重要，那么下半场项目建设落地更为重要，所涉及主要是地方分内事务，有关问题有待改进。有的招商引资重上半场轻下半场，上半场轰轰烈烈、热热闹闹，下半场却撂给企业过道道关卡；有的重被动性服务轻主动性服务，或匆忙应对，或拖拉应对，或扯皮应对，或粗放应对，难以适应项目建设需要，导致大员频频上阵督战，在一片抓落实的呐喊中就是落实不力；有的重项目轻项目达标，只要看到场子铺开，房子建起，设备安装就万事大吉，至于项目建设符不符合法律要求、合同要求、规划要求、环保要求和纪律要求，则缺乏深入研究和应对。可见，地方行政在转换招商引资方式上，一方面在联系和谈判阶段，重在解决非职业化和专业化问题。要在紧密结合本地实际，做好规划的前提下，针对市场经济形势、行业发展现状、企业具体情况，进行深入细致的调查研究，做到胸有成竹。注重从行政职业部门抽调精兵强将，进行专业化组合分工，以及招商引资理论知识和专业知识高强度集中培训，使之与企业联系是内行，与企业家谈判是高手，甚至要更胜一筹。另一方面在项目建设阶段，重在深化改革，严格管理，解决服务项目建设被动性和运行链条不畅或滞后问题。对涉及招商引资项目建设部门工作进行统一布局，提前将各服务要素和流程进行整合、精简与优化。甚至在项目谈判阶段，有关部门就应前瞻性跟进服务，做好前期铺垫工作。一旦转入项目建设，各种服务能一路绿灯，保证建设畅行无阻。同时，本着有助于项目建设和长期发展，还必须根据规划尽可能配套完善各种硬件设施。尤其是项目落地所需基础设施，力争在项目签约之前就能配套到位，而不宜在项目建设过程中同步配套和迟迟不能配套。

三、转作风

招商引资是艰苦细致的工作和难啃的硬骨头，没有过硬作风作保证是不行的。有的主观愿望良好，甚至充满招大商和招好商的期待，但经实践检验却不尽人意，往往是缺乏过硬作风所致。一是力戒大轰大嗡。招商引资是常态化工作，从个案来讲，有时也是随机性工作，需要根据市场经济规律和经济工作特点来抢抓机遇，狠抓落实。不宜像搞运动和跟潮流那样，热热闹闹，寻求轰动效应，热闹过后，也就锣也罢了，鼓也罢了。二是力戒浮在面上。搞招商引资要有积极性，但更要有专业性和针对性，这样才能沉得下去，跟企业家有共同语言，或碰撞出思想和感情火花。不然，看似东奔西走，忙得不亦乐乎，但就是只见森林不见树木，没有成果或少有成果。三是力戒添油加醋。数据是招商引资的晴雨表和实际效果的公示牌，讲究实事求是，货真价实，助力发扬成绩，改进工作。切忌玩数据游戏，导致数据信息变味和失真，有损发展大局。四是力戒互挖墙脚。存在激烈竞争，是招商引资必然现象。要在地方与地方之间，部门与部门之间竞争胜出。就应像百米赛跑那样，各行其道，努力冲刺。而非投机取巧，精力不是用在盯企业、打基础和攻堡垒，而是专盯竞争对手，常常半路杀出个程咬金去挖项目，竞相杀价，夺人果实，甚至两败俱伤。

五是力戒铺张浪费。走出去和请进来是招商引资的重要特点，要走得成和请得来，需要人的努力，更需要物质支撑。招商引资必须敢于花钱和舍得花钱，支付必要的成本，但也不是没有规矩管束，主要是有计划性和针对性，遵章守纪，尽可能用最少的钱去办最多的事。防止大手大脚，坏了招商引资形象。六是力戒滋生腐败。招商引资无疑会涉及大量公共资源配置，也是容易滋生腐败的危险源。故必须高度警惕，注重自觉，强化约束，严格监督，做到实实在在招商引资，干干净净招商引资，平平安安招商引资。综上所述，强化招商引资作风建设，一定要坚持实事求是，切实本着对组织负责、对事业负责、对群众负责、对历史负责的精神，做到不唯上、不唯书、只唯实，力戒官僚主义和形式主义，按规律和规则办事；一定要坚持雷厉风行，市场瞬息万变，机遇稍纵即逝，招商引资既要遵循常规，也要不拘常理，关键要保持高度经济敏锐性，一旦捕捉到战机，就应闻风而动，紧抓不放；一定要坚持扎实深入，注重把招商引资重点放在熟知企业和企业家，着力实现良性互动和达成共识；一定要坚持精益求精，招商引资既是硬活儿，更是细活儿，专业性强，必须加强学习，深入研究，把握症结，将全流程各个环节的事做深、做细和做好，进而拉近与企业家的距离并产生共鸣；一定要坚持精打细算，在招商引资上，既要算政治账，又要算经济账，算政治账定位要高，算经济账盘点要精，目的是实现招商引资经济效益和社会效益双丰收；一定要坚持廉洁自律，招商引资过程充满困难和诱惑，无疑对地方行政工作人员是严峻考验。要做到贡献突出又经得起考验，还必须始终绷紧廉洁自律这根弦，做到既当攻坚者，更当清白人。

2016 年 3 月

要认真做好“个转企”工作

促进个体工商户提档升级转化成小微企业（以下简称个转企），是发展地方经济的重要举措，也是优化社会管理、改善民生和提高百姓生活质量的有效途径，理当纳入地方行政工作的重要议事日程，并全力以赴抓好落实。

一、深化认识

众所周知，个转企有助于优化地方经济结构，改善就业，增加税收，安定社会，提高市场主体质量，无论各级行政，还是社会方方面面都应予以重视和支持。同时，也要看到，有的地方对于个转企的重要性、必要性和紧迫性认识仍不够，有的认识相当负面。其因主要在于个体工商户虽属经济发展和服务社会的重要力量，但毕竟群体庞大，经营粗放，发展低端，质量较差，市场行为问题不少。什么粗制滥造、掺杂使假、短斤少两、占道经营、扯皮刁蛮、偷税漏税、坑蒙拐骗等在个体工商户中时有发生。也正因为如此，使得有的行政部门和工作人员普遍认为对于个体工商户不是个转企问题，而是加强管理、重拳整治问题。在各种工作举措上，主要习惯于严管重罚，专项整治，对于支持推进个转企甚至没有相应概念和成型思路，社会层面看法也多如此。这种因个体工商户存在明显短板，导致有的行政部门和工作人员认识上存在偏见，其思维行为方式比较常见的结果就是严管重罚一手硬，支持帮助一手软，或管理和支持两手都软，实际制约了地方经济发展。要改变这种状况，必须首先厘清思想认识，善于辩证看待个体工商户。一是热情看长处。对于个体工商户问题，重要的还是感情问题。尽管个体工商户发展的口碑欠佳，但地方行政和工作人员仍需像家长对待子女发育成长那样，其行走跌跌撞撞也好，步履蹒跚也罢，都是发育成长中的问题，家长应该做的是充满希望，用爱心去洞悉与保护子女的成长，进而批评帮助，精心呵护。更何况个体工商户不找政府要饭碗，难得银行给贷款，七拼八凑当老板，摆摊开店忙自管，起早贪黑，辛辛苦苦，自我闯荡，自己积累，自担风险，自负盈亏，对社会贡献大于给社会造成问题，难道不值得尊重和支持吗？可见，只有善于发现个体工商户的长处，支持帮助才会有感情、有办法、有劲头。二是客观看短处。个体工商户发展确实有一些问题，固然有自身素质不高产生的不正当竞争问题，更多的还是以下几个方面问题：阶段性问题，毕竟个体工商户发展还处在初级阶段，基本态势还是数量型和粗放型，向质量型和集约型转型发展还有相当长的路要走；产业链问题，毋庸置疑，个体工商户基本处在各种产业链初级配套和零散补充位置，所干差事基本是力气活儿和简单手艺活儿，缺乏技术含量，生存和发展空间狭小，受市场和产业链高端传导压力巨大；市场化问题，市场化建设是一个不断提高和深化的过程，在目前情况下，许多个体工商户仍活跃于各种各样的零散市场、马路市场、初级市场和低端市场，这些市场不仅秩序欠佳，管理难度也较大，影响个体工商户素质提升，而低素质个体工商户多了又反过来对市场环境起到不良影响；欠培育问题，无论是地方行政，还是社会方方面面，有的地方比较容易对个体工商户持负面看法，在舆论导向和工作举措上可谓重管理轻培育，除了在市场准入上提供了一些便利，在生产经营过程中，却很少得到其他资源配置和政策扶持，基本是单打独斗，自生自灭。因此，对于个体工商户发展中的问题，一定要全面地看、深入地看、冷静地看，不能情绪化，重在把握症结，对症下药，通过个转企规范行为，提高素质，良性发展。三是科学看出处。既然个转企工作如此重要，就必须在思想上明确促进发展的思路和出路，给出有的放矢的答案。这就是政府主导，把个转企纳入地方经济发展的大棋盘，搞好顶层设计，加大政策扶持力度，注重在管理中搞好服务，在服务中优化管理，促进提质增效，让更多个体工商户跨进小微企业门槛；社会帮助，主要是社会方方面面要对个体工商户多看长处、多唱赞歌、多加油鼓劲，多营造良好的发展环境，并在监督中加强舆论引导，在引导中加强监督，促进个体工商户加快个转企步伐；自身努力，个体工商户是个转企的主体和直接责任人，政府支持和社会帮助固然重要，但这只是外在条件，能不能实现个转企关键还要看内在努力。因而其必须加强学习，开阔眼界，多算大账，抓住机遇，自加压力，拼搏进取，实现转型。

二、善于运作

做好个转企工作，地方政府责无旁贷，关键在于统筹协调，运作推进。须知个转企毕竟涉及商户广、领域宽、事务杂和部门多，没有地方政府主导和强力运作，要消除个体工商户的发展短板，改善市场主体结构，提高地方经济发展质量是不可能的。一是方案。在地方经济发展中，个体工商户情况可谓质量不高、问题不少，纷繁复杂，还不要说个体工商户和社会诸多方面已习惯于这种落后状态。地方政府要有效解决这些问题，必先做深入细致的调查研究，将个体工商户底数摸清、经营摸清、市场摸清、心理摸清，进行分析归纳和整理，找到问题症结所在和规律性的东西。在此基础上，要组织动员行政部门从大力支持个转企角度，拟订各种有针对性的方案，进行反复论证，最后按照既定程序，出台适宜本地区实际的推进个转企工作方案，统领整个个转企工作。二是队伍。个转企涉及行政部门较多，主要集中在经济管理部门和市场监管部门，且都有工作侧重。要在个转企上防止兵力分散，各自为政，能力抵消，需要在政府主导下整合各部门力量，建设支持个转企专业化队伍。在这支队伍中，工商管理部门是个转企的主要责任单位和具体工作牵头单位，理当打头阵、攻难关和搞协调，充分发挥主力军作用。其他有关行政部门也要紧密结合自身实际，认真落实地方政府统筹安排工作、配合工商行政管理部门做好工作、创造性抓好自己工作，在专业和高效上用功着力。三是政策。地方政府在促进经济发展上都制定有各种支持政策，各行政部门也定有相应专业化具体支持政策，但涉及支持个转企方面或是空白，或是单一，或是乏力，难以发挥强有力的作用。要实现个转企工作大发展，必须注重发挥政策的杠杆撬动作用。首先，地方政府要对各种支持经济发展的政策进行整合，避免各自为政，能力分散，要做到统筹兼顾，打组合拳，实现政策拉动效应最大化。其次，要在财税、金融、科技、人才和管理上加大支持力度，用正确利益导向和扶上马送一程方式，促使个体工商户走个转企提档升级之路。再次，要在教育引导个体工商户克服诸多落后旧观念的同时，也要对落后经营方式和违法违规行为加强管理与治理，不断挤压不正当竞争空间，切断不正当竞争财路，连拉带推往个转企路上走。四是机制。推进个转企工作主要责任在地方政府和有关职能部门，为避免分散无序和各自为政，必须建立健全协调联动的有效机制。主要是建立健全政府工作联席会议制度，由政府领导统筹协调，定期研究解决个转企工作重大事项和疑难杂症，检查督办部门工作。建立健全部门工作会商制度，针对个转企工作中涉及部门相互协调事宜，做到彼此主动定期会商和即期会商，防止和消除部门间可能出现的不协调问题。建立健全部门工作协调督办制度，由部门办公会或专题会定期或不定期听取情况汇报，督办工作落实。建立健全工商行政管理部门牵头的与社区组织或行业类个体工商户协商制度，定期或不定期由多个部门与一个区域或行业的个体工商户代表集中协商对话，及时解决相关问题。

三、宣传帮扶

一是走家串户宣讲。个体工商户作为弱势群体，不仅弱在经济实力，还弱在素质能力，以及社会认可度和支持度上，因而必须对个体工商户高看一眼和厚爱一分。首先还是要搞好宣传教育，善于利用各种媒体和阵地，关键还须有关部门做深入细致的工作，坚持不懈和连续不断走家串户，沟通思想，打消顾虑，详细解读各种政策，用热心、细心和耐心去教育感化个体工商户积极自觉投身到个转企工作中去。二是帮助完善证照。在个体工商户中，有的个体工商户因法律意识不强，有的因这样和那样的困难，在开展生产经营时，不是无证无照，就是少证少照，处于不合法经营状态，既影响市场秩序，也加大了管理难度，推进个转企就是改变这种不合法经营和提高质量。因此，工商行政管理部门和其他有关部门，一定要把完善各种证照当成推进个转企的重要任务，并打破坐等上门的常规工作方式，主动上门教育和服务，一定要提高个体工商户完善各种证照比例。三是实行分片包干。个体工商户的一个重要特点就是遍及城乡各个角落。要做好个转企工作，较好做法就是工商行政管理部门、质监部门、食品药品监督部门等协调联动，分片包干，一起来做个体工商户工作，做到在服务上尽可能配套，优势互补。四是加强技术引导。在个体工商户中，有的从业做个熟练工种即可，有的多出点劳力即可，也有相当比例的个体工商户所从事职业拥有一定技术含量，但技术一般处在低端状态。如果技术等级上来了，不仅有助于快速实现个转企，甚至还有可能为做大做强创造条件。因此，推进个转企必须高度关注个体工商户从业技术含量，但凡有一定技术含量的，一定要从政策支持、引进人才和培训等角度予以帮助支持，促进其在个转企上加速转型。五是注重管理提升。管理粗放和家族式管理是个体工商户的普遍现象，甚至不乏落后或不法的东西，表明其软实力缺乏和无力。促进个体工商户个转企，还必须在提高管理水平上搞好培训，帮助指导，丢弃落后不法的东西，学习接受科学的、全新的管理理念和方式，在个转企上补上管理这一短板。六是力求做实做精。做个转企工作不是为个转企数字好看而为，主要是促进其从传统落后状态解脱出来，通过强身健体和增强造血功能，使之在市场竞争中将所从事业务做实做精做好，在由高大全和高精尖等优势要素所构成的市场主体格局中，寻求补漏拾遗、错位发展、跟进配套、经营灵活和独具特色的相对优势与生存空间，为地方经济发展不断增砖添瓦，做出贡献。

2016 年 5 月

是是非非话统计

统计对地方行政非常重要，所得数据既是属地经济发展和社会进步的反映，也是行政施政能力、水平和业绩的反映，容易成为社会关注的焦点，引起各种热议，其中不乏批评之声。统计情况复杂多样，原因很多，但关键问题就出在“统计”二字上，应对之策也在“统计”二字上。

统之难。抓统计工作，首先要搞清“统”字，一般解释为总括和事物的连续关系。作为名词，最早含义应指像蚕茧丝那样完整，头绪很多很长，后又延伸出纲纪、系统、首领和根本之义。作为动词，含有统一、治理、统率之义。作为形容词，具有全部、统起来的意思。既然“统”的宏观概念是统计，就需要在思维和操作上该囊括的必须全部囊括。在囊括基础上，关键要对囊括内容进行科学规划分类，作出决策和制度安排，重在解决纲举目张问题。在地方行政工作中，要解决好“统”的问题是不容易的。一是认识难统一。毕竟地方实际千差万别，人的素质参差不齐，内外形势复杂多变，统计数据往往反映的是地方经济发展的规模和质量，以及党政领导的施政效果，因而在统的问题上，有的容易出现人为增减统的内涵和推高或压低数据等不良思维行为。二是标准难统一。统计是门科学，有着严格的规范和标准，但对标准的理解和把握上，往往会受人为因素制约，导致严格、规范和明确的标准在不同条件与不同人面前不是走样，就是走偏，甚至走邪。三是步调难统一。统计工作是有机整体，要求地方行政有关各方必须按照法律法规要求和实事求是原则协调联动，统一行动。只因有的认识存在差异而在行动上难以协调一致，影响统计结果的完整性、准确性和科学性。四是监督难统一。统计数据不仅具有法律和政策严肃性，也涉及行政公信力，加强对统计的统一监督，保证有关各方规范履职和数据完整真实则属应有之义。只不过真正实施法律监督、制度监督和社会监督时，易受人为因素影响而让监督出现薄弱环节和漏洞。总之，该统的没统住，不该统的统过头，问题往往就出在统的理念、统的思路和统的举措上。

计之失。如果说“统计”的“统”重在理念和认识，那么“统计”的“计”则重在落实和操作。“计”字作为名词，含有计策和仪器之义；作为动词，是计算之义。“计”的要义在于设计大计，随之按大计统计。实际容易出问题和复杂情况的是“计”，除客观条件和形势多变以外，关键还在于涉及统计人的思维行为方式有误。一是心计。即与统计有关的人对于统计怎么想和怎么看，所想所看正向，行为就正向；所想所看反向，行为就反向。二是算计。即盘算如何消除和淡化不利数据，拔高和扩展有利数据。三是定计。即动机有误，切入点为如何避开法律制度监督和社会监督。四是用计。即面对实际和具体场景，通过人为操作，导致数据失真失效。五是中计。即组织领导因不了解实情而被误导；社会公众因不了解实情而容易影响有效参政议政，发挥社会监督作用。

治之策。常见统计问题既有该统计的没统计，也有统计加估计等，理当有效治理。一是明症结。其主要在于有的动机目的有误；在于坚持实事求是不力，让形式主义、实用主义、功利主义和官僚主义有了市场；在于导向和管控不够；在于封建官场遗毒影响。二是理关系。统是龙头，计是手段，统决定计，计反映统，统讲究正，计讲究真，统计讲究全面、准确、科学。三是转思路。统计重点不在数字本身，在于反映实情，以及事物运行规律和走势，及时有效为决策和社会服务。故工作应力戒人为干扰，实施法治统计，确保数字真实性。四是建机制。统计工作面广事多，要确保统要统得好，计要计得准，就必须坚持统计部门依法运作，科学运作；必须加强职能部门专业化协作，做好调度与配合；必须优化领导集体有效督导统筹。五是下苦功。统计数据是对经济社会运行状况的真实反映，工作重点不在闭门造车和为数据而盘数据，或人造数据。要想得到好看数据，真功必须用在实际工作上，千方百计发展经济和改善民生。六是重监督。统计数据因其重要和敏感，往往容易受到一些不良因素干扰和影响，导致统计不实。对此，除了要加强体系内监督之外，还必须注重统计工作公开透明，加强社会监督和舆论监督，真正让统计成为明镜。

2016 年 7 月

地方外事工作应围绕“三外”做文章

地方外事工作十分重要、敏感和特殊，是同世界各国和地区联系交往的桥梁与纽带。要不断开创新局面，就必须紧紧抓住“三外”而为。

一、外协

在地方对外开放大棋盘中，外事工作形同纵横捭阖的“车”，处于攻坚克难的重要位置。加强和促进地方对外协作，是外事工作的基本要务。

明地方客观实际。做好外事工作，前提是把实情看清楚和搞明白。即明晰自然条件，如地形地貌、气候物产以及其他各种资源等，不仅知其然，更要知其所以然。特别要善于从地缘政治和地缘经济角度，分析把握自然条件在不同地域范围的价值和作用，善用世界眼光看实情；明晰发展历史，主要针对经济基础和上层建筑意识形态是怎么起源，又怎样演变，以熟知发展变化脉络、走势和规律；明晰经济现状，注重对产业结构、规模档次，城市功能和质量，经济综合实力等进行系统梳理，做到成竹在胸；明晰文化底蕴，善于从历史角度、政治角度、经济角度、民间角度和艺术角度，深度挖掘文化内涵，提炼和把握文化精髓；明晰顶层设计，深入学习领会党委政府的大政方针和各种政策，进而开阔视野，把握决策部署，引领外事工作。

辨世界各地特色。外事工作所面对的是广袤世界，要了解掌握不同国家和地区情况，提高外事工作能力和水平，当在了解掌握不同国家和地区情况上下功夫、做功课、打基础。即梳理板块，按照世界地缘格局，针对不同地域，研究地缘政治和地缘经济实际，了解掌握发展变化特点和脉络，对复杂多变的世界形势力求一般认识，或对局部了解较多；分门别类，根据不同国家和地区分布，着力将政治、经济、文化等有关情况分类收集研究，从不同专业领域了解和熟悉世界各地；熟谙故旧，针对地方与不同国家和地区经济、文化及民间交往业已发生或建立联系的实际，在熟悉基本情况的同时，还应着重对联系交往过程和实际推进状况进行深度研究分析，作出客观评价与判断；研究新朋，对于尚未与地方发生联系交往的国家和地区，也要从未来加强和扩大联系交往的角度，前瞻性了解研究各种情况，为后续工作提前做好铺垫，打下一定基础。

有交往协作思路。在充分把握地方实际和了解掌握世界有关情况的基础上，应立足地方，放眼世界，在参与世界经济大循环，大力发展对外协作上，研究拿出具有战略性、针对性、可行性的工作思路。一是目标明确，促进地方全方位、多层次、跨越式与有关国家和地区广泛深入开展协作，提高地方对外开放和协作能力与水平。二是量身定做，本着广泛联系，加强协作，优势互补要求，着力对地方得以用来加强协作的资源要素进行梳理分类，以在对外协作中更好地发挥优势，弥补短板，改善结构，竞进提质。三是重点突出，紧紧围绕经济、文化和民间交流，对发达国家，注重学习引进技术、资金和人才，提高地方经济发展质量，助推本地企业、产品和文化走出去；对欠发达国家，注重向外推介地方企业、资金、技术、人才、劳务和文化，向内推介有关国家特色产品和资源；对周边国家和地区，注重加强密切往来，做到互利互补。对敏感国家和地区，注重民间打头阵，逐步打开局面。四是措施得力，坚持行政导向，政策支持。企业主攻，加强经济联系。文化为媒，搞好互动。民间穿针引线，助力交流合作。五是协调联动，以党委政府为统领，有关部门分工负责，引导推动企业和民间积极走出去与引进来，根据不同国家和地区，对地方资源要素进行整合，在对外协作中下大棋局，打组合拳。

推互利互惠项目。对外协作，最终要落实到具体项目上，而项目多少和质量高低，往往决定地方对外协作水平。一要积极组建项目库，紧密结合地方实际，围绕经济发展、社会管理与民生改善，以及不同国家和地区情况，及早研究策划各种项目，切实建好项目库。二要抓紧联系洽谈项目，注重党政领导挂帅，调集部门精兵强将，发挥企业主力军作用，引导动员民间组织，做好各种项目洽谈对接，将优势互补要素融入具体项目之中。三要支持项目落地。首先，党委政府领导要将重大项目和优势项目拿在手上，加强督办协调；其次，要将各种支持政策执行到位，发挥政策杠杆效应；再次，善于营造环境，组织动员社会各方力量支持项目建设。四要发挥项目优势和作用，须知对外协作项目，其重要性不仅在项目本身，还在其所具有的政治性和敏感性。故一旦项目建成，还必须全过程精心呵护与服务，注重解决新问题，发挥项目作用，体现项目价值。

二、外商

说到招商引资中的境外招商，其优势莫过于外事工作部门。对此，有的可能会有异议，似乎外事部门不是招商局之类的经济部门，不能或没有人力、物力和精力招商引资。即便搞招商引资，也只能就个案提供辅助性支持。殊不知外事部门涉外业务最专业，吃的就是这碗饭；涉外领域最宽广，涵盖世界各国和地区；涉外事项最丰富，上至各国政要，下至普通百姓，都会与之打交道；涉外经济事务最集中，得以广泛接触世界各国和地区企业家。因而外事部门在与外商交往联系上路子最多，信息最广，完全有责任、有义务和有能力在境外招商上大显身手。

谋商。在招商引资上，必先做好设计和策划，善谋将招商引资纳入外事工作的重要议事日程，有领导和专门人员研究与从事招商引资；善谋根据地方实际，按照经济发展战略及其产业发展现状，制定在重点国家和地区招商引资规划，着力聚焦重点产业，做到规划引领；善谋构建境外有关国家和地区招商引资关系链与关系网，充分发挥驻外机构、企业、民间、华侨等关键因素作用；善谋地方在境外招商引资力量的整合优化，突出外事部门招商引资特殊地位，动员地方企业和行政有关部门，以外事部门为抓手，分工明确，协调联动，携手出击；善谋境外招商引资信息网络建设和大数据分析运用，将境外招商引资纳入信息化管控轨道。

招商。外事部门要挑起境外招商引资重任，真正操作起来也非常不易，须做艰苦细致和坚韧不拔的工作。既要明晰境外招商引资的艰辛，也要坚定境外招商引资的信心和决心。一是千方百计寻商。即找信息，通过互联网和专业渠道，以及走出去实地了解，尽可能多地收集境外企业投资发展信息，及时进行分类整理，查找与地方发展有价值的情报资料；找关系，通过已有外事资源，以及着力拓展民间渠道和通过与境外有商业往来关系的本土企业，寻求与境外企业建立联系；找企业，通过有针对性的外访活动，直接与企业交往互动。二是千方百计邀请。招商引资的基础是获取信息，邀请企业到地方实地考察是招商引资的深化，因而外事部门无疑要打主动仗，促成境外企业进入实地考察阶段，招商引资就有可能成功。三是千方百计借力。外事部门除了要将境外招商拿在手上，直接出击对接，还要善于委托中介机构专业招商和企业以商引商，力求将境外客商引到地方。四是千方百计谈定。项目洽谈是招商引资的关键阶段，虽说责任主体是当地政府和经济部门，并不意味着外事部门可以袖手旁观，而要发挥特殊作用，着力敲好边鼓，搞好服务。

助商。对于境外企业来讲，到外事部门所在地，毕竟人生地不熟，在招商引资项目考察、建设和竣工三个关键阶段，外事部门都要全心全意搞好各种配套服务，以加快促成招商引资项目开花结果。即要注重收集境外客商所在国的国情、文化和风俗，以及企业文化和个性化要求，及时对地方参与境外招商部门和人员进行培训，以在境外招商中既遵循外事纪律，又能恰如其分地专业化和个性化开展工作；要全程跟进境外企业落户地方过程，注重在一些重要阶段和关键节点，帮助外商向党委政府反映情况，以及与部门协调联系，在外商与地方有关方面之间搞好牵线搭桥；要在境外企业项目落地后，定期或不定期关注了解企业实情，及时帮助企业向有关方面反映情况和问题，把常态化服务工作做好。

三、外访

外访是外事工作的重要内容，事关地方发展、行政作为和形象，政策性、原则性和纪律性很强，需要高度重视和正确应对。

明确计划。领导干部等行政人员出国外访颇为敏感，要真正发挥外访积极作用，避免出现问题，前提是要从源头管理，加强计划控制。一要确定外访年度指标。根据上级外事部门要求，结合地方实际，拟定行政外访人员控制总数。尤其要控制领导干部外访数量，在执行落实上注重带头。二要突出外访重点。根据本地经济发展和社会事业需要，按计划确立外访重点项目，避免非重点项目搭车。三要健全计划管控机制。对外访总数和领导外访活动，由地方外事工作领导小组集体管控，外事工作部门做好具体工作。其他常规工作有外事部门管理，政府分管领导把关，定期检查计划的管理和落实。

严格标准。确保外访工作质量，必须在人员组团上，坚持少而精，除非特殊需要，一般不宜大规模组团。同时，在人员结构上，一定要注重优化，不能将无关人员或关系不大人员纳入范围；在外访事项上，一定是地方经济发展和社会事业进步所需外访事项，切忌借正当理由从事与之无关或另有他图的活动；在境外活动上，要坚持开门见山，单刀直入，直接对接既定事项，确保在规定时间内完成外访任务；在经费控制上，要严格预算管理，妥善安排外访活动，做好支出经费平衡。同时，注重节约，杜绝不正当支出。

执行纪律。鉴于外访活动情况特殊，严格执行外事纪律尤为重要。在出访前，一定要进行外事纪律教育培训，将纪律挺在前面，招呼打在前面，让每个参访人员入脑入心和提高自觉性。同时，要明确领导和专人负责监督参访人员执行纪律情况；在出访中，要严格按照出访计划行事，注重团队统一行动，既坚持原则和执行纪律与外方打交道，又注重交往活动融洽和得体。对于某些敌对势力活动的蛛丝马迹，要保持高度警惕，注重在内部打预防针，或采取措施应对。一旦发现参访人员有违反纪律的苗头和问题，一定要及时教育提醒，甚至采取必要举措，防范和控制违纪问题发生或扩展，让外访活动干干净净，人员清清白白。

注重实效。外访活动成功与否，往往不在过程，而在结果。这就要求做到：一是在出访前，加强成果预估研判，通过对前期沟通、资料分析和要素准备等进行梳理，拟定所要追求目标。二是在出访中，围绕既定目标任务，加强与外访国和地区有关方面联系互动。尤其在经贸、文化等合作上，建立联系，架设管道，达成意向，最好能就招商引资项目引进，两地友好城市设定，科技、教育、文化、卫生合作项目实施等取得实质性进展。三是在出访后，加强后续工作对接和落实，力求招商引资项目签约落地，与更多国家和地区的城市建立优势互补友好关系，促成科技、教育、文化、卫生等合作项目签约落实。此外，每次外访活动结束以后，一定要坐下来进行总结，重在厘清外访国和地区在经济发展与社会事业建设上的特点及经验。着力将外访国和地区情况与我方情况进行分析对比，进一步明晰优势和差距。在此基础上，要就地方经济发展和社会事业进步提出有针对性的意见建议，供党委政府决策，或抓紧贯彻落实。

2016 年 12 月

做好地方档案工作要真抓实干

档案工作是地方行政基础性工作，地位特殊，关系重大，影响深远，必须纳入地方政府和部门工作的重要议事日程，注重抓紧抓好抓出成效。诚然，档案工作固然重要，但地方实际发展却不平衡，甚至某些问题还比较突出。对此，必须引起高度重视，组织动员各种力量，坚定不移和坚持不懈地打好攻坚战与持久战，以实现档案工作突破性和跨越式发展。

一、认识

如果说档案工作不同程度存在多种问题，首先还是认识问题。一是有无论。有的人员认为档案工作形同老古董和故纸堆，可有可无，具体到某一基层部门档案堆积再多也没什么价值。二是轻重论。有的人员认为地方行政工作千头万绪，纷繁复杂，涉及招商引资、项目建设等发展经济与改善民生，工作时间紧、任务重和要求高，且人力、物力和财力有限，相形之下档案工作分量较轻，应给发展经济和改善民生让路。三是先后论。有的人员认为档案工作是后台的事和后天的事，如同饭后收拾锅碗瓢盆，习惯布局推进各项工作时让档案工作垫底靠后。四是彼此论。有的认为档案工作是档案管理部门的事，酱油和醋各是各，平时画地为牢，井水不犯河水，各扫门前雪。五是取舍论。有的人员认为档案工作纳入了地方和部门考核指标，年底验收达标可发奖金。故平时工作不沾边，年底考核忙几天，且心思都用到公关获奖上，至于档案日常管理和使用则抛在了脑后。六是褒贬论。有的人员认为档案工作再好也好不到哪儿去，再差也差不到哪儿去，平时不找事不惹事就行，默默无闻就好。

从这些认识中可以看出对档案工作的不重视、不了解和不支持，存在明显的观念差。即便有点档案意识，也是狭隘的和低质的。如此，怎能做好档案工作，又怎能跟得上时代发展步伐。在实际工作中，为什么抓经济有干劲，抓档案少干劲和上不去，在大棋盘上做不到科学发展、协调发展和持续发展？是认识问题。为什么抓重点业务舍得人力、财力、物力和精力投入，在档案工作上

"艰苦奋斗"，勒紧腰带，甚至巧妇难为无米之炊？也是认识问题。为什么仅看到档案收旧怀旧作用，看不到档案现实价值和发展潜力？仍是认识问题。为什么抓档案工作看上面给钱多少，或督办落实紧不紧，习惯当灯捻子拨一下亮一下，属于外力推动，缺乏内生动力？还是认识问题。

要有大档案之观念。社会发展和人生轨迹基本就是一部档案史，历史的昨天形成档案，历史的今天正形成档案，历史的明天将形成档案。昨天没有形成档案是历史遗憾，今天没有统筹考虑如何更好形成档案和利用档案是现实失误，明天没有前瞻性构想和谋划即将形成的档案与利用档案是思维行为短视。观念不一样，行为就不一样，效果就更不一样。刘邦率队打进咸阳后，绝大多数都去抢财宝和美女，只有萧何去抢档案。抢档案是大智慧，刘邦最终赢得天下，就与萧何抢档案息息相关。当前，我们正处在经济社会飞速发展时代，要适应形势发展需要，勇立发展潮头，不断提升地方综合实力，在相当程度上就在于是不是牢固树立了大档案观念。一是档案是个大箩筐。应装尽装历史发展过程中各种各样有价值的要素，既是档案工作的神圣使命和光荣任务，也是地方政府和部门的重大责任，更是社会发展进步的规律。因此，做好档案工作，就一定要有档案是个筐，什么有价值东西都要往里装的观念和自觉性。二是档案形同大富矿。地方各项工作要想淘宝，就像历史经验教训、文化精髓等，档案里应有尽有，关键要重视和下功夫。三是档案蕴含大棋局。社会发展风云变幻，纷繁复杂，要把握发展大势和工作规律，开启思路，档案藏有棋谱、答案和钥匙。四是档案里有大战略。毛泽东同志是运用史册和档案的大家，思想智慧诸多都来自读史书、找史学家交谈和查档案所得。习近平总书记讲中国梦时为什么要在中国历史博物馆参观馆藏实物和档案提出？全军思想政治工作会议为什么要到古田会议旧址参观实物和档案？皆因档案里有大战略。"一带一路"倡议提出，也是从历史和档案中得来。因此，作为地方行政，千万不要以为地域有限和管辖事务有限而小瞧了档案工作的巨大价值。

要有档案法治定位。档案工作法律法规性较强，对于全社会而言，牢固树立法治意识，自觉将档案工作纳入法治轨道，实乃必须解决好的大问题。应该看到，有的地方和部门档案工作之所以问题较多，往往就是依法行政定位偏了，必须高度重视和切实改进。一是尊法。自改革开放以来，国家相继建立了较完备的档案工作法律法规，为档案工作纳入法治轨道打下了坚实基础。然则，实际落实却不尽平衡，一个重要方面就在于有的人档案工作法律法规意识不强。要做好档案工作，就必须在思想上绷紧法律法规这根弦，不断提高尊崇法律法规自觉性。二是普法。将档案工作纳入法治轨道，离不开全社会关心支持，前提在于增强公民档案工作法律法规意识。这就需要坚持不懈地开展档案工作法律法规普及教育，真正做到家喻户晓，人人明白。三是执法。在现行档案工作法律法规中，对所涉及事项都作出了明确规定，地方政府、档案管理部门和有关部门都必须在实际工作中严格按照法律法规办事。尤其当遇到各种各样具体矛盾和艰难险阻时更是这样，绝对不能因所谓情况特殊就在严格执法上开口子和打折扣。四是护法。毋庸置疑，现实工作中违反档案工作法律法规的人和事还比较多见。故地方档案管理部门一定要维护法律法规尊严，及时有效予以查究，善于将问题消灭在萌芽状态，切忌护法不力，形成法不责众的被动局面。

要有档案经济思维。长期以来，人们习惯把档案当作行政管理事务看待，且为后台的事和打扫战场的事，似乎跟经济发展没有直接联系。其事实是市场经济讲究资源配置，档案是独特和储量巨大的资源，在促进经济发展上地位独特和作用独到，有的经济发展所遇问题，有时就与档案资源配置不到位有关。一是档案与决策。地方行政抓经济工作涉及五年规划和五年换届现象，而非经济工作概念和内涵。经济工作有自身规律，也有较长周期，需要保持连贯性和可持续性。加之地方行政领导一般流动性较大，在岗工作年限不长。那么面对客观实际谋划工作决策时，就容易聚焦眼前，或关注本届五年，或延展关注规划五年，对经济发展规律和各种经验教训的认识与把握仅靠自我积累与外出学习考察是远远不够的，要避免认识短视和行为走弯路，就得善于从档案找答案。毕竟从档案得到的答案最真实、最深刻、最接地气、最有价值。二是档案与品牌。品牌打造和品牌效应产生往往与老字号关系密切，老字号不是吹出来的，而是靠档案支撑起来的。现在一些老字号的城市和企业，都很善于挖掘历史档案，既从中汲取智慧和营养，又可用来宣传推介，提高城市知名度，或打动消费者，扩展和巩固市场，可谓档案功不可没。三是档案与提能。经济工作讲究资源要素优化配置，有的地方抓经济工作常常感到某些行业或项目要进一步提档升级和扩能提质时山重水复疑无路，但若合理、巧妙和有效配置档案资源，往往就能实现柳暗花明又一村。诸如山西平遥古城旅游，在相当程度可谓档案旅游，其最具吸引力的莫过于古钱庄票号项目，其有非常丰厚的档案资料做支撑，既有效彰显了古城特色，又大大提升了旅游价值。四是档案与招商。招商引资是各地经济发展的主打工作，宣传推介又是吸引和打动客商的重头戏。无论制作宣传片，还是印制宣传手册，往往都很新潮，热炒爆炒意味较浓，但对一些企业家来说并未引起共鸣。其因何在？就是少了地方档案元素。毕竟一个地方若是历史悠久、行业或产业底蕴深厚，具有翔实的档案资料佐证，对与之有地域关系、宗族关系、行业关系、产业关系之类的企业家来说足以引起强烈的心灵震撼，招商引资成功的概率就要大得多，关键是在档案资料运用上要善于开动脑筋。

要有档案服务思想。档案的服务功效何在，在颇具传统思想的人看来就是储藏、备查、佐证，所光顾的主要是内部少数人、外部某些专业文化人和社会个别人，属分散、随机和临时用于某项事务。如此，开展档案服务工作则难免面窄、量少、质低和粗放，难以适应经济发展和人民群众需要。既然档案是社会财富和宝藏，对经济发展和人民群众工作生活作用独特，要充分发挥档案优势，就必须牢固树立大服务思想。一是全覆盖。档案服务不是针对内外少数人的，而是社会各方。尤其要让广大人民群众得到良好服务，更是档案工作的重中之重。尽管服务全覆盖在有的地方和部门差距还较大，但实现服务全覆盖无疑是档案工作必须牢固树立的思想和孜孜不倦追求的目标。二是全链条。档案工作服务社会和人民群众所要追寻的是从头到尾全链条式服务，也就是在服务项目归集和备用上“货源充足”；在服务项目提供上流程优化，运行快捷高效；在服务项目运行功效反馈上，察民情、知民意、顺民心、供民需、利民事，汲民智，不断改进和提升服务水平。三是全优质。除了力争服务项目应有尽有之外，关键就是服务过程简化快捷，以及服务标准化和人性化，挖掘、释放和放大档案实用价值。特别要注重防止和克服服务项目上的“短缺经济”，服务流程上的“交通拥堵”，服务标准上的“粗放经营”和“店大欺客”，成为服务社会和人民群众的“排头兵”。四是全天候。在做好工作日内服务的同时，要更多提供网上服务、预约服务、上门服务，力争让不同服务对象在不同时间都能得到个性化或随机性服务，做到服务时限无空缺和无障碍。

要有档案创新意识。地方档案管理水平参差不齐，客观上在于有的基础弱和条件差，甚至连基本需要尚不能满足。主观上则在于档案工作本身具有后置性和半封闭性特征，容易让人思维定式趋于内向型和行为方式趋于传统专业型，创新发展内生动力和灵敏把握形势发展有所不足。这就需要在现有基础上，不唯条件，不拘泥于传统管理方式，重在适应不断发展变化的新形势，切实拿出创新性管理举措，促进档案工作不断开创新局面。一是提高开放度。开放是档案工作必须着力创新发展的突破口，目的在于改变不同程度存在的半封闭和局限区域内或系统内“二亩地”的传统习惯方式，加强提升外向度方面的改革创新。表现在视野上要有国际和全国大视野，在标准上要创新对接国际国内领先标准，在要素配置上要努力吸纳配置国际国内优质档案资源要素，在辐射联系上要更多更好在国际国内“刷存在感”和扩大影响力。二是增强权威性。档案工作所面临问题不少，如有的部门和人员对档案工作不重视、不研究、不落实较为普遍，档案工作权威性受到了挑战。增强档案工作权威性，就是要增强法治权威，强化对违反档案工作法律法规行为的制约，完善法治治理结构和治理方式；就是要增强行政权威，地方政府必须重视支持档案工作，对有令不行和有禁不止的人与事注重追责问责；就是要增强专业权威，档案管理部门要有更新更好的举措，做大做强档案工作，不断扩大和提升对社会与人民群众的影响力。三是注重实用化。如同产学研那样，好的技术不能锁在柜子里或仅有个好名声，关键要市场化和转化为生产力。同理，档案工作也不是为档案而档案，衡量档案工作好与差、强与弱不在库房里有多少，而在多多益善基础上，更多更好地挖掘对社会具有实用价值的东西，保持对社会广泛而深刻的影响。四是推进协同式。档案工作首先是档案管理部门的事，但绝不仅仅是档案管理部门的事，而是所有行政部门的事。恰恰在这点上短板比较明显，突出表现是档案管理部门剃头挑子一头热，在有的部门那里基本是传统做法，不跟进、不配套、不同步、不平衡，彰显在能力和水平上形成不了整体协同优势。创新档案管理很大程度就在于如何增强地方部门间的目标同向、行为同步、协作同力、效果同质意识，真正在档案管理上集聚优势，形成拳头，管理高效。

要有档案情报头脑。将档案与情报相联系，似乎有些风马牛不相及，实则两者联系不仅紧密，更重要的在于情报在人们心目中的重视程度和实用性上地位要高得多，且越往上越是这样。这就给档案工作提出一个问题，档案比情报宽泛，隐性价值巨大和隐性情报众多；情报比档案集中，显性价值更高，情报终将归为档案；档案最基本的是储存，情报最基本的是实用。善于将档案更多当作情报去做，是对档案实用价值的提升。因此，无论档案管理部门或是其他部门，要提高档案实用性，很大程度要将档案工作当成情报工作去做，以更大更好地发挥作用。一是具备强大收集能力。档案的基础工作在于应收尽收，能否如此，收集能力非常重要。客观地说，若将档案收集能力和情报收集能力相比，往往后者要强许多，有些网络和能力配置更是如此。将档案当成情报来做，就必须在对档案收集能力判断和追求上，逐步调整到情报收集能力定位上来，如果类似情报收集能力上来了，对于档案工作来说无疑是利好。二是具备强大的分析能力。做情报工作要卓有成效，不仅在于对各方信息敏感和收集能力集聚，更在于对归集的信息采用各种手段及时有效地进行分析整理，善于发现其中价值，以供所用。档案同样归集着各种海量资料，里面不乏大量具有情报价值的东西，只不过档案应用一般不像情报那样运作，有时未能挖掘与分析整理，因而档案价值处于潜藏状态也就不足为奇了。具备像分析情报那样的能力，首先是要解决大脑问题，如果将档案整理分析当成情报那样看待，档案实用价值无疑会大增。三是具备强大转化能力。将档案工作与情报工作在一定积累和所发挥作用，以及取得实际效果相比，无疑情报工作占比要高一些。毕竟情报工作将有价值情报转化为实际成果能力要强许多，情报用户也非常重视情报的价值和使用。反观档案尽管集聚着海量信息资料，但较少从情报工作角度去挖掘有价值情报。即便挖掘到有价值情报也较少通过强有力措施进行转化，这也是档案工作与情报工作的差距所在。之所以这样，仍在于没有将档案工作上升到情报工作的高度认识，在转化能力培养和打造上也就难与情报工作比高低。

二、重点

既然档案工作如此重要，潜力和后发优势如此巨大，制约优势发挥和提档升级因素如此之多，那么要切实扭转不同程度存在的被动局面，充分发挥档案工作在地方经济发展中的重要作用，关键就要在抓住重点、突破重点、解决重点上狠下功夫。

统筹规划。规划是地方工作的龙头，档案工作也不例外。如果说有的档案工作发展不平衡，往往就在于缺乏顶层设计和统筹规划。从行政档案工作看，部门各自为政，摆位靠后，小打小闹，应付了事比较常见，可谓档案工作条件不一、标准不一、水平不一、成效不一。档案职能部门上下比较协调一致，但各部门多重视主打业务，档案工作基本处在各行其是状态。具体统筹过程中，有的地方政府统得不紧和较少，档案管理部门统不起来，其他部门各统各，实际档案工作状况也就难免参差不齐。要从根本上解决问题，还是要从规划入手，从源头抓起。一是起点高。说到档案工作规划，首先是地方政府要纳入重要议事日程，不仅要摆入地方经济发展大棋盘中，更要明晰加强档案工作思路，做到档案工作与地方经济发展相适应，与档案工作发展趋势相适应，与人民群众需要相适应。在此基础上，则要从高精尖角度做好档案专业发展规划，用以统筹地方档案工作，特别要促进基层部门竞进提质。二是手笔大。做档案工作发展规划，也要像搞经济发展规划那样，手笔要大一些，甚至在某些独具特色和关键项目上手笔还要更大一些。这样说并不是不切实际、好高骛远，搞假大空，而是表现应有的气魄胆识，制定宏伟蓝图所要回答的就是如何还清历史欠账，满足现实需要，着力谋划长远，彰显特色优势，体现实用价值。三是内涵实。档案工作规划要义在管用，首先要满足行政体系内各项工作高效运转需要，强化档案工作支撑力。其次要满足行政体系外企业等各种组织需要，以及普通百姓需要，强化档案工作影响力。最后要满足域外经济文化交往和民众联系互动需要，强化档案工作辐射力。四是功能优。主要体现在档案基础资料雄厚，涵盖社会方方面面；各种现代档案设备设施集聚；智能化查询、分析和服务快捷准确；档案资料标准化修复保存具有较高水平；成为现代城市综合功能优势不可或缺的重要组成部分。

丰富馆藏。档案工作往往引以为傲的在馆藏，唉声叹气的也在馆藏，馆藏少、馆藏小、馆藏不规范、馆藏不实用等，在某些地方或部门比较常见。其间固然有历史欠账较多，但更多还在有的重视不够，措施不力。尤其在有限财力投入使用上，常要档案工作让路或维持，年复一年积小患成大疾，且越往后解决问题所需要成本越高。若不能痛下决心，加大投入，化解疑难，问题会更多和难解。可见，不断丰富馆藏是地方政府和部门较为紧迫的任务。一是建得好是前提。要有丰富馆藏，前提在于档案馆建设，不能安居何来乐业。如果说地方档案工作短板明显，许多都在于档案馆建设退后、滞后、落后、最后，个别的甚至绝后。要改变这种状况，眼光要远一点，投入要大一点，建设要好一点，既能满足基本需要，还要兼顾未来发展需要。一句话，没有必要的档案馆是不行的。当然，在建设上也要避免贪大求洋，搞面子工程。二是收得全是基础。社会有价值资料可谓林林总总，丰富多彩，要想做到应收尽收也非常不易。在现实工作中，不要说那些分散、零碎、潜藏的有价值资料难以收取，就是地方许多重点工作和创新工作都未能做到应收尽收，所造成的损失既比较普遍，又着实可惜。要想收得全，首先在于地方政府重视和支持；其次在于档案管理部门履职尽责，发挥主导作用，形成相对完备的工作专业化体系，得以将触角延伸到社会各方；最后在于组织动员群众，增强档案意识，积极为档案收寻和归集献计献策，添砖加瓦。三是分得清是关键。档案资料涵盖非常广泛多样，价值不在于有，更多还在于清，责任主要在于地方各部门档案管理机构，必须善于对档案资料进行梳理归类，为档案深度开发和运用创造条件。四是存得久是保障。档案资料出现自然损毁和人为损毁是经常发生的，损毁就意味着档案资料价值降低或消失，实现档案资料永久性保存，是地方档案管理部门和其他部门义不容辞的重要责任。对此，无论在思想认识上，还是在技术保障上，以及管理举措上，都必须实实在在落实到位。

数字档案。信息化是现代社会的重要标志，随着“互联网 +”时代的到来，无不从根本上改变着人们的工作与生活，大力建设数字档案，无疑是档案工作跟上时代发展步伐，促进发展和服务社会的必由之路。说到数字档案，在地方和不少部门中还没有破题或刚刚破题，面对的问题依然众多。尤其对“互联网 +”在档案工作中的运用和数字档案建设的认识还相当薄弱。即便有一定认识，但在实际行动上又缺乏规划设计和统筹兼顾，加上投入不足，导致有的迟迟推进不了，或有所推进也多质次能低，更为严重的是信息“孤岛”普遍和“烟囱”林立，反而影响数字档案建设。故必须将数字档案建设当成档案工作重中之重，加大力度推进落实。一是信息入库。建数字档案，首先要对传统档案资料数字化，既要配置相应数字化设备设施，更要面对传统纸质档案资料堆积如山的实际，组织力量打攻坚战，以尽快将数字化资料信息整理入库，为传统档案向数字档案转型奠定基础。二是互联互通。说到档案工作，专业化和集聚度高一点的在档案管理部门，其他散布在各个部门档案室，不要说按照数字档案标准，就是按照传统档案标准许多都难以达标或提标，在地域之间和部门之间互联互通则更是天方夜谭。要建设真正意义上的数字档案，实施“互联网 + 档案”，必须全力以赴建立和完善地方与部门信息化档案系统，并打开信息孤岛，实现相互间融通，为社会提供优质多样信息化档案服务。三是数据共享。档案工作千头万绪，但实际主要涉及两个方面：一个是为社会和民众提供服务，另一个是对社会档案工作进行管理，所打交道对象涉及体系内部门与体系外社会各方。在服务与管理过程中，本身就会触及海量档案资料，更会产生海量信息。建设数字档案，必须善于对所涉及大数据进行开发利用。也只有大数据开发利用水平上去了，档案数据共享才得以成为现实，对社会的促进作用才得以更加彰显。四是全域一网。点状布局，分散运作，行政统筹协调，是传统档案工作显著特征。推进建设数字档案和“互联网+档案”，就不能停留在传统水平，也不能在数字档案建设上各自为政，而要按全域一网，线上流转为主，形成涵盖全域，点线连接，运行流畅的档案信息化网络，不仅让绝大多数档案工作业务，特别是服务社会业务从网上走，更多还要考虑适应未来全国一网要求，提前作出安排，所建网络不再是封闭式，而是开放式，也只有全域一网形成和使用，才算得上真正意义上的数字档案和“互联网+档案”。

注重实效。无论传统档案也好，还是数字档案也罢，其建设发展不在于把档案自身做得如何，而在于对社会影响和作用有多大。要最大限度发挥档案工作优势，关键在于地方政府和部门必须以经济发展与人民群众需要为导向，千方百计让档案所内含价值在服务社会和人民群众中得以体现，因而实效也就成了检验档案工作的试金石。一是决策以档案为鉴。档案是历史信息洼地，反映社会事业兴衰成败，对后人和后续事业发展具有重要借鉴意义。古人曰：以史为鉴。多少反映出档案所集聚信息资料如同一面镜子，反映着历史各个阶段事业发展的经验教训，足以对后人和后续事业发展提供借鉴。如果说地方档案工作成效显著，就要看地方政府和部门，以及其他社会组织，在作出决策之前，从档案中淘得了多少有价值信息，各档案管理部门为决策服务又整理和研究出了多少有价值信息。只有两者有机结合，档案服务决策才能取得好的效果。二是工作以档案为器。档案说白了是种工具或利器，工具或利器虽好，但重在有人用和用得好。这既是对档案有需求之人的事，更是档案管理部门的事，主要应表现在向社会广泛推介有价值档案“产品”，以及对档案资料进行深加工，产出精品直接嫁接到经济社会发展的各个领域，成为推进各项事业发展的独特工具而被广泛运用，这也是档案作用发挥的重要体现。三是学习以档案为师。社会在发展，时代在前进，新形势和新情况层出不穷，这就要求人们去不断学习思考，以丰富和完善自我。要学的东西和要拜的老师多种多样，但任何胸有大志和学有所成者，都不能不借助档案工具学习研究历史。因此，档案工作要发挥应有价值，还应该是人们学习提高的得力工具和老师。四是价值以档案为证。档案是历史发展长河中各种事物的永久记忆，所具有的价值都要定格在档案之中。即便是现实中正在发展变化的事物，对于后人来讲，对其价值认识仍需以档案为证，这也是档案最独特的功效。反过来说，档案工作要提升社会地位和作用，当更多更好地为社会服务，及时有效地提供各种有效力证，且提供力证越多，档案工作作用发挥也就越好。

三、落实

档案工作任务艰巨，责任重大，问题不在于思路缺乏，而在于怎样抓好落实。对于档案工作中的许多事，会议好讲，文件好写，但要真正在实际工作中落实到位则很难。落实是档案工作的目的和归宿，往往需要智慧、勇气和毅力。实践证明，谁抓落实认识高、力度大和韧性强，档案工作就会成绩显著，好戏连台。

战场上见。众所周知，打仗有一非常精辟的行话，即战场上见。说的是战前许多东西还只是纸上谈兵，只有到战场上真刀真枪地干和取得胜利，才可称道。因此，要切实抓好档案工作，也就必须坚持深入工作一线和基层，直面人民群众和各种各样具体问题，在一线和基层抓落实才是抓落实的真谛。而恰恰有的地方和单位抓落实不力，就在于不能有效深入一线和基层，以及在一线和基层战场上不明白见什么的缘故。一是见真人。开会发文是开展档案工作的基本形式，但抓落实则不能仅限于此和习惯于此。否则，就是形式主义和官僚主义，其结果层层都在喊落实，大家都在讲落实，实际往往不落实。善于抓落实，首先，要在工作一线和基层见得到有关领导的真人，及时调查研究，协调督办，抓点带面。其次，要见得到档案管理专业的真人，深入调查研究档案业务，着力推进重点工作，检查指导部门和基层组织档案业务，及时为社会和人民群众服务。再次，要见得到部门和基层组织档案工作履职尽责的真人，将各种职责范围内的事情做好和做扎实。最后，要见得到社会和人民群众诉诸档案需求和得到档案服务的真人，且要多多益善。二是见真相。档案工作纷繁复杂，矛盾众多，抓落实不仅要深入一线和基层，还必须直面和紧贴各种实际问题，看得到问题所在，成因所在，相互关系所在，破解之法所在，及时有效地把握其中规律和走势，才能在抓落实过程中有的放矢和对症下药。三是见真功。明确了档案工作任务，发现和掌握了实际问题所在，抓落实最关键和最核心就是怎么大刀阔斧地干，这也是抓落实过程最艰苦和最难办之时，往往需要亮出看家本领和过硬功夫方能取胜。即在决策面前具有转化能力，在风险挑战和疑难杂症面前具有抗压能力，在大是大非和利益得失面前具有鉴别能力，在业务工作面前具有专业能力，在矛盾纠纷面前具有协调能力，在群众面前具有思想政治工作能力，在各种诱惑面前有自律能力等。四是见真情。在档案工作一线和基层是不是抓落实，人的精神状态和真情实感就是一面镜子。抓落实所需是工作有激情，保持昂扬向上；服务有感情，视人民群众为亲人；克难有诗情，以苦为乐，无怨无悔；创新有豪情，敢为人先，开拓进取。

整合力量。打仗是门艺术，战场上形势往往瞬息万变，要夺取战场上的主动权，取得战场胜利，重要在于战略战术和资源配置与利用。档案工作非常重要，难度很大，靠任何一个部门单打独斗是不行的，关键是要协调联动，形成拳头。一是政府统领。地方政府对于档案工作负有重要领导责任，特别在面对档案工作问题较多和发展不平衡的情况下，更需要政府重视与支持。毕竟在新形势下，抓档案工作需要政府在制度机制和整合各方力量上发挥抓纲带目的作用。二是团队主攻。档案工作管理部门是专业团队和主力军，理当在工作的全方位和全链条上依法行政，严格管理，优化服务，提档升级，按照地方政府要求、业务技术标准和人民群众期待将工作做好。三是部门协同。在档案工作中，部门协同作战问题较多，一方面表现在部门档案工作摆不上位置，建设发展粗放质低；另一方面在关心和支持档案管理部门工作上重视不够，配合不够，排忧解难不够，涉及在部门所掌控资源配置上少、慢、差问题时有发生。这就需要政府建立联席会议之类工作机制，明确各部门职责，定期研究工作和督办检查问题，促使部门把支持档案管理部门工作当成自己工作抓紧抓好。四是各方联动。档案工作是有机整体，要确保工作运转高效，关键是做到：首先，上与下联动。上了解下情，决策有力，紧抓不放。下领会上情，联系实际，贯彻落实。其次，内与外联动。在行政体系内，抓档案工作高标准和严要求，精益求精，做到干工作无缺项和无弱项。在行政体系外，关注档案工作，支持档案工作，参与档案工作，得益档案工作。再次，人与机联动。充分发挥人们在档案工作上的积极性和创造性。大力推进“互联网＋档案”，不断提高档案工作信息化水平。最后，硬与软联动。建立健全档案工作各种设备设施，补齐短板，强化功能，提高水平。注重档案工作体制机制建设，加强档案管理创新，高品质打造档案文化，大力提升档案人综合素质，确保工作始终走在时代发展前列。

强力协调。抓落实过程，往往是攻坚克难过程，也是充满不确定因素和变数过程，既涉及新情况和新问题，更涉及多方利益，以及在艰难困苦面前人容易表现出这样和那样的缺陷与惰性，非常容易让抓落实成为空话，或进度缓慢，或停滞不前等，档案工作所面对的问题亦然。因此，加强落实过程中的工作协调，也就具有十分重要的意义。所谓协调，实际就是在决策转化为实际效果的过程中，不断添加润滑剂，或和面团，促使其心往一处想，劲往一处使。一是理顺部门关系。部门关系不顺，甚至扯皮拉筋，内耗打架，是档案工作常见病和多发病。对此，必须紧扣工作项目，对所内含的部门关系进行梳理，找准症结，统一思想，消除隔阂，明确责任，健全机制，优化流程等，确保工作相向而行。二是调整各种利益。加强档案工作，难免触及有的既得利益而形成工作梗阻。打破利益梗阻，就是要善于辨析各方利益所在及其合理性与合法性，进而利用法律手段、行政手段、经济手段和思想政治工作手段，消除不合理与不合法利益对抓落实造成的不利影响。三是化解条件差异。在档案工作中，各种主客观条件差异比较明显，存在差异就容易导致工作不平衡。对此，必须加强工作协调，对于良性条件不足的，要千方百计协调各方创造和改善条件，促进工作。对于不良条件凸显的，要下功夫协调各方修正条件，消除不利影响，扫清工作障碍。四是解决新的问题。抓落实过程无疑会出现意想不到的新情况和新问题，应对和协调此类问题关键在于反应敏锐，行动雷厉风行，及时上手段协调解决。尤其不能视而不见，任问题由苗头和初始阶段到滋生蔓延与负面影响爆发阶段再去手忙脚乱地应对与协调。如此，工作陷于被动不说，还会延长抓落实的周期和加大处置的成本。

督办问责。档案工作存在落实不力问题，除一些客观原因之外，还在于人的素质参差不齐，更何况抓落实要靠自觉，但自觉不是万能的，当不自觉导致工作上出现不作为、少作为、慢作为和乱作为时，作为领导就不能坐视不管，而要采取强力措施进行督办问责，以促进工作向好的方向发展。所谓督办，实际是领导者从不同角度给被督办对象工作施加的外力，目的是让所抓工作进度更快，纠偏更快，这就涉及督办问责艺术了。一是推动——侧后给力。主要是有的地方抓档案工作方向正确，只是工作力度不够时，就要像推车上坡那样，善于从侧翼和后面进行督办加力，推动工作加快进度。二是拉动——引导给力。主要是有的地方抓档案工作方向发生偏差时，就要像拉车上坡那样，善于从前面引路督办加力，帮助矫正方向，促进工作沿着正确路径前进。三是撬动——辩证给力。主要是有的地方抓档案工作遇到艰难险阻和疑难杂症时，有关领导就必须深入实际，调查研究，厘清思路，像杠杆原理那样，善于找准工作切入点，整合各方资源，画龙点睛，独辟蹊径，实施督办加力，帮助克服艰难险阻，化解疑难杂症。四是打动——鞭策给力。主要是有的地方抓档案工作出现失误和问题，特别是人为因素造成失误和问题时，有关领导就不能无动于衷，而要像甩鞭击物那样，在问责惩戒上加力，目的仍在于纠错整改，做到查处一个，教育一片，改进工作，深化落实。

2017 年 6 月

城市规划咋“规划”

说到城市建设和管理，首先在于规划。毕竟规划是城市建设和管理的龙头，规划质量水平高和落实得好，无疑是城市之福。反之，则成永久遗憾和伤痛。规划是系统复杂的高精尖工程，不折不扣执行好规划，更是城市建设和管理面临的攻坚战与要啃的硬骨头。大凡一个城市出不了高精尖规划，执行上打不了攻坚战和啃不下硬骨头，相当程度上就在于对“规划”二字不求甚解和不明深意之故。

一、一夫之见

做好城市规划，当先破解“规”字。百度释义：从夫从见，“夫”本指“外子”“丈夫”，转义指圆规落在圆周上的外足；“见”意为“呈现”。“夫”与“见”组合表示“外足走动即呈现圆周”，意指法度，属战略层面。由此延伸解读“规”字结构，左边是一“夫”字，右边是一“见”字，合为一夫一见，“夫”为人，“见”为识。可见，做规划必先明晰“一夫之见”为何物与何意。规划是集体智慧的结晶，做城市规划，必须明晰集体由何人构成，智慧结晶又是何人见识精华之集聚。如果说有的城市规划有问题，其实就出在何人何见不明、不全、不深和不优之上。

领导之见。做城市规划，必首推行政领导之见，因为行政是城市建设和管理的责任主体，行政领导责任重大，无疑对城市规划的制定起着主导作用。因此，做城市规划必须高度重视领导之见和落实领导之见。同时，也不能唯领导论，皆因领导只是促成高水平规划成型的要素之一，若在规划制定上唯领导论，就容易出现新官不理旧账，朝令夕改，一个将军一个令，让规划流于形式或出现问题。

部门之见。行政系列有众多职能部门，就规划业务而言，规划部门是综合主管部门，其他有关部门是具体专项业务管理部门，那么规划制定的关键就是各有关部门正确履行法定职责，具体深入推出具有专业化和高水平的部门之见。规划部门重点在于视野开阔，思维精深，专业上乘，纲举目张，见解独到，参谋有力，充分发挥专业统筹协调和牵头作用。而不能唯上、唯我和唯利，或者眼界、站位、能力和水平低了，跟不上时代发展步伐；有关部门重点在于立足全局，紧扣专业，深入思考，充分论证，打造力作，为规划制定提供专业技术支撑。而不能脱离大背景和宏观要求自弹自唱，或存在职业偏狭。

专家之见。俗话说：七十二行，行行出状元。做城市规划状元无疑是那些造诣颇深，业务精湛的专家，是否善于借助专家优势，发挥专家作用，往往决定城市规划水平高低。可见，对于领导和部门而言，一定要重视专家之见，注重采纳专家之见，甚至要在规划制定上让专家担纲和唱主角，以最大限度体现规划的前瞻性、专业性、先进性和实用性。尤其不能对自我规划能力估计过高，对专家之见不予重视和不当回事，或符合胃口的就褒之用之，不符合胃口的就贬之弃之；也不能一味迷信和简单盲从专家之见，将专家之见绝对化。

基层之见。城市遍及各种各样的企事业单位、社区组织和基本群众，在一线从事生产经营或服务管理社会事务，对城市规划、建设和管理具有广泛、多样、深刻、分散与点状特殊认识或特定感受，形同待开发的富矿。故做好城市规划，了解基层意见时要注重常态化、制度化，而非临时性、单一性、一般性为之，或借实际具体操作不便而没有打算和行为空白，让城市规划成了阳春白雪，和者盖寡，缺乏现实性和接不了地气。

二、戈刀相见

“划”意指分开或设计，其结构左边是“戈”，右边是利刀旁“刂”，干戈+利刃，就成了“划”字，刚性强制和硬碰硬特点突出，所做属战术层面硬活儿，且“规”在先，“划”在后，“划”按“规”具体操作。因此，做规划必须搞清楚为什么要戈刀相见和怎么戈刀相见。否则，城市规划同样易出问题。

“强”划定位。规划涉及城市发展百年大计，无疑在质量和实用上要求很高。但是，由于不同城市基础条件不同，历史文化不同，发展水平不同，因而在“规”字“一夫之见”上，有的难免仁者见仁，智者见智，甚至见解对立，成为规划难解之题。若固执己见，不要说规划难以制定，就是制定了也较难落实。若照顾各方意见，就得变通和平衡，甚至改成四不像，眼前虽可息事宁人，却为今后留下隐患。若争吵不休，迟迟定不下来，又会错过机遇，影响发展。对此，就要充分发挥戈刀作用，只要看准了，就力排众议，下狠手，出重拳，坚定不移将规划大的原则和大的定位确定下来。

“筹”划聚力。在一般人来看，规划似乎是规划部门的事，实则大误，它既是行政整体大事，也是行政各职能部门要事，且在具体制定规划上，各职能部门既有注重彰显个性特色问题，更有统筹配套问题，进而形成整体合力，集聚要素，协调筹办，达成优化之见。鉴于规划涉及部门众多，有的部门在规划制定上一般容易出现两个问题。其一是局限本部门业务而对规划制定的局部问题研究不透，抓不到要害，缺乏针对性和先进性。其二是将规划看成规划部门的事，在配合上不积极主动，影响规划制定进度和质量。对此，必须强调全局一盘棋，既要将本职业务研究透，更要服从规划编制工作总体要求，全力以赴做好工作。不然，就戈刀相见。

“优”划技术。业务技术是规划编制的重点和难点，“优”是规划编制核心。至于什么是优，在规划编制上会有不同认识和作为。诸如有的做规划习惯肥水不流外人田，看似好处留给自己，却因自身能力水平低，所做规划也就难免打折扣；有的编制规划谈钱色变，因舍不得花钱而缺乏高精尖规划要素，搞得规划低档；有的因规划理论和流派不同，做规划观点相左，业务上存在偏狭，与当地实际水土不服。防范和纠正此类问题发生，就必须围绕“划”字和“优”字克服一切困难，坚定不移地操作到位。

“严”划程序。规划在相当程度形同法律，法律合法性不仅在于源头合法和结果合法，还在于程序合法，涉及规划出台和变更更是这样。所谓程序合法主要涉及依法制定程序，依法按程序办事。规划的制定和变更没有法定程序或不按法定程序，是现实中比较常见的问题，必须戈刀相对和“严”字当头，做到没有严格程序不出台规划，不履行严格程序不变更规划。

三、规划管见

城市规划制定和落实一般容易遇到的难题为：认识分歧，各方观点难统一；水平低端，技术档次上不去，与城市发展不适应；历史积弊，在城市一定范围内，旧的建筑格局紊乱低档，严重约束好的规划制定和出台；执行阻力，好的规划出台和实施触犯有关利益而形成巨大梗阻。要破解这些难题，关键要将规划一夫之见和戈刀相见关系处置好，优势发挥好。如果说城市规划是系统工程，那么“规”则重在内涵，“划”侧重在操作，“规”决定“划”，“划”服务“规”。领导之见、部门之见、专家之见和基层之见要上升为科学翔实的城市规划，必须通过强化、筹划、优化、严化进行集聚和整合，切实做到优中选优，将“规”与“划”优势发挥好。

增强规划理念。既然城市规划的“规”涉及领导、部门、专家、基层之见，那么理念会有所不同，有效解决理念问题，就显得格外重要。毕竟“规”涉及城市要素配置和管理运用，理念上去了则形成合力，“规”即科学；理念上不去则形同散沙，“规”即多舛。那么在“规”的理念培育和强化上，必须紧紧围绕法规、政策、形势、规律、历史、民意、科技、现实等各种要素最佳配置寻求最大公约数，做到领导正确引领，部门服务大局，专家精益求精，基层群策群力，以达到同心同理，确保理念始终居于发展前沿和科学高地。同时，在“划”的理念培育和强化上，必须紧紧围绕承接、转化、保障“规”之理念的落实和实现，以及各种要素最佳配置，着力合并同类项，做到“划”有准，体现“规”的理念；“划”有序，力求“规”的理念畅行无阻，“划”有力，确保“规”的理念高效落实到位。

提高规划能力。城市高品质规划的颁布和实施，即意味着规划要素配置和作用发挥处于最佳状态，说明规划能力超强。从“规”角度讲，能力建设在于全方位、多层次和优质性。全方位指城市所有公民都必须高度重视规划、思考规划、建言规划、服从规划、维护规划。多层次指党委政府目光远大，把握大势，统筹全局，引领规划，布局规划，遵循规划。规划管理部门基础扎实，业务精良，技艺高超，工具先进。有关行政部门专业对规划支撑力强，技术水准高。优质性指各种规划要素处在地域和行业领先水平。从“划”角度讲，能力建设在于体系内各要素执行力、控制力、“免疫力”、影响力强大，善于围绕“规”该执行的执行到位，该控制的控制到位，该“免疫”的“免疫”到位，该影响的影响到位，要的就是狠气、韧性和力度。

健全规划机制。做好规划和执行好规划，且保持持续的良好状态，很大程度在于机制如何。在“规”的方面，必须健全政府统筹机制，重在统一思想、统一调度、统一标准、统一架构；必须健全部门协调机制，由规划部门牵头，各有各部门参与，建立联席会议制度，聚焦落实党委政府精神，紧密结合城市实际，着力解决理念、目标、规划要素集聚问题，以及防止和消除部门间不协调与不平衡；必须健全专业协作机制，由规划部门牵头，加强与国内外规划技术部门专业化协作，重在吸纳优质要素；必须健全政社联动机制，在行政体系高度整合统一基础上，按照部门各自分工，加强与社会各界联系互动，注重汲取规划智慧和营养，大力宣传城市规划理念、目标和内涵，赢得社会支持和呼应。在“划”的方面，根据“规”的要求，注重围绕自上而下强力推进，自下而上支持监督，从里到外扫清障碍，从外到里集聚要素，健全执行落实转化机制，确保“规”得准和“划”得快。

畅行规划之治。广义城市规划包括两大内容：高水平制定规划，高水平落实规划。实现两者有机统一，这也是规划之归宿。按规划治理城市，既是行政能力水平的体现，更是城市发展水平的体现。因此，加强城市建设和管理，当在正确处理好“规”与“划”关系的基础上，注重图治，坚持按规划建设和管理城市；注重诊治，善于按规划梳理城市建设和管理中的各种问题，以寻求对策和有的放矢；注重法治，在城市建设和管理中，自觉遵循和维护规划法治权威，严格认真按规划办事，惩治违反规划的各种行径；注重共治，善于动员组织社会各方力量，自觉在城市建设和管理中落实规划，监督和维护规划，不断提高社会各方规划素养和水平。

2017 年 12 月

要注重“模块化”招商引资

搭积木是幼儿所玩游戏，实际是将制作好的木块，按图拼装成微型建筑造型，以达到既玩乐又开发智力的目的。人类社会发展进入大工业时代，一个重要标志就是普遍实施大规模的模块化生产，大多高科技产品和设备设施就是其产物，与搭积木可谓殊途同归。招商引资是地方发展经济的重头戏，且竞争激烈，行情基本是“卖方市场”，企业和企业家属稀缺资源，那么招商引资要想大有作为和为经济发展不断注入活力，当在“模块化”招商引资上狠下功夫。

一、更新观念，拓展思路

改革开放以来，地方招商引资可谓轰轰烈烈，高潮迭起，持续不断，在实现经济社会跨越式发展上功不可没。同时，也应看到各地招商引资的实际效果不尽平衡，问题往往就出在观念和思路上，以及少了“模块化”思维。一是招商引资行政化。即单纯把招商引资当行政工作做和当领导指示办，习惯目光向上，自立门户，注重形式，对上、对下、对内、对外和对己有个交代或取得轰动效应即可。所缺乏的就是把招商引资当经济工作做，按客观规律办，遵市场规则行，应企业需求干。更不要说注重成本，优化配置，讲究效益，求得行政工作与经济工作有机统一了。二是招商引资分散性。即在一定行政区划内，基本是块块分割、条条分割、条块分割和条块内部门分割，造成招商引资项目布局分散、政策资源配置分散、力量使用分散、实施行为分散，难以形成强有力的拳头，有的甚至外招不行，内部相互挖墙脚。三是招商引资半瓶醋。即招商引资所面对的是纷繁复杂的市场经济，兵强马壮的企业和企业家，没有相应底气和实力是不行的。反观有的搞招商引资不注重研究市场规则和经济规律，不熟悉相关产业和技术，更不了解所要招引的企业和企业家，进而实施招商引资既少有相关知识储备，也少有充分准备，与企业家对话难免热热闹闹，在外围打转。不能与之进行专业性和深入性交流，也就难成招商引资之事。四是招商引资一头沉。即招商引资是有机链条，其前端是招，中端是建，末端是产，但有的却是虎头蛇尾，招字一头独大。尤其在彼此联系、考察、商谈、签约阶段，往往互动密切，热闹非凡。到了建和产时尽管困难再多或项目不实，反正生米已煮成熟饭，肉烂在锅里，也就少有人问津和专业化服务管理了。

要跳出传统招商引资思维方式束缚，一是要强化“模块”意识。开展招商引资要注重集约性、规模化和精准度，坚持市场导向，产业立本，企业为重，行政融合，将各种招商引资优质要素聚合成有机整体，进行综合发力。二是要做好“模块”设计。主要根据市场形势、企业现状、本地实际，从大整合角度搞好“模块化”顶层规划。诸如整合政策，以一定区域为基础，对所有招商引资政策进行清理优化，将政策配置好，优势发挥好；整合队伍，要聚焦专业化，集中使用各行政部门精兵强将，全面提升招商引资队伍整体水平；整合项目，紧密结合本地实际，对招商引资项目库进行统一把控，做到前瞻性强，针对性好，多而不乱，大而不空，不立则已，立了就必须千方百计落实到位；整合战场，统一以区域划片，涵盖国内外发达地区。以产业划线，着眼本地产业发展需求，紧盯国内外有关产业；以特色划点，突出自身独特优势，重点聚焦国内外领军企业和产业链企业；以落地划责，着力强壮地方承接与服务招商引资项目硬实力和软实力。尤其要善于激活部门要素，着力履职尽责。三是优化“模块”功能。其关键在于要素优化配置，不求数量多少，必须把该放的权力放到位，该给的资金给到位，该配的人员配到位，该建的机制建到位，以在招商引资中大显神通，所向披靡。

二、重“三步走”，讲协调性

既然招商引资链条前端是招，中端是建，末端是产，那么实际操作就要坚持“三步走”，步步实，且牢牢把握招是手段、建是重点、产是目的，其余就是在链条运转上进行“模块化”组装，做到又好又快。一是谈谈打打早签约。招的过程，实际是政企之间联系交往、相互了解和利益博弈的过程，因而在“模块化”操作上，必先按要求拟定配置“模块”，将各种量身定做的优质要素集聚起来，去同企业家谈形势、谈市场、谈专业、谈文化和谈感情，让彼此加深了解，撞出火花。在此基础上，则要善于打攻坚战、持久战、心理战和消耗战，毕竟优势企业求者众、要价高、选项多，一般居于矛盾主要方面。讲克难，说明骨头难啃，考验的是决心和胆识。讲持久，一般不要指望毕其功于一役，考验的是毅力和韧劲，甚至要蚂蚁啃骨头，以求时空转换。讲心理，实际是重要的比拼和较量，考验的是文化知识和经验智慧。讲舍得，除了劳心劳力劳神之外，关键要有筹码，有时为了长远和综合考虑，还必须“割肉放血”，敢于匹配优质资源。进而通过冲得上、顶得住、攻得下等一系列“模块化”操作，求得实实在在签约和获得双赢。二是风风火火早落地。招商引资关键在项目落地，一般涉及地方、企业和市场三个方面。地方要搞园区基础设施配套、征地拆迁、各种审批手续办理和治安环境维护等，企业主要是具体投资建设，市场形势往往决定企业投资行为的快与慢、大与小等。应该看到，有的招商引资项目落地涉及的三个方面不尽统一协调的问题较多。地方主要重视招的阶段，建的阶段则习惯由企业负责和承接项目的属地政府或部门配合，征地拆迁和办理审批手续往往比较复杂，部门也多一般性服务和串联式操作。企业投资行为基本以市场形势、地方优惠政策、基础设施条件和行政服务为参照系，市场形势好则主动性强，市场形势不好或资金紧张而常干着急，其余不到则容易观望和犹豫等。当然，也不排除个别企业所言项目投资，实则并非到地方发展，而是借项目投资之名拿资源、赚取政策优惠之类行为。市场形势往往变幻莫测，比较难以把握。因此，要大力推进招商引资项目落地，就必须实施“模块化”建设。即优化行政“模块”，对涉及项目建设的行政资源要素进行梳理整合，统一打包，简化流程，量身定做。尤其行政审批、征地拆迁、工程验收等关键环节，必须全力以赴跟着项目走和围绕项目转，打造加强版，体现超常规；优化投资企业“模块”，主要是对内部资源进行整合，加强与地方行政联系互动，确保投资融资到位，注重协调调度项目建设所涉及的施工企业，力求项目建设不断档，不掉队；优化施工企业“模块”，施工企业是招商引资项目建设的第三方，其常见问题在于参与项目建设的具体施工企业较多，入驻情况复杂多样，先行垫资普遍等，因而问题一般多在投资企业和施工企业之间或内部，情形不易为地方所察。可见，地方当关注和协助投资企业招募选优施工企业，按合同诚信运行，促进施工企业又好又快建设。三是实实在在早达产。项目达产，是招商引资的归属，其表现在项目建设各种硬件到位，各要素之间配比关系优良和精准达标数据显示到位。有的比较习惯于从外在看问题，似乎只要场地打开了，楼房建起了，机器安装了，工人上岗了，产品出厂了，仪式举行了，媒体报道了，也就心安理得了，表现出项目达产阶段的行为粗放。诚然，要实现签约目标和实际目标一致，在项目达产环节，同样必须有效实施

"模块化"操作。首先是服务，坚持扶上马送一程，在企业运行和产品市场开发过渡期，继续帮助企业解决问题或渡过难关，以及在未来扩能增产、技术改造、转型升级、以商引商等方面搞好规划设计，有针对性和分步骤提供帮助支持。其次是算账。地方与招商引资企业毕竟是合同关系，在项目达产的重要节点，双方必须按合同明明白白核验。地方一定要言而有信，合同规定给企业的优惠政策必须给到位。企业也必须按合同要求，做到投资到位，技术装备到位等。双方履职尽责如何，必须重专业结论，用精准翔实的数据说话。最后是纠偏。对于招商引资双方，既要讲诚信和协商，又要讲法制。若问题在地方，必须主动协商改进。即便有特殊原因，也当得到企业认可，拿出定期落实路线图，逐步执行到位。或准备吃官司，走司法程序。若问题在企业，特别是已享受地方各种优惠政策和协商未果，地方也当拿起法律武器，维护合法权益。

三、统一调度，集中考核

招商引资从与企业初始接触到具体项目建成达产，其间不确定因素很多，难度很大，要确保整个过程有条不紊推进，从地方角度讲，还必须注重"模块化"协调督办和精准考核，以牢牢掌握招商引资主动权。一是政府全盘统领。地方政府必须把招商引资纳入重要工作议事日程，注重规划引领和项目库建设，全力以赴组织实施。二是专班一网打尽。必须紧密结合招商引资实际，调集各方专业人才，组建强有力协调工作专班，负责招商引资工作常规协调督办和考核。其关键是要对招商引资全链条和可能涉及的全部事项进行集中梳理，防止漏项，以做好各阶段节点控制和过程控制，始终把主动协调督办、精准协调督办、超前协调督办和强力协调督办牢牢抓在手上，上为党委政府负责，下为部门企业服务，发挥招商引资中枢作用。特别值得一提的是，招商引资项目涉及地方和企业资金投入，所含利益巨大，需要及早防控，重点防控，强力防控，力防腐败滋生。三是小组南北东西。招商引资的一个重要特点是各专业招商引资小组走南闯北，普遍"撒网"和重点"捞鱼"，是长期战斗在招商引资一线的中坚力量。对此，除了配强配优小组外，关键要时刻或重点掌握工作情况，加强协调督办，围绕广泛收集招商引资信息，加强与企业家联系互动，促成项目签约进行跟踪考核，强化激励奖惩。大凡招商引资小组活跃，可谓招商引资的福音。四是部门服务得力。地方行政部门对于招商引资来讲，主要是合法性审查、项目建设和达产过程中行政审批与项目验收，以及相关政策执行落实。客观地说，招商引资对有关部门来说，并不像招商引资小组那样任务压头和时间紧迫，时常是有任务即按常规办理，串联办理，坐等上门办理。因此，要加快招商引资项目建设，就必须对有关部门进行超常规整合优化，严格考核，通过强有力的协调督办，促使有关部门打破常规，简化流程，深入一线，并联服务，这些显得尤为重要。五是企业一心一意。招商引资项目落地是企业的事，但在相当程度上也是地方的事，只不过地方在促使企业抓紧项目建设和早日达产上，协调考核企业方式要讲究。即围绕企业一心一意搞项目建设，注重关心企业，经常主动跟着项目落地和建设达产既定目标要求走，掌握情况，问寒问暖；感化企业，真诚体现与企业互利双赢的真情实感，要企业履约的，地方先诚信示范，把自己按合同该做的和该给的搞到位；支持企业，在项目推进过程中遇到新情况和新问题，地方理当积极协调督办，想方设法化解矛盾；约束企业，对其可能出现的不诚信和不履约行为，也要加强监督，善于防范不轨行为给地方利益造成损害；促进企业，要通过强有力的行政作为，让企业静下心来，集聚资源，干劲十足，优质高效搞建设，促项目落地生根，开花结果，促地方产业壮大，经济发展。

2018 年 6 月

谈地方招商引资与商务谈判

发展经济是地方行政的基本要务，招商引资则是重头戏。面对竞争日益激烈的招商引资形势，要不断取得丰硕成果，关键就在商务谈判扎实有效。

一、充分准备

俗话说：大军未到，粮草先行；台上十分钟，台下十年功。商务谈判也是这样，理当知己知彼，不打无准备之仗。同时，一旦进入实战遇到新情况和新问题时，还必须快速反应，机动灵活，边谈边补课，随用随补课，以着力服务和满足实战需要。

厘清地方实情。欲招商引资，必先明晰本地实情是什么，参加商务谈判企业需要是什么。因为在商务谈判中，企业有备而来，对拟投资发展地实情把握尽管不可能面面俱到，但必定对投资所需条件有深入研究，对感兴趣事物反应灵敏，随时可能激发思想火花和创新灵感。若实情准备得好和有创意，特别是企业家想知道和感兴趣的情况一应俱全，对商务谈判和项目达成有时会产生意想不到的效果。这就要求地方行政责任单位必须通过广泛深入地收集、归纳、整理和分析，把自然禀赋、区位优势、产业水平、城市功能、招商政策、文化底蕴、人情风俗等实情梳理清楚，尽可能做到全覆盖、深入性、条理化、有特色。再则，要注重换位思考，善于用企业家的眼光和根据项目投资需要，对本地实情有重点地进行筛选评价、分层归类、精细打磨，以为企业家商务谈判服务。切不可自以为本乡本土一切都了然于心，疏于对本地实情作针对性、专业化和高水准的加工处理，导致为商务谈判所提供实情一般化、普通型和撒胡椒面，少有量体裁衣、深耕细作、引人入胜和扣人心扉的“猛料”而陷于被动。正如古诗所云：不识庐山真面目，只缘身在此山中。

洞悉外部世界。招商引资发生在一定经济社会大背景下，围绕一定产业和域外企业具体运作。因此，为在商务谈判中彰显功底深厚，占据高位，把握格局，地方行政责任单位还应紧密结合本地实情走出去看天下。一要看形势。重在观察把握发达地区或同类地区发展态势。二要看市场。重在观察把握世界和区域市场，以及专业化市场格局。三要看产业。重在观察把握国内外涉及招商引资的产业发展水平和变化走势。这就涉及商务谈判专业水平问题了，不能在此方面有所积累和增长见识，在与企业商务谈判过程中，也就只能在外围打转。故对产业观察把握虽当不了专家，但也不能当外行。四要看企业。重在观察把握尽可能多的情况，毕竟企业是招商引资和商务谈判对象。有的地方行政责任单位考察企业比较习惯看场地、厂房、设备等硬件，借以判断企业实力，较少在观察把握企业发展规划、资产负债、税收缴纳、专利技术、驰名商标、专业人才、管理能力、诚实信用、企业文化、社会责任等软件上下功夫，其实企业的实力和内涵多表现在软件上。所以观察把握企业硬件和软件越扎实，对商务谈判就越有利。总之，就是要通过“四看”，尽可能广泛收集信息，不断丰富知识，认识规律，把握走势，洗脑换脑，以扩展招商引资和商务谈判的宏观视野和专业视野。

搞好综合研判。首先，要全面细致地梳理内外情况，善于将本地实情放到宏观大背景下观察，将宏观大势情况聚焦到本地实情上比较，从静态和动态、微观和宏观角度评价本地实情的优劣与价值，力求把握更科学、更精准和更实用。其次，注重将分析整理的情况与国家、省市法律法规政策对比分析，出谋献策既要借助优势，又要避免踩红线；与各级综合规划、产业规划对比分析，建议建言尽可能与规划相适应，在适应规划刚性要求的同时，有序有度把握弹性；与各行政责任单位有关业务对比分析，或听取专家意见，让研究结果更具专业水平。再次，根据对内外实情把握，分析研究与拟定招商引资和商务谈判的有关资料，重在把产业情况和企业情况吃透，把政企互利合作的各自优势搞准，把推进互利合作与商务谈判的阻力和问题理出，把解决问题的对策措施弄明。最后，在做好各种分析研究基础上，汇集上升到地方党委政府决策层研究明确谈判原则、重大事项、政策策略、备选方案等，以在招商引资和商务谈判中基本做到万事俱备。此外，涉及国家和省级层面的事项还要提前做好汇报联系，提请研究或支持。

强化一线工作。当商务谈判大原则已定，接下来就是由行政责任单位根据商务谈判要求，结合自身实际进行分解细化目标任务，做好准备工作，提供法律政策支撑；由精兵强将组建的商务谈判专班对所有情况进行实战前的综合分析梳理，认真熟悉法律法规政策和工作方案，细化措施对策，研判可能出现的情况，摸排各种细节，优化商务谈判流程，做好接待安排等。涉及重大复杂的商务谈判，还应建立必要的部门协调联动机制，随时应对新情况和新问题，甚至有些活动还要做好现场安排或推演预演等。同时，为提高商务谈判效率，不仅谈判专班组成人员要精干，关键要向企业学习，让专班有必要的战场决断权和对有关行政责任单位的调配权，放心放手让其在商务谈判中按党委政府所定原则充分发挥主观能动作用。

二、攻坚克难

如果说摸清地方实情和洞悉外部世界是要解决准备干的问题，那么接下来则要决定能否干成的问题，这是商务谈判的最关键阶段。既然进行实质性谈判，一般说明双方有合作意愿，就是有诸多疑难问题，或前期接触没有将问题窗户纸捅破，而到此阶段丑媳妇则要见公婆，甚至吵架都有可能。更何况现阶段招商引资的主动权在企业，其选择余地较大，地方行政处于相对弱势，且地域间竞争激烈，要真正招到大商和好商，则必须在商务谈判中具有相当的整合能力和攻坚能力，依靠艰苦卓绝的工作去克服商务谈判中的各种困难。

先易后难。商务谈判一般涉及一揽子问题需要解决，在商谈之前，大多要本着先扫外围后攻堡垒的要求，对一揽子问题做出原则上合理区分和排序，力求在轻松和谐的气氛中，不动声色慢上劲，协商研究，把握节奏，逐步进入状态，先行解决一般性和简单技术问题，且一般不必对此类问题上来就斤斤计较或过多较真，一般吃点小亏关系不大，要表现得大度一些。进而润物细无声地剥丝抽茧，接近或触及重要问题。即使触及重要问题，也不可操之过急，关键在于了解彼此所求差异何在，以及企业怎样出牌和做何阐述。

深度磨合。重要问题，一般是商务谈判较难谈的问题，彼此利益诉求差距较大或真正博弈多在于此。诸如企业关注拿地价格、税后奖励、基础设施、征地拆迁、服务平台、有关政策资金支持等，地方行政关注投资规模、建设周期、技术档次、环保安全、劳动就业、税收缴纳等。对此，必须将问题摆上桌面摊开来，即便可能公说公有理婆说婆有理，总得把该讲的话都讲出来，逐一进行讨论或争论。鉴于商谈目标是为追求利益最大化，有时也就难免要打成拉锯战和消耗战，在相当程度比的就是韧劲。就地方行政而言，固然守底线要坚定不移，但所表现出的韧劲一定要有法律政策支撑，有机动灵活的战略战术保障，有交叉换位和以理服人的方式方法开路。商谈过程尽管会困难重重，有时靠的就是坚持，扭住重点攻难关，最好有所突破，逐步消除障碍。若一时僵持不下，也不宜一味针尖对麦芒，可放缓节奏，消减紧张气氛后再度磨合。

另辟蹊径。商务谈判最劳心劳力的是重要问题意见相左，陷于僵局，甚至有偃旗息鼓各自打道回府的可能。对此，则要避免继续耗着硬碰硬，搞不好不仅项目泡汤，还容易伤了感情。较好的办法就是“球场叫停”或“会间茶歇”，先将争论搁置一边。要么转换场景到大自然中放松，借大自然景物寓意重要问题，相互交流启发，消弭谈判桌上的紧张和分歧；要么品茶饮酒，谈天说地，论古及今，沟通思想，融洽感情，以在轻松和谐氛围中漫谈重要问题等。在紧张的商务谈判中，相机用打到外线和打太极的方式进一步磨合彼此的关系及看法，有时就能取得柳暗花明又一村的效果。

辩证谋定。经过由内线到外线、外线到内线反复运作，最后成也好，不成也罢，都必须回到重要问题面前，在紧张商谈或最后摊牌时，关键就在从大局出发，从互利合作立足，从辩证角度权衡，只要是看准的，就当机立断，一锤定音。就地方行政讲，必须秉持狭路相逢勇者胜，在大节上据理力争，该维护的合法权益必须维护，以求取得企业的理解和支持；必须秉持后退一步天地宽，在综合利益权衡上，只要不违法，有助于项目达成和落地，也要敢“割肉放血”，放弃眼前利益，换取长远利益；也只有在狭路相逢勇者胜和后退一步天地宽上把握好度的规定性，商务谈判才能画上圆满句号。

三、贵在用心

在招商引资实践中，有的地方行政常把注意力聚焦在业务层面，对地方实情、企业情况、招商项目、商谈技能等都研究较透和把握较准，具有相当专业水平，也能取得好的成效。只是有时商务谈判成果也有瑕疵，或不够理想，其问题多在运用思想文化和真情实感等因素上下功夫不够，而政企能不能通过招商引资项目实现由即期单项合作发展到长久多样合作，其精要还在用心之上。

鉴诚心。招商引资和商务谈判能不能成功，其实早在彼此了解信息阶段就基本可见端倪。从企业角度讲，固然要关注地方行政对优越招商引资硬实力的推介，更要围绕“诚”字关注地方行政所展示的软实力。这对企业家有没有好的印象，协商谈判能不能打动项目投资的心思非常重要。因此，在招商引资和商务谈判的各个关节，既要将企业当对手，善于在重大问题上出奇谋，用奇招，争取利益最大化和项目达成；更要防止就事论事，疏于将“诚”字融会贯通于思维行为的过程和细节，以及向企业展示立信、尚德、守节、重义的形象。从某种意义上讲，诚实守信也是招商引资软环境优良的体现，有些招商引资项目达成，即是企业家情感所致的结果。此外，即便生意谈不成，也要生意不成情意在，以缩短和消除与企业家的情感距离，赢得企业家的情感认同。

多尽心。商务谈判是件苦差事，且居多场景是地方行政为东道主，毕竟招商引资成功与否涉及地方行政事项较多。这就需要地方行政在商务谈判中扮演好双重角色，除了在谈判桌上就事论事或针锋相对外，更要在心里将企业家当贵客和自己人，注重围绕企业需要，充满真情实感地搞好各种配套服务，特别是个性化服务和细节服务。即便在商务谈判关键时刻和彼此观点对立的情况下，也不能意气用事。既要坚持摆事实讲道理，又必须注重站在企业角度思考问题，尽可能肯定和采纳合理因素，把该做的场内场外事情做到位，让企业家有宾至如归的感觉和被尊重、被关爱、被感动的精神享受。

有耐心。彼此有分歧，甚至重大分歧，是商务谈判的常态。要消弭分歧，有时就是一个角力与磨合的过程，需要有相当的耐心，促成彼此向合作双赢的方向转化。对地方行政来讲，这种耐心来自了解企业、理解企业、相信企业；来自自我所具有的自信、诚信、公信；来自对综合情况的准确判断和对商务谈判成功所具有的实力。因而在具体商谈上，要态度坦诚，以理服人，讲究策略，注重方法。要给出必要的时间和空间，让企业进一步收集和研究有关情况。要围绕全面达成共识而努力，若一时有的问题尚有分歧，也当争取求同存异，分阶段或分步骤商谈解决，先抓主要矛盾，以形成共同解决分歧的合力。要避免相互抵触、相互指责、相互赌气的情况出现，即便有的企业可能所提要求过高或与政策法律不符，也要容人之言，理解其站位和角度不同，善于做耐心细致的解释工作，包括思想工作，力求达到彼此谅解，心灵契合。

具匠心。商务谈判实际有三个关键节点，也是招商引资成功与否的晴雨表——前期准备和初步对接，彼此大员和专业团队反复商谈，达成项目投资共识和谋划可持续发展。而恰恰在跳出就项目论项目与立足当前、谋划长远上，有的地方行政商务谈判是比较容易疏忽的。故大凡具有战略眼光的地方行政，都不能围绕一锤子买卖成功而谋划运作，一定要在商务谈判准备阶段提前谋划和作系统打算，在实际推进过程中，注重以具体项目合作达成共识为契机和基础，对未来合作发展进行讨论，以拟定原则目标，明确各自分工，做到走一步看三步。即地方行政如何进一步支持企业做大做强，企业怎样进一步分阶段扩大投资，以商引商，促进产业链上企业扎堆投资地方，进而持续深化互利合作，不断做大地方发展和企业发财的蛋糕。

2018 年 10 月

景区景点建设管理要提档升级

大力发展旅游业，是诸多地方发展经济的重头戏。加之广大人民群众生活水平不断提高，旅游观光需求旺盛，无疑促使旅游业蓬勃发展和蒸蒸日上。同时，也应看到，各地方旅游业发展不尽平衡，有的地方景区景点建设管理问题较多，理当重视和改进。

一、有损原生态

我国山水秀美，奇景繁多，为人们回归和融入大自然，提高出行旅游质量，满足需求和享受，提供了天然便利。那么围绕大自然所赋予原生态山水景观进行开发建设实属必然，难免涉及游人可进入性和可观赏性问题。然则，令人担忧的却是某些开发建设相当粗放，改变原生态山水景观现象多见，甚至成了永久遗憾。一是“开膛破肚”。有的名义为方便游人进入景区景点观赏，即对山体大力开挖，炸石伐木，修公路、云梯、栈道、索道、步道，直达山顶，环绕山崖，贯通山涧，像蜘蛛网把美丽山体分割成碎片，少有仅设特定观景台观景，以及挖隧道改善通行举措。对水体架桥梁和修步道，直通水中，绕行水岸，跨越水域，把美丽水体搞成城市河湖模样，少有仅设特定码头划船游览。其结果游人方便了，山体水体损坏了。二是“枉妆毁容”。游人游览景区景点无疑涉及多种需要，配套相应设施理所应当。只不过有的地方思维行为方式落后，表面上高密度建了不少缺乏高水平规划、与景区景点风格及资源保护不相适应的配套设施，看似为游人服务，实则将现代建筑、钢筋水泥构建硬生生嵌入秀美山水画中，花费和用力不少，反而形同美女脸上贴膏药，好端端原生态山水景观被人为搞坏了品相，常令游人叹息。三是“紧身扼喉”。美好的原生态山水景观，必然导致游人如织，有的所处地段宜居、宜业、宜乐。故其内外地块易被人像切豆腐块一样切走挤占，用于建楼堂馆所、商品房和私房，甚至大量乱搭乱建向景区景点云集，让景区景点成了笼中之鸟。

二、复古路走偏

中华民族有着几千年文明历史，遍布大量珍贵历史遗迹和文物，以及历史文化记载，旅游开发和使用价值巨大，成为许多地方发展旅游经济、开发建设景区景点的“富矿”。因诸多历史遗迹和文物景观时代久远、自然老化和历史人为损毁，则必须进行修复，或根据有关史料和借鉴他山之石重建，更有甚者无中生有设计和建设仿古景区景点。其问题在于：一是良莠不分。开发建设历史遗迹和文物景观，往往涉及传统文化和外来文化，对于文化精华或糟粕，必须头脑清晰，把握分寸，以防将糟粕掘起、加工、放大和神化，对游人心灵起着潜移默化的不良影响。加之我国是共产党领导、信奉马列主义和共产主义的社会主义国家，国内外环境纷繁复杂，景区景点在相当程度上也是不同意识形态争夺的阵地。事实上有的地方为了商业利益和迎合某种世俗心理与嗜好，将某种糟粕掘起、包装和推出，甚至缺乏最起码的思想政治常识和敏锐性，不惜投巨资搞那些宣扬封建意识、西方文化、唯心主义的项目，不得不让人质疑何以如此。二是失据失真。修复历史遗迹和文物，要修旧如旧，新建仿历史遗迹和文物不能脱离史实，胡编乱造，搞出来的东西“四不像”，以及一味给本地贴金，误导公众。诸如有的地方为争夺历史名人，自解自改历史，甚至将传说与编的传说当历史，争创争发“原始股”，以沾古人的光。三是易脸谱化。历史遗迹和文物所折射的时代不同，人物经历和影响不同、文化艺术特点不同、民间习俗不同等，故在景区景点开发建设上，就必须实事求是，尊重历史本来面目，挖掘和展示具有个性特征的精华，不能像城市建设那样搞成同质化和千城一面，彰显雕琢的痕迹、模仿的痕迹、跟风的痕迹、凑数的痕迹。诸如涉及绿化，皆搞成了现代城市景观；涉及人物，皆杜撰一些缺乏史实的神话般故事；涉及造势，皆将请四面八方头头脑脑人物题字和题词制成碑林书廊；涉及印证史实，皆搞个道具式建筑了事；涉及增加看点，建一些与主题不沾边或“关公战秦琼”项目。显得缺乏特色和深度，盛名之下，其实难副。

三、过分商业化

大力发展旅游业，一般涉及丰富和满足人民群众物质精神生活需求，科学开发利用和注重保护旅游资源，促进旅游经济发展和获得经济效益三要素。需求和市场是导向，资源开发利用和保护是基础，获得经济效益是支撑。其问题是有的地方景区景点把获得经济效益当成主导，开发建设商业化和市场化行为当成主体。加之旅游求大于供，或急于收回投资和尽快能赚钱与多赚钱，哪能不倒逼商业化和市场化运作独大或走极端，导致开发建设将诸多青山绿水、历史古迹和文物之类景区景点打扮或围堵成了城市休闲游乐园、超市与居民小区之类大杂烩。一是缺乏统筹兼顾。景区景点开发建设往往有特定要求，涉及原生态山水景观与历史遗迹和文物景观，更要注意专业个性和保护性利用，不宜一味商业化运作。然则，有的地方景区景点开发建设受商业化利益导向驱动，一切围绕能来钱、快来钱和多来钱项目，饥不择食与大上快上，钞票倒是赚得不少，却搞得许多原生态山水景观与历史遗迹和文物景观品质下降，脖子被卡，空间被挤，甚至被不可逆破坏。二是乱挖乱建乱为。既然有的地方景区景点运行掉进了钱眼里，难免导致商业化开发建设遍地插花式作为，陷入怪圈难以自拔。似乎人们生活水平提高，旅游市场火爆，商机无限，尽可能满足游人多种需求和享受，且多掏腰包，景区景点就得有吸引力、可进入性和大小设施配套。于是乎也就不大重视遵循有些景区景点的特殊性，什么来钱就建什么，形同“农林牧副渔”全面发展。诸如有的地方竟在历史遗迹和文物景区景点建设众多儿童游乐设施，纯属乱弹琴。导致游人所看景观大多为现代城市钢筋水泥建筑和城市生活景象，甚至连一些著名的美景也让乱挖乱建乱为给破了相，实在可惜。三是狂炒热炒爆炒。旅游一旦纯商业导向和运作，难免对景区景点进行包装炒作，以吸引更多游人。游人如织再倒逼无序性配套项目扩张，让原生态山水景观与历史遗迹和文物景观更显伤痕累累。毕竟商业化开发背后是资本的作用，资本只认利润不认其他，只要能来钱和多来钱，运作起来就会不择手段和不顾一切。

四、管理低档次

景区景点是旅游业龙头，行业管理标准和要求很高，但实际落实却不容乐观。第一，规划管理结构性矛盾突出。景区景点管理源头在规划，有的地方之所以问题较多，皆因规划设计和执行被追求商业利益绑架，基本未能思考或解决以下四个问题：一是容量，景区景点开发建设不能像城市摊大饼那样的思维行为，其外围应考虑如何控制和改造，不至于被各种乱七八糟建筑包围。至于景区景点本身到底应有多大容量，也非大而全就好，有的反倒少而精更有特色。搞不好就会导致异想天开、扩张冲动和外延式+数量型开发建设，在既定景区景点内乱搭乱建，到处塞一些“四不像”的项目，搞一锅煮。二是增量，有的地方景区景点开发建设应按规划新增项目，但到底该增什么，则不能靠拍脑袋，或单纯看游客需要什么，或能让游客多驻足和掏钞票就多多益善，不讲结构优化，就会顾此失彼，许多原生态山水景观就是这样被搞砸的。三是限量，景区景点同人一样，不能有好吃的就放开肚皮吃，吃多了难免噎着。因而无论静态要素和动态要素都得综合考虑，要有合理化和科学化限制，确保要素处在良好结构状态。诸如有的原生态山水景观要考虑游客可进入性，但一定是非破坏可进入性。否则，钢筋水泥所到之地，游人进入方便了，美景则被破坏了。四是减量，经过动态运行和实践检验，为确保景区景点结构合理优化，保持特色，有的要素就必须做减量化安排和处置。诸如黄金周限制人流，拆除景区景点内外不良建筑，营造好的环境，保持好的结构。第二，辅助性配套设施污染。景区景点需要相应配套设施，但问题出在缺乏常识，不循规律，思维简单，行为粗放，不是拆东墙补西墙和草率应付，就是好心办错事，造成视觉性污染。诸如许多优美原生态山水景观到处是电线杆和蜘蛛网状电线；高雅优美的景致旁设置垃圾桶或垃圾箱，摄影留照常让垃圾桶或垃圾箱抢风头；仿古建筑内显著位置架设空调、聚光灯、消防器材，殿堂铺设现代地板砖等，让人仿佛走进现代社会的高楼大厦，哪有寻古访古的感觉。这些无疑彰显缺乏规划意识和协调统筹，实施起来各自为政，图方便省事了之，哪管游客感受，或对景区景点品质造成污染。第三，黄金周多见危机。黄金周是我国特有的现象，也是旅游高峰时期，突出表现是：人们大出行，千军万马杀向四面八方景区景点；景区景点流量大膨胀，内外客流爆满，人头攒动，热闹非凡；旅游收入大爆炸，有的甚至一季胜全年；游人情绪大跌宕，不是出行遭堵，就是在景区景点动弹不得，除了人看人和人挤人，什么都看不成，什么都不方便。对于交通运输和景区景点无疑构成了季节性危机，且应对多局限于疏导道路交通，景区景点不出伤亡事故，至于游人不方便和情绪所受折磨，则由游人自行消化，其原因主要还是管理问题。往深处讲，面对市场井喷，阶段性严重失衡，旅游短缺经济现象，关键少了综合计划调控，没有进行有组织调峰错峰，让游人提前了解信息，科学选择出行方向和景区景点，使旅游成了遭罪，花钱买难受。说穿了还是利益导向，赚钱为主，哪管那么多，只要保住不出伤亡底线就万事大吉。第四，景区景点周边管理失控。景区景点一般风水较好，既有名气，又有人气，地产升值空间大，易让发财心切者聚焦和惦记，涉及城内、城边原生态山水景观与历史遗迹和文物景观更是这样。足见搞好周边规划控制至关重要，以为景区景点预留发展空间，营造良好环境氛围，让游客进入景区景点视觉和感觉不受不协调因素干扰，实现游有所值。事实上，有的景区景点周边控制不力，乱搭乱建众多，若要治理，得啃硬骨头和付天价成本。

五、游人不文明

我国将要建成小康社会，人们富裕程度普遍提高，出行旅游正处在爆发式增长期，旅游黄金周游人数量更会倍增。应该说绝大多数游人素质较高，在景区景点行为举止文明，但也有少数游人素质和表现不尽如人意。游人不文明行为主要有以下几个方面：一是乱丢，有的游人用过的物品习惯就地随手丢弃，在旅游高峰时段一天下来，甚至垃圾遍地，常让某些景区景点不得不安排众多清洁工收拾残局。二是乱吐，主要是随地吐痰，随口吐掉食品杂质，在某些景区景点随处可见。有的即便将痰和杂质吐在餐巾纸上，却又随便丢掉。三是乱照，照相是游人出行旅游的重要科目，皆为记录美好瞬间，保持永久记忆。只不过有的表现过于彰显自我，不守规矩，习惯随意攀爬，踩青登枝，甚至到危险地段拍照，行为举止欠佳。四是乱刻，有的游人不良习惯如孙悟空翻如来手心，到景区景点旅游总想留下“某某到此一游”的痕迹，显示个人永久存在，常让有的标志性景物伤痕累累。五是乱行，有的游人到原生态山水景观习惯自由乱窜，既不安全，也不守秩序。涉及某些危险地段通行，前挤后拥，甚至逆行，时常人为形成拥堵和险象。六是乱拉，既有个别游人随地大小便，也有家长“操作”小孩随地大小便，甚至携带宠物随地大小便。游人文明程度不提高，既加大了景区景点管理难度，也容易有损景区景点形象，乃至一个地方形象。

六、治理下苦功

面对旅游产业蓬勃发展的新形势，人民群众日益增长的旅游消费愿望，要不断提高景区景点建设管理水平，当在四个方面下功夫。一是将景区景点当宝书认真研读。景区景点建设管理学问很深，涉及要素众多，理当认真深入研究，明晰走势、规律和关系，树立正确的建设管理观念。即注重需求导向，牢牢聚焦人民群众旅游消费特点和市场动态，紧密联系景区景点建设管理实际，做到实事求是，辩证思维；注重顶层设计，根据区域发展要求，对景区景点作出高水平战略安排，确保统筹推进和高质量贯彻落实；注重文明建设，着力彰显政治文明，法治文明，道德文明，习俗文明，力戒景区景点成为传播封建遗毒、西化流毒、形而上学和伪科学场所；注重标准领先，既要秉持景区景点自身建设管理高标准，也要融合社会建设管理高标准，做到标准化运作和标准体系贯通；注重保护有力，尤其涉及原生态山水景观与历史遗迹和文物景观，更要切实保持原始或如古本质特征；注重营销优化，关键要有市场经济头脑、行业优质品质和质量效益意识；注重服务为本，集聚各种优质物质文明和精神文明要素，全心全意为游人做好服务，使之获得超值陶冶和享受。二是将景区景点当国画细心描绘。有的地方景区景点管理出现问题，源头还是规划，且过多考虑商业化和市场化需求，统筹协调各方和科学处理关系不够。景区景点规划要有层次性：初级，涉及乡村游之类，关键要保持乡土气息，原始风貌，民间特色，甚至要围绕民俗、增绿、活水、稼穑、养禽等进行个性化打造，丰富内涵，彰显田园美景图画。不宜盲目追求城市化模样，搞一些高楼大厦、钢筋水泥构件、人造景观，所为既达不到城市水平，又破坏了自己的特色和优势，更影响城市游人兴致，毕竟其缺乏和需要满足的就是自然田园气息。故广大农村搞旅游开发建设，必须规划先行，切忌低水平各自为政，遍地开花。中级，涉及有一定规模或知名度的景区景点，涉及原生态山水景观与历史遗迹和文物景观，当以保护和做精为前提，有市场需求和增长空间的，则当优化内部，控制周边，按规划进行建设管理，切不可一味贪大求洋，脱离原汁原味搞扩张，进而将景区景点搞成了杂货铺。即便无中生有开发建设，也当有相应历史文化底蕴，适宜地域条件。否则，易倒游人胃口。高级，涉及有相当规模或较高知名度景区景点，更需注重高水平规划设计、建设和管理。涉及原生态山水景观，应当拆除那些低水平开发建设和破坏山水环境的东西，搞好修复和保护，核心景区景点的传统住户还当外迁，开发建设基本原则就是重在看山看水，不能过于穿山穿水，破坏山体和水体。诸如上山多自然步道，尽可能少车道、索道、云梯、栈道，更不能过度搞一些配套服务永久性建筑。入水多乘船，尽可能少桥梁和栈道，有关设施少占原始岸线，禁止其他建筑侵占岸线。影响历史遗迹和文物景观的建筑也当拆除，无论复古和兴建项目都当保持历史文化底蕴与古色古香。同时，要控制好景区景点周边，以及搞好拆迁，不能让白玉有瑕或多瑕。三是将景区景点当美玉精工。景区景点建设并非项目越多越好，即期赚钱越多越好，皆因有的数量背后折射为急功近利和短期行为。其重点要将规划所定内容当精品打造，最终无论推出旅游产品和旅游项目都能做到：耐看，展示独特诱人气质，令人心旷神怡；耐品，越琢磨越有韵味，令人难以忘怀；耐议，既体现在引人入胜般热议，又经得起各种横挑鼻子竖挑眼的异议，令人常议常新；耐磨，做到对自然禀赋维护得好，新项目建设得好，经得起自然磨损和各种复杂情况考验，令人交口称赞；耐久，持续发挥品牌效应和创造经济效益，令人叹为观止。四是将景区景点当金曲当合力演奏。景区景点是游人集聚的复杂场所，要使之成为游人回归大自然和追寻历史、得到精神愉悦和思想启迪的乐园与课堂，就必须着力提高综合管理水平。作为行政管理，必须根据法律法规政策、区域经济发展蓝图、旅游行业规划，注重在精神文明建设、传承优秀传统文化、改善旅游环境、提高服务质量、保障安全和保护生态上下功夫，做到根除乱象、排除险象、展示美好景象，树立优良形象；作为行业管理，也当根据法律法规政策、区域经济发展蓝图、旅游行业规划要求，注重遵循行业标准、规则、规律和特点，正确处理开发与保护，经济效益与社会效益，优质服务与管理引导，做好当前与持续发展关系，将景区景点做大做强做精；作为自我管理，主要是游人要提高素质，自觉遵守景区景点行为规矩，管理好自己的一言一行。

2019 年 12 月

第五部分

队伍培育

为年轻干部锻炼成长铺路导航

年轻干部是事业发展的希望所在和后劲所在，不断强化年轻干部工作，不仅是干部工作的重点，也是推进改革开放和经济建设必须着力解决好的大问题。

一、多管齐下，营造实践锻炼大舞台

培养锻炼年轻干部，关键要为他们创造条件，提供机遇，使之在实践中增长才干，健康成长。一是让年轻干部下基层。基层是经济建设一线和社会生活大课堂，更是年轻干部难得的教科书。因此，要让年轻干部早成才和快成才，就得想方设法让年轻干部到改革和建设一线去经风雨、见世面，磨炼意志，强壮筋骨，联系群众，扎实功底。既要注重把那些“三门干部”派往基层加强锻炼和补上必修课，也要舍得把那些有一定工作经验和业务专长的干部派到基层锻炼，以不断更新知识，丰富经验，积累阅历。既要抓好阶段性工作安排，也要做好常态化布局，让年轻干部下基层成为培养人才的主战场和主渠道。二是让年轻干部打先锋。改革开放和经济建设难免遇到众多艰难险阻与风险挑战，这不仅是各项工作锋芒所指，更是磨炼摔打干部的“大熔炉”和“磨刀石”。在实际工作中，要有计划、有指导和有帮助地让那些敢想敢干、勇于拼搏的年轻干部直接处理重大问题和疑难问题，以促其在重压下奋起，在迷茫中探索，在困境里突围，不断提高分析判断能力和攻坚克难能力。三是让年轻干部上前台。对于那些经过一定阶段锻炼的优秀年轻干部，应及时推到相应领导岗位培养，以提高工作能力和领导艺术。而不能习惯于按条条框框衡量年轻干部。诸如年纪轻压不住阵脚，资历浅打不开局面，经验少搞不好工作，能力弱终勉为其难。让优秀年轻干部担大任，不仅是优化干部结构的需要，更是事业后继有人的需要。

二、疏堵并举，加强经常性教育管理

培养年轻干部，固然要注重选拔任用和提高业务技能，但仅限于此是不够的，还必须进行经常性思想教育和管理，只有把二者有机结合起来，才能更好地培养锻炼年轻干部，以在建功立业过程中，坚定正确政治方向，牢固树立理想信念，真正接好社会主义事业的班。一是要用灌输的方法，提高年轻干部理论素养。主要是有组织有计划地对年轻干部进行党的基本路线教育和建设有中国特色社会主义理论学习培训，这方面虽说要注重教育培训方式的生动性和多样性，但还必须坚持不懈向其灌输“大道理”，让“大道理”必须管“小道理”观念入心入脑。二是用示范的方法，教育年轻干部廉洁自律。以岗谋私，以权谋私是社会消极腐败现象，为增强年轻干部免疫力，提高抵御不正之风的自觉性，重要的是各级领导干部要以身作则，示范带动，并注重用身边的典型教育年轻干部，使年轻干部在思想上绷紧反腐倡廉这根弦。三是用批评的方法，鞭策年轻干部进步。年轻干部出现这样和那样的不足是难免的，问题在于怎样帮助他们克服缺点和纠正错误，开展批评就是一种好办法。培养年轻干部好比种树，对一棵好苗子只浇水施肥，不剪枝修叶，最终还是成不了材。因此，对于年轻干部只在“用”和“专”上下功夫，以及只表扬鼓励，对思想作风上的缺点不重视，不去管、不愿管、不敢管，反而害了年轻干部。对于年轻干部的一般问题，要通过谈心及时提醒；对于带有倾向性的问题，应在公开场合对事不对人公开批评；对于个别比较严重的问题，则要有针对性地开展思想斗争或执行有关纪律，进而让那些有问题的年轻干部改正错误，放下包袱，轻装前进。四是用考核的方法，检验年轻干部培养锻炼的结果。不断推动年轻干部工作，必须坚持按“德能勤绩”标准，有计划、有重点地开展评议考核、调查考核、达标考核、述职考核、测验考核等，经常对年轻干部的基本素质、工作实绩进行科学评估，促使培养年轻干部工作更具有针对性、方向性和连续性，年轻干部加强自身锻炼更有目的性、坚定性和自觉性。

三、真心投入，多与年轻干部交朋友

年轻干部不仅工作在职业岗位上，也生活在复杂社会生活之中，既是组织中的工作人员，也是实实在在的普通社会人。因此，对年轻干部的教育培养上，虽然在思想和工作上要严格要求，但也不能把年轻干部当成思想和工作的机器人打造，还必须在思想和工作引领的前提下，重视年轻干部的生理和心理特点，加强相互间的交流互动，力求在年轻干部心灵、情感、爱好、习惯等诸多方面塑造上更具青春活力。一是领导干部要少一点居高临下，多一点平起平坐。年轻干部能否锻炼成长，领导干部的责任重大，这种责任既在于思想工作上的刚性推动或约束，各方面加强管教，更在于善于放下身段，融入年轻干部，在感情上拉近距离，实实在在听取年轻干部的心声，感悟年轻干部的情感，适应年轻干部的特点，开启帮扶年轻干部的思路，真正与年轻干部建立鱼水关系。二是日常工作要少一点简单重复，多一点新鲜事物。须知日常工作有简有繁，有新有旧，有内有外，有重有轻。按照一般传统做法，任何年轻干部踏入“山门”，都得先爬台阶，从打杂做起。从事简单重复的差事固然必要，但对年轻干部则要更多放活用好，多身临外部世界，多接触新鲜重要事务，千万不要让年轻干部“十年媳妇十年磨，十年之后再成婆”，将青春锐气消磨得无影无踪，成为老气横秋的小老头。三是业余生活要少一点顺其自然，多一点关心关爱。一般来说，业余生活是年轻干部自己的事情，但作为组织培养年轻干部来讲，既不能放任自流，也不能任意干预，而要给予更多慈母般的呵护，在鼓励自立自强的同时，也要经常与之加强平等交流，传授社会生活经验，帮助解决生活上力所不及实际问题。如此，既能用真心赢得年轻干部对组织和领导的信任，也能有效把握年轻干部生理和心理发展变化的脉络，有助于培养教育工作更加有的放矢。

1994 年 4 月

培养选拔年轻干部“三招鲜”

培养选拔优秀年轻干部，是干部工作比较棘手的事。一方面，在和平时期，人们生活蒸蒸日上，社会丰富多彩，各方面条件比较优越，而且年轻人思想活跃、自我意识强、文化水平高，较少经历艰难曲折磨炼。另一方面，形势千变万化，各种矛盾纷繁复杂，年轻人接触社会层面较宽，深入工作实践层面较窄，观察社会现象较多，透过现象看本质不够，缺乏丰富社会经验。可见，培养选拔年轻干部是一个艰难和不断丰富完善的过程，需要扬长避短，有针对性地苦其心、炼其能、增其智、成其才，一般有三招值得一用。

文——以观其识。公文是行政运行的基本工具，也是机关文化、理念、决策、制度和对外联系交往的重要载体。写好公文，需要较高文字功底、一定综合能力和较深厚政策法律功底。年轻干部一般都有从事公文写作的基础，应给他们提供机会，并经过一段实践以后，就必须经常让他们独立或牵头完成大材料。比如，五年规划、大型调查报告、年终工作总结等。其好处在于能促使年轻干部进一步熟悉全局情况，加强专业知识和政策法律学习，通过大材料检验年轻干部文字功底，对问题理性思考和政策理论水平。有的年轻干部不大愿意从事文字工作，觉得其辛苦、清苦，当的是幕后英雄，靠写材料成长进步，还不如走关系、走捷径来得快。即便不得已而为之，也不肯下功夫，习惯按照“天下文章一半抄，白纸糨糊加剪刀”方式应付了事。加之有的领导也不大注意在公文上对年轻干部培养锻炼和严格要求，问题就会更突出一些。这些都不利于事业和年轻干部成长，大凡有一定条件的都应给年轻干部补上这一课。

武——以观其能。实践证明，任何创业发展的过程，就是不断解决复杂矛盾的过程；年轻干部成长和成熟的过程，就是不断学习、深入实践、攻坚克难和打硬仗的过程。然则，攻坚克难、能打硬仗并非易事，需有超强的实战能力，而这方面恰恰是一些年轻干部的弱项。主要表现在缺乏处理急难险重问题心理素质、实际经验和工作艺术，甚至因无知而茫然，因胆怯而逃避，因无措而添乱。解决复杂矛盾，是事业的主攻方向，也是培养年轻干部最好的课堂。作为行政领导，应积极创造条件，加强指导，放手让年轻干部去打大仗、打硬仗，甚至用“鞭子”抽着上战场。比如，让他们牵头或负责搞大型工程，具体深入企事业单位参与指导改革，下农村化解尖锐复杂矛盾纠纷，负责处理突发事件等。因为处理急难险重问题，不仅需要文化知识，更需要胆识、智慧、策略、经验和坚韧不拔的毅力，任何夸夸其谈、纸上谈兵、花拳绣腿、投机取巧都将相形见绌。

折——以观其心。年轻人是充满激情、充满憧憬、充满自信、充满活力的群体，其成长过程的最大考验莫过于如何面对挫折。因为挫折容易使人失落、消沉、牢骚满腹、怨天尤人，甚至惰性滋生，理想和价值观扭曲等。但是，若辩证地看，挫折能让人清醒，能让人思考，能让人奋进，能让人提高，挫折是宝贵财富。对年轻干部而言，如果说“事”更多是炼其力，那么“折”更多可炼其心。在顺境里，人的缺陷不大容易显现，只有在挫折面前，才能真正反映出心灵深处的东西。所以，挫折是观察年轻干部的重要窗口。那么现在问题的关键就在于以什么样的“折”来识别和磨炼年轻干部的心。从客观上讲，就是要看年轻干部对事物自然演变过程中所遇到的挫折做何反应。比如，工作打不开局面，出现重大失误，理想与现实发生冲突等。从主观上讲，作为一个高明的领导还要善于有的放矢地设计或制造一些暂时性“挫折”，看年轻干部反应。特别是在名利上“刻意”不给机会，甚至剥夺既得利益，让他们在常理面前和横攀竖比中明显感到吃亏等，就基本能够看出其心态和品行。如果稍觉吃亏就闹情绪，讲怪话，甚至拿工作当出气筒，只能说明其心态脆弱，心地不正，需要好好教育；如果发发牢骚，闹闹小情绪，但不影响工作，说明根基较正，值得培养和磨炼；如果淡泊名利，一心一意搞工作，说明心地良好，有初成大器的心理素质。

综上所述，培养选拔年轻干部，是复杂的系统工程。在具体实践中，既要实事求是、坚持原则，也要因地制宜、因人而异，还要积极探索、勇于创新，进而不断提高培养选拔工作水平。

2007 年 1 月

地方行政机关公务员该干啥

问起地方行政机关公务员该干啥，一般可能脱口而出“组织和领导叫干啥就干啥”，所言无非是听从安排，把职责和交办事项做好。该说法虽然正确，但不够全面。要科学表达，当从三个方面理解。

一、“领导叫干啥就干啥”是做好工作的前提

行政机关是有层级性的，基本制度安排是下级服从上级，上级领导下级，这也是古今中外通行法则。所以，“领导叫干啥就干啥”既是形象表述，也是对公务员工作的基本要求。否则，机关运行就会乱套。

（一）要有高度的组织纪律性

“领导叫干啥就干啥”首先强调的是组织纪律，这是机关工作的基本保证，如同军人以服从为天职一样，公务员也必须一切行动听指挥。但是，实际情况却不尽如此。有的公务员组织纪律观念较为薄弱，工作不服从领导等问题时有发生，究其原因主要是“六有”。一是自认有资历。有的年龄较大，参加工作和在岗任职时间较长，较之于年轻和资历较浅的领导有一种“我干工作时你还不知在哪儿玩耍”的心态，容易工作不大服从领导，就是服从也要感受到领导对自己的尊重。不然，就表现出不服从的言行举止，以维护自己的脸面。二是自认有靠山。现代社会人际交往和人际关系复杂多样，有的公务员难免有三亲六眷和三朋四友在上级机关与权力部门担任要职，因而倍感有靠山，底气十足，趾高气扬。平时只要组织照顾和领导优待，不要组织纪律。甚至狐假虎威，反客为主，常对领导工作说三道四，或到关系户那里搬弄是非给领导出难题，以显示自己地位特殊和能耐无边。三是自认有本事。有的公务员自诩有文凭有水平，为领导少不了、离不开的能人，容易在心里面瞧不起人，更看不惯谁在面前指手画脚，甚至时常对领导工作品头论足，较难服从领导，领导对其也不好领导。四是自认有怨气。主要表现在提拔任用和享受待遇方面，感到付

出和所得不一，横攀竖比不平衡，是组织和领导处事不公，导致自己工作吃苦，待遇吃亏。为发泄怨气，即常常不服从领导，干工作先叫屈，做事情先发牢骚，能争则争，争不到先抱怨了再说。五是自认有空子。有的觉得机关制度纪律执行不严，领导疏于管理，少数人违反在先，未能得到追究，因而前面有车，后面有辙，既不服从领导管理，又对领导管理要求一碗水端平，吃柿子不要先拿软的捏。六是自认有把柄。通过多种渠道掌握领导灰色隐私，要么瞧不起领导，并以此作为不听从指挥的理由和挡箭牌。要么经常私下讨价还价，以求多得好处，少干工作等。可见，要做一名优秀公务员，当摒弃各种私心杂念，强化纪律意识，坚持在工作中身体力行。

（二）要把握服从的科学内涵

“领导叫干啥就干啥”，反映的是上下级之间服从与被服从关系，也是公务员应有的基本素质。但是，服从不等于盲从，服从是理性的，盲从是非理性的。服从讲究形式和内容有机统一，盲从则是有形无神，关键是对“服从”要有正确的认识和把握，关键把“叫干啥”内涵弄明白。“叫”是一种手段和形式，所搭载的内容“干啥”则是重点。有的人认为“领导叫干啥就干啥”是提倡愚忠，在现代社会民主思想日益深入人心之时，工作不是靠领导管人，而且靠制度机制管人。因为领导是人不是神，是人就有缺点错误，领导错了也要服从吗？也有的人认为端人家的碗，就得服人家的管，人在屋檐下怎能不低头，反正胳膊拧不过大腿。还有的人认为市场经济条件下，人无利不早起，即便是领导，有利就服从，没利难从命。再有的人认为领导交办的事不用管对错，执行就是了，反正有领导担责等。其实这些都是一种误解和曲解，作为公务员必须要有是非鉴别能力。对于“领导叫干啥就干啥”这一制度纪律规范，要求的就是思想理念上的服从，但在具体实践中，则要做到“三个区分”。一是要善于把领导代表的组织行为和个人行为区分开来。因为领导首先履行的是法定职责，体现的是组织行为，公务员必须不折不扣地服从和执行。对于错误的东西或是尚未理解的东西，则可通过正常渠道积极反映和保留意见，但行动应保持一致性，有些方面可让实践检验，让领导个人和上级纠正完善。二是要善于把奉公行为与谋私行为区分开来。凡是领导奉公行为都必须积极支持和落实，尽管有些可能不够完善，应在思想服从的同时，及时主动提出参谋意见。或在不违反大原则的基础上，创造性地加以改进和落实。对于明显的谋私行为，则应抵制，或按照民主监督途径及时反映。这既是事业需要，也是对领导个人的尊重和负责。三是要善于把工作行为与感情行为区分开来。领导行为大多是因工作需要发生的，故公务员都要积极服从。但是，人毕竟是有感情的，领导行为也会受感情因素影响。对此，一般应从两个方面把握。大凡领导出自对事业和群众真情实感的行为，公务员都应自觉适应和服从。对所作所为正确性和有效性不足的，应积极协助改进，避免好心办错事；对出自个人好恶、感情用事行为，则要明辨对涉及人和事的判断是否正确，正确的就要积极服从。处置不当的，则要参谋补救。

（三）要有苦干实干的能力与作风

若论“领导叫干啥就干啥”所“叫”主要是领导行为，公务员主要是如何理解，那么其要害还在“干”字上，“干”就是要按照领导指示去深入实际抓落实。因为机关工作纷繁复杂、千头万绪，要靠广大公务员履职尽责，只有其工作上去了，决策才能落实，事业才能发展。要做到这些，确实需要每个公务员具备苦干实干的过硬作风，不然“领导叫干啥就干啥”就会成为空话，其要害是做到“三要”。一要有高度的责任心。缺乏责任心和敬业精神，是某些公务员的通病，主要表现为对工作持利己主义和实用主义态度，干起事来只对自己负责，不对别人负责，只对领导个人负责，不对组织负责，只对利益得失负责，不对困难化解负责，其结果不仅该干的事干不好，还在相当程度扩大矛盾，滋事添乱。增强工作责任感，就是要践行宗旨，公心为上，认真严谨，精益求精，把工作当成自己的事，当成历练本事的事，当成施展才华和抱负的事，这样干起来才会有激情、有热情、有感情，才能奠定坚实的思想基础。二要有打攻坚战的能力。干工作光有良好主观愿望还不够，没有超强工作能力同样不能把工作做好。如果说责任心主要解决工作态度问题，那么攻坚能力则主要解决工作手段和促成事物向好的方面转化与发展的问题。因为工作矛盾比比皆是，问题解决不了，任何良好主观愿望都将成为泡影。在日常工作中，检验公务员是否具备攻坚能力，既要看是否提得起笔，能撰写各种公文材料，特别是大材料，展示较高理论水平和观察分析事物能力；又要看是否能承担专项工程，展示统筹驾驭能力；还要看是否能处置突发事件，展示快速反应、控制事态和解决问题能力；再要看是否能协调四方事务，展示沟通协调、交往互助能力。没有这些，仅靠纸上谈兵、投机取巧、推脱回避是不行的。三要有与时俱进的创新成果。“领导叫干啥就干啥”是否果真如此，以及该干的干了，该干的干好了，其工作效果是最好的检验。在机关工作中，平时也能见到有的人忙忙碌碌，辛辛苦苦，但一年到头到底干了什么，自己也搞不清，或既没什么特色，也没什么能摆到桌面上。一方面说明工作没有抓到点子，另一方面也说明工作的角度、力度有问题。公务员要真正有所作为，就应该在创新思路，注重特色，追求良好客观社会效果上做文章、下功夫。干一件事就把它干完整，做一项工作就把它做深入，抓一个项目就把它抓到位，攻一个山头就把它攻下来，通过自己的创新努力，不仅要把事情画上句号，还要体现出它的针对性、先进性、实用性和超前性。只有这样才能做到“领导叫干啥就干啥”，而且干啥都能干出个样子来。

二、“下级叫干啥就干啥”是做好工作的基础

如果说“领导叫干啥就干啥”在人们心目中习以为常，那么相对于领导来说“下级叫干啥就干啥”则往往有些陌生或不以为然。殊不知这一问题解决不好，也难成为有作为的领导。关于“下级叫干啥就干啥”问题，广义上涉及社会广大群众，狭义是指机关职能范围内的公务员和有关群众，这里主要从狭义加以表述。其实“下级叫干啥就干啥”对领导来讲既是容易的事，又是不容易的事。说容易，一般有两种情况。有的平时注重当下级的小学生，事事处处先向下级请教，看下级有什么想法和意见，然后进行归纳整理，上升为决策贯彻落实，且在落实过程中善于调动下级积极性和创造性，予以信任和支持；有的对自己熟悉和看中的下级深信不疑，下级提什么要求就满足什么要求，提什么建议就采纳什么建议。说不容易，也有两种情况。群众是真正的英雄，他们处在工作一线，对事业发展和该怎么做工作，心中有一本册子，若非领导主动作为，深入群众，下情也就难以上达；公务员处于操作层面，了解工作实情，若是渠道不通，下级就是“叫”得再响也无济于事。故要真正把下级积极性和创造性调动起来，集中众人智慧搞好工作，必须有胸怀、度量、信任、导向、洞察力和工作艺术，知道哪些是真金，哪些是要害，进而遵循民意，落实民意。

（一）要有强烈的群众观点

“下级叫干啥就干啥”所反映的是群众观点问题，毕竟下级是领导力量和

智慧的源泉，也是工作的基础，只有把下级的真正想法搞清楚，集中下级的智慧，按下级的意愿搞工作，才能真正发挥机关作用，提高机关能力，并取得良好效果。这些道理说起来简单，做起来却不容易，要让群众观点在心中扎根，并在实际行动中真实有效地体现群众观点就更不容易。有的人员说话办事大多非常重视上级指示，或主要领导要求，落实起来不折不扣；有的人员也能常听专家意见，包含尊重专家、把诊问脉的成分；有的人员习惯关注别人的经验，只要上级肯定了，出于政治敏锐性当学习借鉴；有的人员关注自己身边或比较赏识的人怎么说；有的人员也经常深入实际，但较少听到下级的真心话，或只想听好听的话，怕听批评的话，彰显缺乏群众观点。可见，要增强群众观点，就是要经常沉下去，甚至是带着题目倾听下级意见，向下级问计。尤其要做到扑下身子，紧贴实际，不能走马观花；要增强群众观点，就是要多往困难地方跑，多往矛盾集中地方跑，越是困难的地方和矛盾集中的地方，越是下级呼声最为强烈与意见最大的地方，任何犹豫不决、避重就轻，甚至怕矛盾、怕听批评指责而高高在上，都是不可取的；要增强群众观点，就是要在工作决策中实实在在体现下级意志。有的机关决策是好心办好事，也已联系实际，下级就是不理解、不积极、不支持，其因就在于决策与下级意见和实际不对路。决策要有可行性、针对性、有效性，就必须充分尊重下级意见，集中下级智慧，转化为下级拥护的决策措施。要增强群众观点，就是要真心实意为下级办实事。解决实际问题，不能说起来重要，做起来次要，怕劳神、费心、失利而不要。

（二）要有畅通无阻的渠道

下级对工作心里都有本册子，十分期望领导重视实际情况，解决实际问题。但有的领导主观上也想把工作做好，为群众多办实事，但一进入实践却常常发现上情不能下达，下情不能上传，甚至形同两张皮，一个重要原因就是渠道不畅通。渠道不畅通具体表现为：有的领导没有积极构建与下级联系渠道，下级有意见无从有序反映，因而也不可能了解真实情况；虽建有相应渠道，但渠道单一，不够流畅，甚至经常堵塞得不到疏通，使下级意见上传有限，领导也不可能更多了解下情；渠道本来畅通，却被人为设置障碍，阻塞了信息有效传递。可见，如何建立、保持和利用畅通的渠道，是领导的一项重要任务，只有耳聪目明，对下情了如指掌，才能按照下级意愿做好工作。畅通渠道就是要做到以下几点：其一，要在政务活动中，广泛发扬民主，让民主思想在心中扎根、开花和结果，变成自觉行动，当体察民情之心达到了如饥似渴的境地，其想方设法打通渠道、维护渠道才有基础。其二，要将工作主要精力放在基层，围绕开辟通往基层“高速公路”动脑筋、想办法。因为基层是经济工作一线，矛盾最多，工作潜力最大，只有将工作主要精力聚焦于此，才有条件研究基层问题，了解基层情况，进而明白怎样开通上下联系渠道。否则，就会事倍功半。其三，要更多、更有针对性地架设和使用联系下级的桥梁，激发下级广泛参与，方便快捷反映呼声。诸如要进一步建立和完善定期对话制度，固定联系点制度，调查问卷制度，集中评议制度。只要是有利于下级反映情况，揭露问题，参谋决策，监督工作等的方式和渠道，都要积极主动去研究和开拓，只有更多铺路架桥，才能按照下级意愿办事更准确、更完整、更科学。其四，要及时清除各种人为障碍，领导一定要有高度敏锐性和洞察力，警惕不同利益团体，特别是中间环节为了各自利益而在领导和群众之间设置障碍，欺上瞒下，把简单的事搞得复杂化，进而浑水摸鱼、坐收渔利。因此，对这类问题不仅要高度设防，还要保持高压态势，发现任何苗头问题就快速出击，扫清障碍，防止被别有用心之人利用而贻误战机，让渠道受阻，事业受损。

（三）要有超强快速反应能力和狠抓落实能力

“下级叫干啥就干啥”，是指下级在“叫”的渠道畅通、意见得到正确反映情况下，关键就看领导如何去“干”。一要开拓创新抓大事。经济在发展，社会在前进，人民群众物质文化需求在不断提高。这就要求领导不能安于现状，而要有战略眼光，把握形势，洞察趋势，看准大的方向，抓住本地区、本单位事关全局的大事，及时将形势的要求和群众的愿望转化成决策。有的工作尽管没有前人的经验可以借鉴，推进过程中难免会有这样或那样的风险，但决不能因此而贻误战机。必须大胆闯，大胆试，勇往直前推进，敢于走前人没走过的路子。二要全力以赴围歼疑难杂症。行政工作的疑难杂症相当普遍，其存在除了众多客观原因之外，主要还是长期积累和人为制造的，既是严重的历史遗留问题，又是复杂的现实问题，且人民群众反映往往非常强烈。可见，解决疑难杂症如何，不仅是执行能力问题，更是政治问题和世界观问题。对此，要敢打攻坚战，敢啃硬骨头，进而把乱麻厘清，把漏洞堵住，把危局扭转，把事态平息，把祸患清除。三要深入细致做好涉及民生的小事琐事。俗话说，群众无小事。因为机关宗旨是为人民服务，群众是服务的基本对象，其生活和工作往往会遇到在外人看来的众多小事与琐事，且直接影响到群众的正常生活和工作，加之有的下级有时应对起来条件和手段有限，故特别需要领导体察民情，善于从群众身边的小事和琐事入手，做深入细致工作，主动为群众排忧解难。同时，广大公务员默默无闻工作在一线，直接处理大量具体事务，无论在工作和生活中，都会有一些困难和苦衷，因而领导对其也要关心和体贴，尽可能消除其后顾之忧。四要及时清除侵民祸民扰民的坏事。机关肩负服务群众，管理社会的职能，在发展变化的社会，难免有这样或那样侵犯群众利益的事情发生，且有的来自外部，有的来自机关。对来自外部的问题，要突出抓早、抓小、抓好，尽可能将问题消化在萌芽状态和初始阶段，把副作用控制在最低限度。对来自自身问题，则要立足“防”字为本，“严”字当头，“快”字行动，“狠”字查究，来不得半点疏忽大意和掉以轻心。

三、“大家该干啥就干啥”是做好工作的根本

做到“领导叫干啥就干啥”“下级叫干啥就干啥”固然不易，但还不是最佳状态，因为领导和下级的一致性、协调性和主观能动性仍未得到充分有效发挥，潜力和空间依然很大。要达到由必然王国到自由王国境界，就应该“大家该干啥就干啥”。关键在“该”字和“干”字上做好文章。“该”解决的是认识问题，就是要用科学的世界观和方法论认识事物，辨别是非，把握方向，厘清思路，进而通过民主、科学的程序使之上升为决策、政策、制度和法律规章。“干”解决的是行动问题、手段问题、力度问题和效果问题，两者缺一不可，必须达到有机统一。

（一）要把握大势，开阔思路，着力解决实干问题

首先，政策法律叫干啥就干啥。政策是工作的基本指针，法律是行为的基本规范，执行政策和依法行政是机关工作的基本内涵，也是领导对下级要求和下级对领导希望具有一致性的最高体现。因此，只要是政策法律明确的，都应该在职责范围内自觉贯彻落实，把该做的工作做好。即领导应作出表率，具有强烈的政策法律意识，事事处处身体力行，不遗余力将政策精神和法律要求落实到位。下级则应自觉，加强政策法律修养，不断增强落实政策和遵守法律的素质，并具体体现在本职工作上。其次，工作规律叫干啥就干啥。机关工作

是有规律性的，领导干部有领导干部工作的规律，公务员有公务员工作的规律等，遵循规律、按照规律办事是机关工作的重中之重。要认识和把握规律，不仅要有科学的世界观，更要学会和掌握事物的辩证法，只有这样，才能驾驭不断变化的形势，处理好纷繁复杂的矛盾。因此，领导干部不仅要当政治家，更要当哲学家，在复杂矛盾面前，要下大功夫认清本质，在运动中找出规律性，把握规律性，按照客观规律指导工作。公务员也要学习事物的辩证法，以在工作中更加聪明、更有水平。再次，客观实际叫干啥就干啥。机关都有自己的环境和条件，以及各自的工作对象，这就是所要面对的客观实际。经济社会发展是有方向性的和不断变化的，各种事物也是普遍联系的，任何机关工作都不是孤立存在，必须随时紧密跟踪形势发展，把握主流，立足自身基础，这对提高工作的灵敏度、应变力和质量水平十分重要。最后，管理制度叫干啥就干啥。机关都有严格的工作制度，用以规范每个人的具体行为，因而必须自觉遵守。特别是领导干部，在制度执行上一定要当好表率。

（二）要坚持无私无畏，着力解决敢干问题

毋庸置疑，现在有的干工作往往不是认识不到，而是认识到了做不到，或做的时候打了折扣。如人们常说：文件好写，会上好讲，落实很难。因为一深入就具体，一具体就复杂，一复杂就难办，一难办人的心态和反应就会各异，效果也就千差万别。可见，干不仅要有良好愿望，关键要心地无私，正视困难，积极动脑筋想办法抓主要矛盾，用百倍的努力去开创工作新局面。对此，领导要率先垂范，经常深入实际，把大事、要事和难事牢牢抓在手上，工作既要务虚，更要务实，既要画逗号，更要画句号，无论困难有多大，只要是看准了就必须一抓到底。公务员也要有积极进取精神，在做好小事、琐事、常事的同时，必须正视复杂矛盾，以良好的精神状态、脚踏实地的扎实作风去大胆实践，勇于拼搏，攻坚克难。

（三）要注重优化结构，着力解决能干问题

机关工作复杂多样和不确定因素较多，善于驾驭工作大局，把该干的工作干好，就不能简单看某一件事或某一类事，而是要善于看结构关系如何。有的机关工作为什么会一手硬和一手软，某一方面工作事半功倍和某一方面工作事倍功半，某些人工作很卖力，但就是头重脚轻，拆东墙补西墙，缺乏立体感、层次感和节奏感等，其问题往往就出在结构不优和干工作缺乏结构意识，进而想干的干不成。其实，一个机关工作就像一座建筑，在设计上要整体考虑，在施工中要按规程实施，在要件质量上要同等要求，只有结构上的合理、科学、完美，这座建筑才能堪称上品。故搞工作一定要注重结构设计，优化配置要素，按规程、分步骤加以推进，以取得好的效果。作为领导干部，一定要弹好钢琴，统筹兼顾，抓点带面。尤其要防止机构膨胀，职能交叉，人满为患等问题发生。作为公务员，也要讲究章法，履职尽责尽可能做到尽善尽美。

（四）要协调同步，着力解决巧干问题

众所周知，一个机关和一个人工作再好，难比各机关和众公务员工作都好。因此，要取得最佳工作效果，就必须步调一致，团结协作，相互理解，相互支持，相互促进，形成强有力的拳头。领导要更多思考加强机关间的联系，从全局角度加强机关间工作协调同步。公务员则更要与机关工作保持步调一致，在同事间保持和谐工作氛围，加强相互协作配套，共同把工作做好。切忌机关与机关之间，机关内部科室、处室之间，画地为牢，以邻为壑，各吹各号，各唱各调，缺乏相互理解和支持，甚至为了面子和利益经常人为内耗。实践证明，只要工作形成了整体合力，就会无往而不胜。

2007 年 9 月

怎样当好领导秘书

秘书是行政机关的一种重要职业，主要任务是管理文书、协助领导工作。要当一个称职的秘书，绝非易事，更不像社会上流传的拎提包、打电话、端茶杯、开车门之类，其职业化要求较高，形象概况就是要注重围绕笔杆、枪杆、铁杆、秤杆下功夫。笔杆和枪杆比喻能力上文武双全，铁杆比喻构建与领导紧密纯正的工作关系和感情，秤杆则比喻要严格自律。

一、笔杆

阅批大量文件与信件，是领导的重要工作，作为秘书不仅要做好文件和信件的收发整理，还免不了要帮助领导草拟一些文书稿件，甚至提出参谋意见，经常提笔也就成了重要分内之任。能提笔需有功夫，除了适应领导行政风格和语言习惯之外，关键要有相应政策理论水平和文字驾驭能力，笔杆过硬，既是为领导服务的一种较高境界，也是领导外在形象的一种体现。现在有的秘书职业正趋于弱化和简化，除了拎提包、打电话、端茶杯、开车门之类，已少有在笔杆上有所作为。其因在于秘书认识不足和勤学苦练不够，或领导要求不严，或机关蜀中无大将，廖化当先锋，纯属无奈之举。作为领导秘书，没有过硬的笔杆功夫是不行的。因此，秘书要加强学习，勤于思考，多写多练，对提笔有激情和爱好，不怕吃苦和寂寞，进而掌握和擅长各种公文制作，能写一手漂亮文章。同时，领导要对秘书严格要求，注重公文能力培养和扶持，多提供提笔机会。再则，机关要加强公文能力建设，把公文写作能力当作工作人员第一能力导向进行培养和考核，进一步建立健全激励鞭策机制，形成良好的公文写作氛围。在秘书配置上，更要从能提笔角度严格选拔、严格要求、严格管理，使之在工作人员中树起标杆。这既是机关建设需要，也是服务领导需要，更是培养锻炼工作人员需要。

二、枪杆

处理各种复杂事务，是领导工作的主要方面。除了大事和要事领导处理之外，许多具体协调督办事项就要通过秘书工作使自己大脑和手脚得以延伸去处置到位，以利于自己集中更多时间和精力抓主要矛盾。可见，当好秘书不仅要一手拿笔杆，还要一手拿枪杆，具有较强实战能力，能够正确理解领导工作意图，正确把握政策和法律法规，善于分析和洞悉复杂矛盾症结所在，有针对性地运用各种方法和策略把工作做实做好。事实上，现在有的秘书还不够职业化，实战能力有所欠缺，为领导服务做些事务性工作尚可，一旦处理较为复杂问题，基本给领导帮不了什么忙，有时还可能帮倒忙。尤其在做群众工作和处理部门矛盾纠纷上，无论表现出不懂和茫然，还是简单粗糙，甚至胆怯或作势，都会影响领导工作和形象。秘书实战能力下降，主要在于秘书不注重向基层学习、向群众学习、向实践学习、向领导学习，特别是不善于利用在领导身边层次高、视野宽、信息广、事务多等条件，多学知识和本领，甚至为领导服务的出发点有问题。以及领导对秘书工作定位和要求不高，平时给秘书培养锻炼机会和手把手言传身教不够等。要妥善解决这一问题，就要有好的机制，提高当职业秘书的门槛，从选用上先行把好质量关，引导、激励和鞭策工作人员深入实践，学本领，长才干；领导要严格要求，多给机会和压担子，多加关心和指导，在秘书锻炼成长上多倾注些心血，以免平时不培养锻炼，秘书缺少真才实学，工作业绩不突出，既不利于领导工作，也难让秘书服众；秘书要端正态度，把学本领、长见识作为工作基本目标，利用工作特殊性多接触基层，多接近群众，多观察问题，多动手化解矛盾，在干中学，在学中干，在干和学中提高。一句话，要靠枪杆子和实战能力打拼事业。

三、铁杆

秘书是领导身边的工作人员，与领导联系紧密，主要任务是服务领导。故对领导的了解一般莫如秘书，包括领导个人性格、爱好、习惯、隐私和不足等。因此，要当好领导秘书，忠诚、贴心、机灵、干练、口风紧、行事稳，注重维护领导形象，也就成了服务领导的基本要求和必备素质。若面对个别品行不端和作风不正的领导，则要遵循原则，把握好度，最起码不同流合污，帮腔作势。不然，为领导服务就难以达到默契和协调。其常见问题在于当秘书如对领导缺乏忠诚和贴心，容易增加领导心理负担，在一定程度上影响领导工作，也不利于秘书锻炼提高；如不加区分一味迎合领导嗜好，看似与领导感情贴近融洽，服务周到细致，尽管领导少了心理负担，但客观上也能给领导添麻烦，影响领导工作和形象；如品行低劣，图谋不轨，表面唯唯诺诺，竭力服务领导，甚至协助、诱导、设局做些不法之事。背地却窥视领导隐私，掌握不登大雅之堂的逸事或违法乱纪事实，作为借领导之手谋利的筹码，一旦有变，就反戈一击，落井下石，其情形令人不寒而栗。因而秘书理当谨记忠诚领导，服务领导，维护领导，避免给领导帮倒忙和失水准。领导除了注重修身以外，也要对秘书充分信任，严格要求，培养其好的品行和作风，促进彼此协调工作，和谐共事。

四、秤杆

秘书在领导身边工作，具有相当占位优势，上可借领导之威，下可代领导处事，交往办事较为便利，也常为他人当公关对象。秘书服务领导，但终归不是领导，千万不要因领导信任、占位优越和下面恭维就飘飘然，俨然自己就是领导，在外指手画脚，口大气粗，甚至打着领导招牌办私事，拿人好处当内应。在这方面一定要在心中高高挂起一杆秤，时常衡量自己的工作和行为，即要明领导之任，熟知领导工作范围、对象、内涵和标准，服务领导细腻周到，代领导处事认真负责和把握分寸；要明法纪之严，熟知法律法规、制度规范和各种纪律，开展工作善于依法依规依政策依程序办事，时时处处做好表率；要明百姓之情，熟知基层实际和百姓疾苦，办事雷厉风行，快捷高效，既要体现能力水平，更要有真情实感，以实际行动为领导赢得声誉，树立形象；要明自身之责，熟知秘书工作业务和领导行政风格，加强自身修养和能力培养，做到行事更严谨，为人更谦虚，服务更到位，律己更严格。

2008 年 12 月

行政机关工作人员要于细微处见真功

行政机关如同一棵大树，主干一个，枝干若干，为数众多的是枝叶，而工作人员即形同枝叶。一般来说，按照职能划分，领导主要是想大事和干大事，工作人员主要是应对众多小事、琐事和常事，但又不拘泥于小事、琐事和常事。因此，工作人员要想有所作为，就应学会辩证思维，于细微处见真功，在以小见大和积小成大中建功立业。

一、思维细密

作为工作人员，首先要有好的脑子，善于观察思考问题，当明白人。从常理上讲，领导思维和工作人员思维既有相同之处，也有不同之处。相同在于必须围绕法规政策思考如何将本职工作做好。不同在于领导思维要大气、开阔、宏观，侧重于大事、要事和难事的决策与落实，工作人员思维要深入、细致、微观，侧重于小事、琐事、常事的把握和落实。进而达到各有侧重，优势互补。有的工作人员胸怀大志，爱动脑筋思考研究机关大事、要事和难事，不仅精神可嘉，对发展进步也有益处。若仅限于此未免有些头重脚轻，占位偏颇。这样讲不是不能往大处和高处想，而是不能倾注主要精力。因为工作人员暂无领导那样的基础和平台，较难具体实践所思所想。要真正用好脑子，当主要聚焦于小事、琐事和常事，研究特点，把握规律，发挥作用。否则，就少了当好工作人员的基本功。

一是要从普遍性思考大事、要事和难事，其侧重点在于把握一般，对宏观法规政策和微观实情有整体了解，这是统领本职工作的纲，以免干本职工作迷失方向。二是要从特殊性思考小事、琐事和常事，注重紧密结合岗位职责、工作范围和服务对象，思维细密要体现在对具体法规政策的深刻理解与把握上，体现在对具体工作对象特点和规律的深刻理解与把握上，体现在对具体工作关系和环境的深刻理解与把握上，体现在对具体工作发展变化的历史和轨迹、以及客观真实现状的理解与把握上，体现在对具体工作运转流程和重要环节的理解与把握上等。这些恰恰是有的工作人员薄弱环节之所在，问题就出在不够专业和深入上。三是要从可操作性思考如何将具体法规政策通过本职岗位得以落实，而且注重将实际困难想得复杂一点，将具体落实的办法措施想得多一点，将个人利益得失想得少一点。一句话，就是要把具体落实的事想仔细、想透彻。可见，具有细密的思维能力是工作人员称职的重点所在。

二、做事细腻

机关的小事、琐事和常事较多，要做好也多不易。这些事务看似简单重复，甚至不足挂齿，不为人所聚焦，但如果不始终一贯用心去做，说不准在什么场景和条件下，瞬息间就转换成了大的纰漏，影响解决大事、要事和难事，影响机关工作的效率和形象。就如同沙粒不入眼睛、鱼刺不卡喉则罢，一旦进入或卡住就成了大问题，其道理就这么简单，最起码说明大与小既是绝对概念，又是相对概念，关键在于场景和条件的定位与转换。现在有的工作人员看似聪明伶俐，浑身透着灵气，但就是工作起来老在小事、琐事、常事上出差错。一方面在于其小瞧这些事务，不察大与小的辩证关系。另一方面还在于做事不用心，缺乏细腻和周到，显得眼高手低和不大称职。细腻是给人的良好感觉，也是柔性处事恰到好处的表现，折射的是工作人员做事的风格和水平。大凡做事细腻的，不仅能有效避免不必要的差错，更重要的是能够尽可能把工作做到完美。

一是要有严肃认真的态度。即做事定位要高，标准要严，感情要真，职业操守要好。不因事小而轻视，不因琐碎而厌倦，不因常规而无所谓，这对工作人员非常重要。如果将心思多用在面上交往应酬、拉关系交朋友等方面，做事粗枝大叶就会成为常态。二是要善于观察事务，熟悉本职业务，真正成为行家里手。不因事小而不钻研，不因琐碎而不梳理，不因常规而不提高，避免看似什么都会，实则只知其然，不知其所以然，缺乏专业水准和功力。三是要注重抓好基础工作。干什么事都不打无准备之仗，包括必要的物质准备和精神准备。不因事小而疏忽，不因琐碎而随意，不因常规而临阵磨枪，防止做事仓促应对，乱了条理和章法。四是要全方位标准化操作和过程控制。这是付诸实施、体现细腻风格的最重要环节，做就要全神贯注，有的放矢，细致入微，善始善终。不因事小而不讲标准，不因琐碎而不讲规范，不因常规而不讲质量，力求画上圆满的句号。

三、为人细心

在机关当工作人员，上要为领导服务，下要为基层和群众服务，责任较大，担子较重，工作做得好，有利于提高机关工作效率。反之，不仅影响服务质量，还有损机关形象。这就需要工作人员不断提高素质，与人打交道处处留心，事事细心，多站在被服务对象角度看问题和想问题，通过用心用情用力，进而排解矛盾，方便工作，服务成功，创造感动。而不能简单机械，公事公办，局限于表面化和一般性被动应付。可以这样说，细心是工作人员生存发展的经验之谈。

一是要细心把握服务对象特点。在服务对象中，不同的群体有不同的特点，在同一类群体中，还有不同的个体特点，这些都需要工作人员在具体实践中细心观察和把握。诸如领导希望把配套服务和交办事情办好；基层组织希望解决疑难上传下达快捷，尽快有好的结果；群众希望就事关切身利益的事情尽快给个答复和弄个明白。二是要细心把握事务性质和轻重缓急。无论是为领导服务，还是为基层和群众服务，一事当前，先不要简单看事情大小，而要看性质如何。就服务领导而言，只要是为办大事、要事和难事配套服务的事项，都当细心安排好、处理好；就服务基层组织而言，只要是事关经济发展和涉及民生的事项，都当细心上传下达，快速流转，督办落实；就服务群众而言，当细心区分哪些是事关切身利益的事项，哪些是因对法规政策不甚了解而需要知晓的事项，进而细心办理、细心解释。在把握性质的同时，还应区分轻重缓急，分类处理。三是要细心把握服务程序和关键环节。在机关工作，应当遵循规范程序，不按程序办事就会出差错，但也不是死抠条条框框。作为细心的工作人员，有时就得机动灵活把握程序的关键环节，先方便于服务对象，在总体运行安全或安全可控情况下，其他就要靠脑勤、腿勤、手勤加以弥补，以办事快捷为准，以动态完善为要。四是要细心把握运用超常规举措。对工作人员来讲，被动出击和按程序办事，只是一种常态和一般化要求。工作要真搞出点水平，有时就得打破常规，反弹琵琶，反客为主，针对被动应付和办理的事情，多从服务对象角度，将各种问题分析研究透彻，积极主动提出参谋建议，督促和帮助把所要办理的事情办好，进而创造意想不到的办事效率和成果。

四、善攻细节

俗话说：细节决定成败。机关工作尽管纷繁复杂和经常变化，但毕竟是由许多细节组合而成，善于把细节研究好和处置好，就能有效促成机关工作上水平和上台阶。反之，就如演戏一样，任何细节上的闪失，都会影响表演效果。如果说领导的重点在于专攻决策，那么工作人员的重点则在于善攻细节，且在工作上与领导形成优势互补和良性互动。有的工作人员看似精明强干，但就是做起事来效果不佳，其问题就出在细节上。

机关工作细节问题很多，但主要涉及四类：一是办文办会事宜。工作人员要对各个细节进行全方位、多层次分析研究，对各个具体事项和人物的衔接、具体细节可能出现的问题，以及变通补救的措施等，都要做到胸有成竹。这样操作起来才会流畅，即便遇到问题也能随机应变妥善处之。二是公务接待事宜。机关公务接待活动较多，涉及国内外各方面人士，工作人员的责任尤为重大，把握细节的重要性更为突出。这里不仅涉及领导和嘉宾全日程活动安排，还涉及每位参与者的工作和生活习惯，以及民俗民风等，只有处理好各种细节问题，才能使之舒心满意。如此，既有利于促进交往，又能给机关赢得声誉和友谊。三是群众工作事宜。为群众服务，是工作人员的重要职责，但问题往往不少。一方面在于有的工作人员习惯于简单讲法规政策多，耐心解释少，按条条框框和程序办事多，积极主动想方设法排忧解难少，更不要说服务注重细节和超常规操作到位。另一方面在于群众与机关打交道多有心理预期，有时可能从负面想得较多，对工作人员的言行举止敏感度较强。因此，在服务群众方面，注重细节是事半功倍的好事，不要说能把事情办好，就是见面倒杯茶，请个座，帮忙打个电话问事，直接引导找到有关工作人员等，都会让群众感激不尽。可见，注重细节服务，不仅是工作人员的基本功，也是机关建设的大事，理当切实抓紧抓好。四是服务领导事宜。一般来说，除熟悉法规政策和相关专业知识，以及领导的性格习惯外，重要的是要围绕领导工作，在细节处理上想周到和操作好，做到既突出领导又不显露张扬，既不动声色又恰到好处，既方便工作又适应特点，既减轻负荷又愉悦神情。

2009 年 2 月

行政机关工作人员既要善于“栽花”又要善于“种刺”

地方行政机关工作千头万绪，工作人员任务相当繁重，在履行职责过程中，会有不少“栽花”之类好事，也会遇到“种刺”之类得罪人的事。不管是“栽花”，还是“种刺”，只要职责所定、工作需要，都应千方百计落实到位。不然，就会影响机关工作质量和水平，以及在社会上的形象。可见，“栽花把花栽好”“种刺把刺种好”，是机关必须重视和认真解决的基本问题。

“栽花”花鲜艳。机关工作必须多办“栽花”的好事，也就是所作所为能给人解决困难和带来实惠。然则，“栽花”是行政公权行为，具体实施者却为工作人员，因受制约因素较多，那么要真正把“栽花”的好事办好也非易事。常见问题有三种：第一种是“栽花”无的放矢。机关和工作人员要将花栽好，必先搞清经济发展、社会进步和人民群众需要干什么，根据客观条件判断能够干什么，以期把希望和可能有机结合起来，按轻重缓急作出科学安排。这样“栽花”不仅能发挥积极作用，也不会在其他方面留下后遗症，或连带引起不良反应。但是，有的“栽花”常脱离实际，头脑发热，轰轰烈烈干了一通，不仅花没栽好，还惹了一堆麻烦，浪费了许多资源。个别的还可能成为剪不断理还乱、父债子还的疑难杂症，以事业受损为代价，为形式主义、形而上学交学费。第二种是“栽花”“粗放经营”。所谓“栽花”属于精细活儿，不仅需要良好态度和用心，更需要有相应技能，进而精益求精把花栽好。但是，有的主观上也想把好事办好，实际操作则缺乏精准、规范和质量，常在效果上打折扣。第三种是“栽花”动机不纯。“栽花”履行的是法定职责，客观要求工作人员必须有真情实感，老老实实、勤勤恳恳按政策法律和群众期待做好工作。但是，有的“栽花”常为关系人鞍前马后，为自己人积极主动，拿“栽花”换人情、争面子、搞关系、留伏笔。为群众服务时，或拖拖拉拉，虎头蛇尾，难以落实；或拿“栽花”当诱饵，人为增加办事难度，不见兔子不撒鹰；或拉开场面，摆开架势，营造氛围，明显作秀。可见，“栽花”之心人皆有之无可非议，但要把花栽好，首先，必须端正态度，境界要高，动机要纯，做到为群众办事，促事业发展，为组织争光。不能借公权“栽花”立私德，扬私名，成私情，图私利。其次，必须求实务实，“栽花”要注重深入实际，调查研究，把握实情，顺应大势，做好顶层设计，精准细化项目，使之具有针对性、先进性和可操作性。不能急功近利，吃子孙饭，断子孙路，搞那些有悖客观规律和群众意愿的事，在社会上坏了“栽花”的名头，甚至在“栽花”上栽跟头。最后，必须注重抓好落实，既要有效宣传组织群众，赢得群众的信任和支持，又要及时化解“栽花”过程出现的矛盾，更要追求画上圆满句号和取得良好社会效果。不能抓而不紧，周期过长，出现反复，加大成本。

“种刺”刺扎手。机关承担管理社会的重任，要经常面对和处理纷繁复杂的矛盾，有时甚至要用强制手段来解决，这就涉及“种刺”问题了。其实所谓“种刺”，就是行政管理纠偏行为，主要针对与法律、政策、民心相悖的人和事，难免触及人的切身利益，影响一般较大。其更为突出的是，有时实施行政管理即处在矛盾当事人对立面和社会压力聚焦的位置，责任重大，风险巨大，难度更大，时常费了九牛二虎之力还不一定见成效，说不准触犯了某些方面既得利益还会遭到反制，不仅影响眼前，还会波及长远。不像“栽花”那样常听赞歌，反而常背骂名，可谓费时、费心、费力不一定讨好。正因如此，有的对于“栽花”和“种刺”的态度截然不同，常见问题有三种：第一种是“怕”字当头，消极被动。其表现为面对矛盾自知能力水平有限，挑不起大梁，过多考虑利益得失，常望而却步，谈虎色变。即便有的有能力应对，也不愿招惹是非，习惯充当老好人，以免得不偿失，为求安逸与少麻烦而置法律、政策、群众利益和行政责任于不顾的心态较为突出。第二种是回避和转移矛盾。其表现为矛盾当前先往上“汇报”移交。或找各种理由证明责任不在自己，而在他人，让他人当挡箭牌；或实在躲不过就强调各种条件不具备，为自己啃不下硬骨头留后路。接下来一拖二磨三绕圈，敷衍应付，让矛盾长期堆积在那里发酵，最好能拉个垫背的，以分担相应责任。第三种是拿解决矛盾做交换。其表现为化解矛盾时，向上讲价钱，要包票，不成就发牢骚，撂挑子，处理粗枝大叶，留下后遗症。或向处于被动地位的矛盾当事人要好处，利益得到满足就出力，未得到满足就违背政策原则不作为，其目的是为“种刺”的付出和承担风险换取一定利益补偿。要有效解决问题，首先，必须有正确认识和良好心态。“种刺”是机关的天职，在工作面前没有肥瘦、好坏取舍，更不能以自身利益为行为标准，不敢面对矛盾，不能及时化解矛盾，就是工作失职。复杂矛盾固然难解，有相当大的压力和风险，但只要出于公心，冷静应对，以攻坚克难为荣，以吃苦耐劳为乐，在心态上先战胜自我，就能够掌握工作主动权。其次，必须有胆量和气魄。解决矛盾不论触及谁，都要心地无私，坦坦荡荡，敢于应对和冲上一线，不为困难所吓倒，不认付出巨大是吃亏，不怕关系复杂而却步，有时甚至要敢于碰硬，打攻坚战，看准了就豁出去干到底，不达目的不罢休。最后，必须有坚定不移打硬仗的韧性。“种刺”有一个过程，在过程没有完结时，即便矛盾已向好的方面转化，若工作稍有松弛，就可能重新反弹，甚至变得更为复杂而难以处理。因此，对于矛盾一定要一鼓作气，硬仗硬打，紧抓不放，务求实效。只有这样，“种刺”才能种下去，种到位，种得好。

两者辩证谈。论及“栽花和种刺”，“栽”和“种”是行为，“花”和“刺”是工作，“花好”和“刺尖”是做工作的理想效果。要不断提高机关工作质量和效率，就必须注重优化行政要素结构，在运行中牢牢把握度的规定性。首先，“栽”和“种”有力。社会生活具有复杂性和多样性，机关工作的“栽”和“种”应相辅相成，在具体选择和实施上，关键要根据客观实际谋定。在客观实际一定的前提下，当“栽”则“栽”，当“种”则“种”，“栽”就要“栽”好，“种”就要“种”实。但是，有的两种行为则不尽平衡，比较常见的是重“栽”轻“种”，“栽”的主动性和积极性高，甚至争先恐后，好事千方百计沾沾边。“种”的主动性和积极性低，避之过而恐不及。可见，“栽”和“种”行为的做出，不仅要根据实际情况，还必须注重两者的协调性，做到两手抓，两手硬。其次，“花”和“刺”精准。发展经济和改善民生，往往涉及许多好事和实事要办，以及许多矛盾要解决。故机关和工作人员就必须根据客观实际需要，把“花”和“刺”的文章做好。切不可在“花”的目标设定上，超越客观条件，急功近利，小马拉大车，好心办错事，或夹杂个人和小团体私利。更不能在“刺”的目标设定上，对矛盾视而不见，长期集聚在那里，甚至击鼓传花。从机关工作实践看，有时“种刺”的目标设定比“栽花”的目标设定更重要和更有现实意义。最后，“栽花”和“种刺”协调。“栽花”和“种刺”是机关工作的有机整体，两者相互联系，相互作用，相互制约，缺一不可。“栽花”的立足点在于给予，“种刺”的立足点在于消除；“栽花”过程难免产生矛盾和遇到障碍，需要“种刺”提供支持和保障。“种刺”过程需要根据“栽花”目的和要求而为之。切忌开展工作时人为地将两者辩证关系割裂开来，或简单强调某一方面重要，另一方面次要，让主观主义、实用主义和官僚主义钻了空子。只有“栽花”和“种刺”协调联动，相得益彰，充满生机与活力，机关工作才会蒸蒸日上，威力无穷。

2009年5月

地方行政心态“十戒”

从政是风险较大的差使，大就大在行使公共权力和管理公共事务的社会责任大、工作压力大、矛盾旋涡大、利益诱惑大。这对于地方从政者而言，要想做得正、做得了和做得好，除了能力强之外，关键要有好的从政心态，不论遇到逆境或顺境，皆应做到“十戒”。

一是比不得。习惯进行比较，属人的基本心理活动，从政者一般也不例外。其问题在于不是不能比，而是要会比。所比的是工作、干劲、业绩、作风和素质等，此类正向之比应多多益善。但是，有的所比之所以有误，主要是目的物不对，诸如比官位、比权力、比利益、比享受等。照此一味攀比只会越比越感欠公平，越比越感吃了亏，越比越感不服气，越比越感人郁闷，甚至产生病态心理。因此，若要从政，还是不比、少比为好。即便有些所比有一定道理，那也不能陷于其中不能自拔。不能自拔只能说明思想、眼界和修养不够。其办法是调整思路，坚持多学习，讲政治，树理想，干事业，提高境界；调整视野，善于看焦裕禄式领导干部怎么做，雷锋式普通劳动者怎么干，学有榜样；调整角度，着力与人比工作、比干劲、比业绩、比作风和比素质，力争上游。这样不仅从政心理会坦然和淡定，也会对净化政风起到积极作用。

二是怄不得。怄气是有的从政者一种心理状态，就像心里压了块石头那样不舒服。其因一般有：工作不顺，主要是受多种因素影响，没有或缺少办法打开工作局面，时常受到多方压力，少有地方倾诉和得到他人理解与支持，显得闷闷不乐；习惯攀比，老是觉得自己吃亏，又无力改变现实，也就抑郁寡欢；复杂人际关系，在联系交往过程中，有些方面既难以适应，更难以改变，容易增加某些心理负担；受到打压，因矛盾复杂或个人恩怨等，感到受人伤害，也多耿耿于怀。对有的从政者而言，怄气是难免的，但关键在于尽快超脱出来，既要解决问题，更要调整心态和潜心修养。首先，审视和反思自我，善于静下心来好好梳理一下自己有什么不足，是什么原因，该怎样改进，先从根子上消除怄气的主因。其次，冷静研究分析所处的环境和面对的问题，着力将症结搞明白。即便某些环境不佳或他人有失，也不必闷在心里，人生就是风风雨雨，心理准备要坦然一些，应对当潇洒一些。再次，对怄气因素加强自我调适，自我完善。须知令人怄气的事是社会生活丰富多彩的表现，应对好了还可转化为动力。毕竟许多成功和业绩，就是人在怄气的条件下，激发了创新和创意。故辩证地看，有时怄气是福。最后，凡事相信组织和群众，严格按照政策、制度和纪律规范思维行为，将更多精力投入工作之中。

三是争不得。人进取是要有动力的，但在具体实践中，则有两种情况。一种是为了实现正确目标，尽管遇到重重障碍，面临巨大压力和挑战，仍以积极向上心态与困难进行抗争，甚至表现出不达目的不罢休的气概。另一种是为了达到不良目的，满足不良欲望，甚至抚平因横攀竖比导致视障所激发的不良心理，而在利益好处面前争来争去。如果说比和怄更多是不良心理活动，但争却是实实在在的行动，对行政不良影响显得具体和直接。因此，大凡从政者对争权夺利思维行为当鄙之、远之、斥之和拒之。同时，要多在学习上、思想上、工作上和作风上争先进位、争前恐后和争分夺秒，始终保持心态昂扬向上。

四是躁不得。躁动不安，是人比较容易出现的心理状态，一般因外界因素所激而产生的心理非正常反应。从工作层面讲，导致从政者发躁主要是两种情况。即对权力和利益横攀竖比心理不平衡所致，时常在工作中有意无意表现出来；因工作任务艰巨繁重，麻烦事多，压力巨大，叫人心烦意乱。两种情况有的分别出现，有的交织交融，一来容易影响正常思维。比较常见的是想问题精力集中不起来，或思考问题容易偏激和不周全，导致对事物的认识和把握有误，是典型的情绪当家和感情用事。二来容易让言语失当。情绪躁动，难免时常讲话不讲场合和方法，情绪化突出，言语生硬，甚至出口伤人，以至于怎么把人得罪了还不察，尽管有时并非主观故意。三来容易造成行为不良。主要是做工作缺乏感情和细腻，粗枝大叶，虎头蛇尾，把握不好度。思绪躁动，处事急躁，是一种心理缺乏平和、处事不够柔性和沉稳的表现，既容易丧身，也容易伤人，对于从政者来讲，应当有所忌讳，而且注意修炼，沉得住气，善于控制发躁情绪和发躁举动。否则，是干不了和成不了大事的。

五是混不得。从政会遇不顺心的事，以及某些不公平的事，皆属正常现象。要正确应对，既涉及认识水平，更涉及心理素质。尤其遇到所谓不公平的事，自感吃亏又无力回天时，有的就容易思想滑坡，行为懈怠，当一天和尚撞一天钟，无所事事混日子。若出现混日子的人，最起码说明两个问题。一个是值得组织和领导深思，若是环境和风气有失，就容易促使意志薄弱者心态消极，再加上得不到及时有效矫正，其懈怠思想和行为就会固化。另一个说明有混日子思想和行为之人，心理素质缺陷明显，经不起复杂环境和条件考验。须知人生短暂，要做到无怨无悔，比较现实的还是要少想和放弃权力与利益，多想和殚精竭虑干工作，让各种烦恼在工作中得到解脱，让情绪在工作中得到陶冶，让心态在工作中得到升华。

六是骄不得。在从政者中，总会有人得到提拔任用之类的好事。俗话说：人逢喜事精神爽，春风得意马蹄疾。有好事和喜事当然值得高兴。俗话又讲：穷在市井无人问，富在深山有远亲。人有权力和地位又容易被有的人捧场和公关。若春风得意者不清醒和不设防，就可能得意忘形，骄傲自满，骄兵必败也就不远了。骄傲或骄横是从政者的大忌，且不说容易四面树敌，一旦出事墙倒众人推，就是对自身也容易脱离实际，脱离群众，看不清事实，看不清问题，看不清自己，害人害己毁事业只是早晚的事。故成绩面前不能翘尾巴，赞扬面前不能飘飘然，众人面前不能高一等，还是保持冷静、谦虚和理性的好。

七是浮不得。欲在政坛生存发展，主要在于做事，而且要应对和解决的大事、要事与难事纷繁复杂，千变万化，难免劳力劳神劳心，有时费了九牛二虎之力还不一定得好，显得风险较大。对此，有的既想把握权力，占据位置，又怕担责任，进而所作所为时常浮在形式主义场面上、浮在迎来送往社交上、浮在击鼓传花程序上、浮在文山会海阵势上等，尽可能不触及实际、不深入基层、不赴汤蹈火、不扎实做事。从政者心态漂浮，对事业不良影响看似不那么显眼，实际却颇为深刻，而且对上、对下和对外具有一定迷惑性，必当着力克之，做到深入实际，调查研究，转变作风，联系群众，迎难而上，多干实事，真正对事业负责，对群众负责，对历史负责。

八是奢不得。行政和从政者世人瞩目，皆因掌握权力和资源。同时，人皆有物质和精神需要，追求享受是原始本性，但需要和享受能满足到什么程度，关键又在内因和外因如何。若从政者意志薄弱和素质低下，借助权力和资源，养成了奢侈心态与作为，所获物质和精神满足与享受超越了法律法规限制，以及社会认可度，就会成为不良风气和腐败现象。因此，戒奢防奢是从政者必须具备的心态。尤其在物质和精神满足上，要更多守住法律法规底线，关注社会认可度，注重行政形象，在身体力行上做到吃苦在前，享受在后，勤俭节约，艰苦奋斗，自觉抵制诱惑，注重为社会作出表率。

九是斗不得。有的人所思所想既不在如何利用现有条件和基础将工作做好，把服务对象服务好，而是利益当头、权力当头、派性当头，生性好斗，不择手段，以期损耗强劲的对手，压制弱势的对手，打掉旗鼓相当的对手，设防潜在的对手。习惯围绕权利，相互倾轧、相互掣肘、相互拆台，这是一种危险心态，应重拳出击，着力整治，以防影响事业，抹黑形象。

十是贪不得。权力是行政的重要工具，公共资源是权力调控的“利益”和“财富”，从政者具体掌握权力和调控资源，其间也就难免存在巨大利益诱惑。同时，有欲望是人的本能，追求和满足欲望是人的基本心态。当两者结合，那些意志薄弱者就会欲望膨胀，心态失衡，贪得无厌，以权谋私。贪腐是最坏行政名声的事情，其人数个别，但杀伤力很大，古今中外莫不如此。可见，不为欲望和诱惑所动，戒贪反贪，养成良好心理素质，对从政者至关重要。

2012 年 8 月

培养锻炼干部要有好招式

论坛式。论坛是现代信息社会人们交流思想、理论研讨、学习提高的有效形式，其显著特点是平台开阔高端，各路精英荟萃，论题涉及广泛，探索交流的理论、文化、技术、经验等先进前卫和精彩纷呈，常令身临其境者茅塞顿开或获益匪浅。面对干部思想活跃，各种天量信息传递快捷流畅，不断提高干部思想政治素质不易等实际，开展教育就不能简单沿袭老的做法，而应经常像举办高峰论坛那样，善于紧密结合干部现状，把握思想脉络，适时搭建学习交流平台，确保教育具有针对性；善于集聚各种先进理论、优秀文化、领先技术、新鲜经验、生动信息等，且通过深入加工使之形象化、具体化、个性化，为干部思想提高提供丰富养分；善于让经验丰富的领导干部、理论专家、优秀企业家等现场传经送宝和联系互动；善于将干部组织起来，围绕学习交流主题，或由每人分别做主题演讲，或谈学习体会，促进干部深入学习和多动脑筋思考问题。

布衣式。行政宗旨是为人民服务，干部能否服务出色的前提是联系群众、了解群众、熟悉群众、学习群众，进而真正端正态度，加深感情，与民同心。应该看到，有的干部尤其年轻干部，文化知识和业务素质不错，搞机关工作也较努力，且小有所成而被组织和领导重点培养与不断进步，但实际却少了多深入群众学习提高的机遇，加之坐机关时间长了，与基层一线存在隔离层，实现不了心灵的布衣化，思维行为也就较难得到群众的理解和认同，难免为做群众工作留下硬伤。因此，要真正培养锻炼干部，就要经常将其放到基层去，先拜群众为师，汲取群众智慧，与群众打成一片，再去有效宣传群众、组织群众和服务群众，并接受群众监督和考验，其素质与业绩如何让群众说了算。

逆境式。事业发展充满艰难曲折和风险挑战，之所以如此，主要在于自然条件差，甚至穷山恶水；经济发展落后，许多方面百废待兴；社会环境复杂，疑难杂症众多等。事业和工作最困难的地方，恰恰是缺少人才和培养锻炼干部最好的地方。若让干部老待在顺境中、机关里、上层级，是难成大气候的，甚至错过培养锻炼的最佳时期。故要培养锻炼优秀干部，就应更多将其派往困难地方，经受复杂环境和形势考验，得到强筋健骨般的锻炼和提高。逆境是检验干部素质能力的镜子，也是提高干部素质能力的磨刀石，在逆境中培养锻炼干部，理当成为干部工作的常态。

增压式。多给干部压担子，是培养锻炼干部的好方法，主要是针对那些素质较好，能力较强，有培养前途的干部，有意识推到事业的一线和工作的主战场，去挑千钧重担，让实践的风风雨雨磨炼身子骨。应该看到，有的选用干部看似提倡压担子，但与锻造干部所压担子主要区别在于：前者注重职务，后者注重工作；前者注重感情和关系，后者注重原则和理性；前者注重过渡，后者注重深入；前者注重个人提携，后者注重工作实际需要和用人量体裁衣。可见，注重给干部压担子，主要还是根据实际工作需要和干部素质能力多压急难险重与攻坚克难的担子，才是压担子的实质。至于配置相应职务和权力则是辅助性的，相较不能本末倒置。

工匠式。所谓工匠，实际体现的是做事的严谨态度、精良技艺和扎实作风，故常被世人称颂。那么，培养锻炼干部具有良好的工匠精神，就是要强化责任担当，激励鞭策干部视责任重于泰山，扛责任义无反顾，尽责任严肃认真，力戒责任面前挑肥拣瘦，避重就轻，推诿塞责，怕苦怕难；就是要严格技术标准，培训督导干部搞工作既要善于遵循普通标准，更要着力对接世界标准，贯彻国家标准，创造新的标准，体现职业化和专业化水平，力戒工作粗枝大叶，简单粗放，投机取巧，降格以求；就是要提高实战能力，引导帮助干部加强政策法律学习，深入实践积累经验，熟练运用技术工具，善于处理复杂矛盾，力戒眼高手低，纸上谈兵，操作低能；就是要心无旁骛落实，严格要求干部坚韧不拔，克服困难，排除干扰，抓好过程控制，将工作一抓到底，力戒前紧后松，头重脚轻，徘徊不前，半途而废；就是要全力打造精品，组织带领干部齐心协力，目标同向，协调同步，各尽其责，各显其能，工作要干就干最好的和领先的，力戒工作一般化，随大溜，简单重复，小富即安。

响鞭式。鞭子作用在于警示和惩戒，警示要甩得响，惩戒要打得响。干部所处外部环境复杂多样，内在素质参差不齐，掌握运用权力和配置资源无疑面临诸多诱惑，轻者易让有的干部越雷池一步，重者易让有的干部欲望膨胀，胆大妄为，违法乱纪。故培养锻炼干部还必须如响鞭那样，警示教育在先，注重将制度纪律摆在前面，做到经常学习，不断提醒，反复讲解；警示教育对症，主要针对人的私心私欲，权力金钱诱惑，各种腐朽意识形态，行政领域腐败现象，深入开展学习讨论，结合实际找问题，挖根源，敲警钟；警示教育常抓，做到不因工作忙而放松，不因内在状态良好而麻痹，不因制度纪律健全而懈怠，不因开展过阶段性教育活动而间断，坚持不懈贯穿于各项工作始终；惩戒教育精准，善于抓住问题要害，正确运用制度纪律武器，利用反面典型和反面教材促干部警醒，汲取教训，规范自我；惩戒教育深入，注重对惩戒的人和事解剖麻雀，举一反三，建章立制，铸牢干部思想堤坝，增强对各种诱惑的免疫力；惩戒教育有力，以有效堵塞各种漏洞，提高干部素质，扎扎实实干事创业。

2013 年 1 月

提高地方行政服务效能，
重中之重是转变工作人员思维定式

发展经济，是地方行政的重要任务，其推进落实的关键在于行政机关服务社会公众的效能如何，而服务效能的高低往往取决于工作人员思维定式优劣。

一、认清“十先”陈旧思维定式

先显示权威。有的人员应对社会公众诉求和办具体事，习惯首先考虑如何显示地位与权势。诸如拿架子，要派头，“搞不成”，彰显你归我管，成不成我说了算，思维定式带有某些衙门习气。

先方便自己。有的人员习惯一事当前，先考虑方便自己，至于社会公众的难处和方便与否则经常视而不见，或不予重视，或自己方便到位再说，其先方便自己的结果就是社会公众不方便。

先保障内需。有的人员为让车子能转、单子能报、房子能建等小日子过得有滋有味，常运用掌握的权力和资源先种好自己的“二亩地”，涉及满足社会公众所需则视之为把自己安顿好以后的事情。

先追求享受。有的人员面对社会公众有事相求，思维定式为高人一等和送上门的“商机”。为获得被人乞求、恭维、抬爱等精神享受，以及获得物质享受，即通过推、拖、卡、刁手段先满足享受，再法外开恩，给予面子，通关放行，常让社会公众事情难办和怨声载道。

先照顾关系。有的人员思维定式过于感情用事，甚至将照顾人际关系放在优先位置。诸如对顶头上司、各路要员、名流大亨、亲戚朋友、利益搭档等特殊关系人，服务办事一路绿灯，竭尽所能。对社会公众则既不尽心，也少出力，更没感情。

先上限拟罚。有的人员对于社会公众中的某些违法违规人和事，思维定式不大注重研究错误性质，当事人主观动机，客观社会效果，而是习惯平时不闻不问，一旦遇到有人犯事就先用大帽子扣，处罚往上限喊，待人低头臣服，打点到位，在某种关系面前得到面子，再办成关系案、人情案和金钱案。

先画地为牢。有的人员思维定式习惯把权力职责看成个人地盘、码头和势力范围，对外可以井水不犯河水，却容不得他人染指和插手“内政”，干什么都特别在意固守权力和利益“二亩地”。

先花拳绣腿。有的人员思维定式不在办实事和求实效，而是从得利或脸面出发，习惯跟风，强壮声势，作秀炒作，追求轰动效应。场面看似热热闹闹，形式完美，风光无限，实则转移视线，欺上瞒下，掩盖工作苍白无力。

先撇清麻烦。有的人员面对复杂矛盾、疑难杂症和烫手山芋，以及应对处置轻者会增加工作负荷，重者劳心劳力不说，还会伤及个人利益的实际，思维定式则重在优先保护自己。要么用“望远镜”和“显微镜”查找问题，以早定脱身之计；要么加设挡箭牌护身；要么脚踩西瓜皮溜之乎也等。一句话，只要麻烦不沾边就好。

先推卸责任。有的人员深知行政过程复杂曲折，难免出现这样或那样的失误。只不过面对失误的思维定式却不是主动担责、查找原因、寻求对策、立行立改，而是先找一大堆客观理由解释开脱，或把责任推给上级、下级和同级，千错万错都是别人的错。

二、认清“六主义”落后思维定式

拜金主义。有的工作人员思维定式之所以落后，主要原因是过于看重和崇拜金钱，用金钱标准替代工作标准，行政服务过程中的权力运用、责任履行、精力付出等以金钱衡量价值的结果，即意味着思维行为质变，权力和服务成了商品。

利己主义。行政和社会公众关系可形象地简称为我与他关系，无疑我要服从于他、服务于他，全心全意为他办实事，为他多付出、多吃苦、多受累、多担责任和压力，做到无私奉献，舍我为他。反观客观现实，唯我、为我、利我思维定式在有的工作人员中还不同程度存在。尤其与权力和资源条件结合时，利己主义思想难免膨胀，所作所为近水楼台先得月，自我满足得越好，往往问题就越大。

享乐主义。满足欲望是人的原始需求，也是产生享乐主义的心理土壤，且权力和金钱是重要条件，理当要受社会属性制约。有的人员素质低下，掌握权力，调控一定资源，脱离社会属性制约，其原始欲望就会膨胀，思维定式就会扭曲，难免凭借占据的权力，满足个人欲望和享受，导致消极腐败蔓延，公共利益和公众利益被侵害。

官僚主义。官僚主义是行政机关常见病，主要原因是行政的宝塔结构中，占据岗位和掌握权力人的素质良莠不齐。因此，当低素质人与权力结合，其欲望容易失控，目光和追求难免走偏，进而弱化上对下服务职能，改变服务自上而下的运行轨迹。这种错位的思维定式导入实际，小团体利益和个人利益的实现与保护就有了岗位权力平台支撑，导致其履职尽责高高在上，脱离实际，只对上负责，不对下负责；只对官负责，不对民负责；只对内负责，不对外负责；只对自己负责，不对公众负责。

形式主义。开展行政工作需要形式，但形式必须服从内容，内容必须根据和满足实际需要。若反其道而行之，则会陷于形式主义窠臼，有的思维定式出问题即在于此。诸如履职尽责既得权位，又不干实事；既怕担责，又想获利；既免累身心，又好争面子，所作所为也就习惯做表面文章给上级看、给下级看、给公众看，通过搞形式主义混日子、障人眼和捞名利。

本位主义。地方行政是由众多行政机关组成的有机整体，体现的是个性与共性关系。个性要求机关按各自法定职能、专业业务和工作规律履职尽责，配置资源，管理服务；共性要求机关顾全大局、维护大局、服务大局、服从大局。处置此类关系思维定式容易出现的问题，是将个性要求绝对化，导致在管理服务上一味强化权力、强化权威、强化地位，忽视大局、不从大局、损害大局，涉及管理服务也就难免彰显观念变异、权力变质、程序变轨、行为变味、工作变形、效果变差。

三、认清“五造”优质思维定式

锻造理念。其一，坚持人主我仆。切实在内心深处树立社会公众是主人，工作人员是仆人思想，并真正落实到具体实践。其二，坚持人先我后。切实把服务社会公众放在优先位置，把行政机关和工作人员得失放到从属与次要位置。当两者发生矛盾时，做到先人后己，舍己为人。其三，坚持人需我责。切实把社会公众需求当成行政机关和工作人员责任，并想方设法满足需求。其四，坚持人困我解。切实把社会公众困难当成行政机关和工作人员自己的困难，充满感情和殚精竭虑帮助排忧解难。其五，坚持人简我繁。切实在服务社会公众过程中，把麻烦和繁杂尽可能留给自己，力求社会公众办事更简单快捷。其六，坚持人轻我忙。切实想社会公众之所想，急社会公众之所急，只要让社会公众轻松愉快，行政机关和工作人员就是再忙也心甘情愿与乐在其中。其七，坚持人宽我严。切实培养良好精神境界，真心实意关爱和帮助社会公众。即便有人觉悟和水平不高，甚至对行政机关和工作人员多有误解，也要多加理解，尽可能化解心结，从工作细微处入手，时时处处作出表率。

营造环境。其一，聚焦发展环境。尤其为市场主体和全民创业服务，必须简政放权、优化办事流程和提高服务效率。其二，聚焦文化环境。面对经济在发展，社会在进步，行政服务对象文化需求在提升的新形势，必须集聚更多先进文化要素，扩展文化建设舞台，增强社会文化氛围，始终走在时代前列。其三，聚焦生活环境。主要是做好改善民生规划，注重加大投入，保持良好生态，维护正常秩序。其四，聚焦行政环境。行政面对的矛盾众多，风险挑战巨大，肩上责任和担子沉重，要确保行政强有力和有作为，还必须在竞进提质基础上，广泛深入动员组织群众，以赢得理解、信任和支持。

打造实力。其一，要有超强认知能力。善于用“千里眼”“顺风耳”“探测器”，认识中国、认识自己，以精确把握规律和社会经济发展走势。其二，要有超强决策能力。主要是定性准，把住方向，厘清症结，抓住要害，拿出办法；魄力大，不人云亦云，当机立断，抓主要矛盾，统筹兼顾；部署快，做到任务明确，责任明确，手段明确，步骤明确，兵贵神速，说干就干；程序到，符合民主集中制和决策法定程序。其三，要有超强执行能力。执行除要靠良好工作态度和作风以外，关键还要有良好的协调能力，及时化解执行中的各种矛盾；有良好的协作能力，能够整合或借助各种力量；有良好的攻坚能力，想方设法攻克各种疑难杂症和硬骨头；有良好的创新能力，及时根据形势发展变化，为工作落实到位，不断想奇谋、出奇招。其四，要有超强自律能力。行政工作难免面临很多诱惑，故必须保持清正廉洁，拒腐败，永不沾，经得起任何复杂情况考验。

制造成功。其一，被服务对象办事成功。社会公众找行政所办常规事项尽管千头万绪，具体复杂，但只要政策法律容许的，都要千方百计把每一件事都办快、办成和办好。其二，被服务对象解困成功。在现实生活中，社会公众都会遇到许多困难，甚至是危难，迫切需要行政雪中送炭，排忧解难。即便没有求助，也应及时发现，主动出击，千方百计和实实在在帮助解困。其三，被服务对象事业成功。社会公众事业成功，实际是经济发展和民生改善的重要体现。因此，必须殚精竭虑，集中优势，有针对性和有步骤实施全程服务、跟踪服务、重点服务、集中服务等，帮助和促使被服务对象创业成功，业绩领先，效益优良，为社会发展进步锦上添花。

创造感动。其一，办事效率让社会公众称善。社会公众对行政的认识，乃至对党和国家的认识，居多是从基层行政为民办具体事中体验和感悟，关键就是办事效率。故办事效率越高，感动社会公众可能性才越大。其二，公平正义让社会公众称快。现实社会出现非正义和不公平问题给社会公众造成损害时有发生，无疑殷切期望行政保护，惩恶扬善。对此，必须坚定不移，旗帜鲜明，卓有成效地维护公平正义，进而感动社会公众，赢得衷心赞誉。其三，人员素质让社会公众称道。行政为民服务工作，往往通过众多工作人员具体行为体现，而服务质量的高低，与其素质关系重大。实践证明，只有素质上去了，社会公众才会服你的气，合你的拍，敬你的人。其四，工作业绩让社会公众称赞。为民服务事项纷繁复杂，将其及早圆满画上句号，就是行政和工作人员的本事与业绩。让社会公众感动，最重要的在于业绩真实，富于创造，居于领先，提升层次。其五，行政形象让社会公众称颂。一个机关和工作人员让社会公众感动，还不叫感动，只有众多机关和工作人员创造感动的汇集，转化成社会公众真心实意对行政的感谢、拥护与爱戴，才是较为彻底和持久的感动。因此，行政和工作人员必须整体联动，协调一致，心往一处想，劲往一处使，兢兢业业、扎扎实实做好每一件事，与社会公众心连心、共命运，真正服务和代表社会公众利益。

2013 年 4 月

行政机关工作人员应成为“杂耍”的高手

杂耍是杂技舞台上常见节目，有的演员可将手中数枚鸡蛋逐一抛向空中，且将一枚枚鸡蛋稳稳当当接在手上，轮番操作的结果是鸡蛋无一破碎；有的演员可将手中数把钢刀逐一抛向空中，并将一把把钢刀稳稳当当接在手上，轮番操作的结果是钢刀无一掉地或扎手。杂耍演员的表演之所以赢得观众阵阵掌声，其关键在于技艺高超，非常人所能及。而一般人所能做到向空中抛掷一枚鸡蛋尚能接住，若像杂耍演员那样抛掷数枚鸡蛋则难免失手；或向空中抛掷一把钢刀尚能勉强接住，若像杂耍演员那样抛掷数把钢刀则不是掉地，就是扎手。地方行政工作也是这样，既如鸡蛋那样敏感脆弱，也如钢刀那样扎手和危险，特别需要工作人员像杂耍演员那样具有超强应对能力，及时有效解决问题，化解矛盾。反过来说，工作人员能不能成为“杂耍”高手，是衡量行政机关工作质量和效率的试金石。

相对于杂耍演员的高超技艺而言，有的工作人员“杂耍”技艺不容乐观，常见情况就是向空中抛掷一枚“鸡蛋”或一把“钢刀”尚能勉强应对，甚至不时还会将“鸡蛋”打碎，或“钢刀”掉地和扎手。若像杂耍演员那样，抛掷数枚“鸡蛋”和数把“钢刀”，即应对众多事务与疑难杂症，则容易乱成一团和帮倒忙，甚至不让其做反而更好和更万幸。有时更让人感到不解和哭笑不得的是那些不会应对抛掷数枚“鸡蛋”和数把“钢刀”的不去反思不说，反而多有牢骚，不是找客观理由埋怨问题出在“鸡蛋”与“钢刀”上，就是开脱解释“鸡蛋”和“钢刀”等难事之所以应对不了，皆因太忙顾不过来，或别人不配合支持所致；更有甚者干脆放炮职务未见提，工资未见涨，好事未见有，难事倒不少。事实上，工作人员不能像杂耍演员那样应对工作，最终受损的是百姓和事业，影响的是行政形象。

有的工作人员不能像杂耍演员那样具有高超的杂耍技艺，是有深刻原因的。其一，在市场经济条件下，受拜金主义思潮影响，导致有的价值观滑坡，履行公职不是关注如何做好工作，而是较多关注升迁和工资待遇，且以能不干活儿、少干活儿，干轻松的活儿、干风光的活儿，远离麻烦的活儿为能耐，对于像杂要演员那样能干活儿、会干活儿、干好疑难杂症的活儿压根儿没想过，甚至笑为傻瓜或另类。其二，有的地方行政“庙宇”林立，念经“和尚”人满为患，内在体制机制僵化，大锅饭普遍存在，好的得不到奖励，差的得不到淘汰，需要的进不来，不需要的出不去，不想要的还挡不住，导致不能干活儿的日子过得优哉游哉，能干活儿的难免泄气转而随大溜。其三，有的领导忙于事务，不大注重机关业务建设和工作人员素质培养。尤其不能在业务建设上正确导向，严格要求，加强管理，赏罚分明，营造良好奖优罚劣的浓厚氛围。其四，有的工作人员思想落后、能力低下，又不爱学习钻研，干起工作来，不是有态度、少能力，就是有能力、少态度，再就是少态度、少能力，勉勉强强只能做抛掷一个“鸡蛋”和一把“钢刀”的活儿，就这样还会时常丢三落四，误事添堵。

工作人员要成为“杂耍”高手绝非易事，既需要机关和领导高度重视，加强管理，更需要工作人员不懈努力。首先，要提高认识，端正态度。俗话说：光阴似箭，人生短暂。人的一生真正值得回味和感到不虚此行的也就是做出了骄人业绩，以及雁过留声，人过留名。更不要说工作人员吃的公粮，干的公差，用的公权，其思想认识、立场观点、价值取向、精神境界、道德风尚、工作作风上的要求还要更高一些。不然，是不可能成为“杂耍”高手的。其次，要加强学习，刻苦钻研。形势在不断发展变化，新的情况和问题层出不穷。工作人员要成为“杂耍”高手，就必须认真学习政治、法律、历史、科技等理论知识，并结合工作，深入学习本职业务理论知识，在知识能力储备上不断充实提高。再次，要深入实践，锻炼摔打。社会大课堂，实践出真知，是工作人员成长进步的要诀。在机关如何搞好工作，往往文件好写，会上好讲，但就是将写的和讲的变成现实难上加难。一个人要想练就一身本事、有所作为和干一番事业，就必须深入实践探索、拼搏、奋进。反过来说，不能在实际工作中打大仗和打硬仗，难免形同纸上谈兵，花拳绣腿，一文不值。最后，要精益求精，持之以恒。所谓高手，既是一个绝对概念，更是一个相对概念。说绝对，是指在一定时间空间条件下，相比较居于领先优势，就应被点赞；说相对，是指时间空间都在不断发展变化，现在领先的东西在将来就可能落伍。工作人员要成为常胜将军，就得对所承担的工作不断提高标准，增加难度，加大分量，压减时限，坚韧不拔，一抓到底。如此，当退出工作舞台、回归田园之时，人生回放所展现的电视连续剧方可每集都精彩和令人回味无穷。

2014 年 6 月

由传统建房想到的

——关于提高机关干部素质问题

大凡了解传统建房的皆知，多以建平房和二三层楼房为主，所作所为比较粗放，在农村，有的人用树枝在地上画个草图就干了起来。传统建房一般有五类人员——拍板的、画图纸的、管现场施工的、砌墙的（包括站墙脚和站墙头的）、传递水泥砂浆拎灰筒的。其实有的地方行政机关也有类似传统建房人员，拍板的是领导，画图纸的是专业技术人员，管现场施工的是中层干部，砌墙的是业务能手，拎灰筒的是一般办事员。俗话说：水往低处流，人往高处走。在一定时期和一定条件下，干部业务分工虽然相对固定，但要有思想、有追求和有作为，不能简单拘泥于或停留在当前类似传统建房所具有的能力水平状态，而要立足当前，不断学习进取，以实现个人素质提档升级，这就涉及干部怎样发展进步问题了。

一、常见问题

说到传统建房，人们比较容易看到一个有意思的现象，那就是五类人员大多习惯按部就班，墨守成规，安于现状，惯性运行，甚至形成一个低水平的固定模式，不论外在形势发生怎样变化，大都挑着担子不换肩，一股脑儿走到黑，自己碰壁不醒悟不说，还要埋怨客观上的不是。在有的机关也有形同建房之类人员，所具有的素质仅适应简单低水平重复就固化定格，不论环境条件怎样变化，都以不变应万变。

（一）拎灰筒的缺乏自下而上的攀登

在传统建房中，那些做小工和打杂的基本都是拎灰筒的，工种处在最低层级，活路也最简单，只要有点力气和及时将水泥砂浆拎到墙头即可。正是由于这种差事的低端，容易让从事该活路的对自己低水平要求。时间久了，就习惯性定格在那里，成为一个拎灰筒的熟练工种。其中只有个别有头脑的不拘泥于现状，会在尽快熟悉拎灰筒的活路的同时，把目光转向站墙头的活路，暗自观察学习，寻机操持几下找点感觉，以求在下一轮建房中，尽快转换角色，得以站到墙头干活儿，如此类推，逐步走向事业发展高峰。机关也有类似拎灰筒的办事员，有的对简单重复劳动熟悉以后，就定格在那儿，无理想、无激情、无灵性，不学习、不思考、不努力，习惯整天在简单重复劳动中自得其乐，甚至连类似拎灰筒的事还常常出错。尤其缺乏在搞好类似拎灰筒工作同时，对自己加压加码，向着类似站墙头、搞管理、做设计等更高目标努力攀登，这些人往往容易在时间和竞争状态下被淘汰出局。

（二）中间层的缺乏促上带下的硬功

居于传统建房中层的一般是技术、管理和操作的业务骨干，处在承上启下和承前启后的位置，基本工作状态自成体系，各干一行，能将自己的事做到位也就万事大吉。正是该差事比上不足，比下有余，有面子和有实惠，时间久了，也比较容易定格在那儿，成为中高级熟练工种，所习惯做的就是满足现状，巩固既得利益。所谓墙内开花的专业强项，放在其他角度也多难登大雅之堂，甚至还会形成固守本专业理念而偏执性排他，以及某种不协调因素。也只有少数颇有志向，不拘泥于现状，在做好本职工作同时，主动从同层级、拍板者和拎灰筒的角度观察研究问题，对上是好参谋，对同级是好伙伴，对下是好师傅，并在实际工作推进和转换过程中，素质不断提高，发展空间越来越大。机关也有类似建房中间层次的骨干，往往自感有些本事，在所熟悉工作上能够独当一面，有的也就容易躺在相对优势领地上吃老本，缺乏创新提质和进取精神。此外，对于其他工作则习惯事不关己，高高挂起，或习惯站在自身和小团体角度看问题与争利益，比较容易成为中梗阻。再则，就是对领导有所重视，对其他办事员则多不放在心上，也懒得多管闲事。

（三）管拍板的缺乏从上到下的统筹

所谓传统建房，很大程度就在于建房者也就是管拍板的多习惯按照简单粗放方式开展建房，一般除了善于打小算盘以外，至于技术水平、质量安全和人员有效管理等多不在思考与努力范围。如果是在农村，有的甚至只要备齐建筑材料，临时找些帮工，在地上一比画，就干了起来，至于建房质量和安全也就定格在低质化层面。在机关也有个别这样的领导，平时无雄心壮志，工作缺乏思路和管理水平，为人处世凭经验，工作要求低标准，自己不注重提高不说，对于类似站墙头的、画图纸的、拎灰筒的下属，也多只管干活儿，不管思想；只管眼前，不管长远；只管使用，不管提高等，因而所带出的队伍形同散兵游勇，甚至一将无能，累死三军。

二、基本原因

低标准和粗放型，是传统建房的基本特征。以此作比有的机关，主要是指某些人不同程度存在不愿上进、不愿学习、不愿思考、不愿多干、不愿奉献的现象，与机关所承担的艰巨任务和社会各方期待不相适应。其因有如下几个方面。

（一）结构关系不顺

机构臃肿，人员超编，效率不高，所反映的是有的机关结构性矛盾和要素关系不顺。从领导讲，干的是公差，用的是公权，担的是公责，既需要权威，更需要制约。权威是为了保证能干事、干大事、干成事和排除各种干扰，制约是为了防止凭借权力干错事和干坏事，这就涉及度的规定性。但是，有的两头冒尖情况比较明显。一方面，领导必须担责管事，却往往管不了人。诸如好的进不来，差的裁不掉，不要的还挡不住，以至于不缺人手，缺的是用起来顺手的人。另一方面，也确有个别领导该放的权不放，该担的责不担，该管的事不管，不作为和少作为，缺乏管理约束，难免影响行政形象和事业发展。从中层业务技术骨干讲，因占据重要岗位，所做工作举足轻重，理当发挥重要作用。只是有的人员比较重实惠，容易安于现状和既得利益，一旦利益得不到满足，就多有懈怠，甚至油盐不进和老虎屁股摸不得，撂起挑子会更麻烦。从办事员讲，主要问题是有的这山望着那山高，既追求待遇，又追求时尚，还不爱学习，眼高手低，简单重复劳动常常出错，让某些机关青黄不接，后继无人。

（二）成长氛围不浓

提高机关干部素质，除自身努力之外，关键还需要有适宜的氛围。从体系内部讲，主要是有的机关缺少干事创业精气神，某些人变得比较势利，习惯搞关系，投机取巧走捷径，工作懈怠应付，缺乏创新和攻坚克难精神，造成业务能力下降和停滞不前，甚至靠关系吃关系。从社会来讲，有的机关所作所为不被社会理解，搞好事是不好，搞错事更不好，早晚对机关干部充满怀疑或指责，甚至某种对立。机关得不到社会理解和支持，有的就不愿搞事、不多做事、不去惹事，平安无事，被动应付，注重防守。其实，社会对于机关不能光是监督，还应给予理解和支持，多从正面促进机关把工作做好。

（三）运行机制不优

从激励机制讲，对于干部具有激励作用的无外乎名、利、位，名是脸面，利是实惠，位是平台，这也是机关的稀缺资源。这种资源配置得好，激励作用就大，得以促进干部提高素质和创造业绩。在实践中，按人的素质和业绩配置稀缺资源的为数不少，但也存在不按人的素质和业绩配置稀缺资源的问题，分析起来主要是人际关系和官场潜规则起了不良作用，难免挫伤干部干事创业的积极性。从约束机制讲，对于干部具有约束作用的也无外乎管、批、罚，这也是机关的重要资源。管是对工作行为进行正常管理，批是对违规行为进行批评教育，罚是对较为严重违规行为进行组织的、纪律的和经济的处罚，目的是让人不敢违规，不能违规，不思违规。在此基础上建立起来的约束机制理当是刚性的、严格的和强制的。反观恰恰在这方面，有的机关不是法不责众，就是好人主义盛行，或是“刑不上大夫”，导致机关风气不正，影响干部良性发展。

（四）内生动力不足

有的干部在市场经济条件下，除对自己利益有激情和动力以外，其余则不求上进，不思作为，精神松弛，行为懈怠，如同穿大布衫不扎战带——松了半截。之所以如此，首先在于没有远大理想和崇高追求，将一切都看得那么随意和无趣，可谓思想定位低了，发展方向偏了。其次在于将自我价值放在了第一位，且自我价值的追求和实现与社会发展进步不相适应。最后在于工作努力目标是为自己服务，而不大注重为社会和群众服务。正是由于没有或少了这种内生动力，认识就显得偏，精神就显得懒，品位就显得低，工作就显得疲。

三、改进举措

从有的机关运行类似传统建房、某些不同层级干部类似传统建房五类人员可以看出，促进各方千方百计向思想领先、能力领先和业绩领先攀登已时不我待。尤其要像搞现代建筑那样，在科技含量、技术水平、功能优化、品质风格等方面狠下功夫。

（一）狠逼拎灰筒的往上走

俗话说：好钢是炼出来的，将军是打出来的。对于类似拎灰筒的办事员来讲，除自身不断努力提高素质之外，关键是机关要有所作为。一是逼其刻苦学习。类似拎灰筒的办事员，其素质上不去，诸多是不爱学习造成的。因此，机关一定要将其学习纳入工作的重要议事日程，既要安排必要学习时间，也要安排必要学习内容；既要引导组织学习，也要考核检查学习；既要推动学习文化理论，也要推动学习实践等，不断促进能力水平提升。二是逼其工作达标。即坚持底线思维，工作要从达到最起码标准入手，向上运行。大凡达不到最起码标准的，除教育批评外，就得视情况作待岗或下岗处理，培训达标后再行上岗，决不能在底线上有丝毫让步。在此基础上，要把工作重点放到不断提标上，先行达到行业基本标准和平均标准，再不断跨越达到领先标准。只有标准越来越高，对办事员进步的导向作用才会越来越强。三是逼其创造佳绩。工作任务和工作标准的落实，以及转化成优良客观社会效果，需要有一个过程，这个过程就是落实的过程，配置资源的过程，调整结构的过程，攻坚克难的过程，甚至是碰壁、失意、丢弃利益的过程，而众多业绩也是在过程产生的。故必须逼着办事员上战场打硬仗和打大仗，以在艰难拼搏中争取打胜仗和取得业绩为重中之重，这也是对其素质的最好检验。四是逼其改过纠偏。办事员出现这样和那样问题是正常的，重要的在于怎样应对。其正确做法是从源头抓起，从小事抓起，从薄弱环节抓起，善于运用思想教育手段、组织纪律手段，甚至经济手段，迫其及时整改。同时，还要注意举一反三，使办事员在改正错误中得到提高。

（二）紧逼中间层的上下走

在有的机关流传这样一句话：机关有十个科室，其中三个科室得力，机关就能开门；领导管十个科长，其中三个科长得力，领导就过得去。此话既说明业务骨干重要，更说明有的机关业务骨干短缺。一是逼其上档次。一般来说，业务骨干都有其特点和强项，不是技术有专长，就是理论文字有专长，或是协调办事有专长。有专长就意味着有优势，有优势就容易自我感觉良好和吃老本，思维行为方式固化。对此，必须迫其不断学习，更新知识，增强压力感和忧患意识，不仅要跟上时代发展步伐，更要在技术水准和理论水平上走在前列。二是逼其跳摘桃。主要是聚焦业务骨干工作，坚持对标行业领先水平，在各种质量技术标准上不断加码，促其顽强拼搏，竞进提质。三是逼其当参谋。领导能力是有限的，特别在决策上需要广泛借东风，而业务骨干毕竟处在承上启下、承前启后和打主攻的位置。因此，在决策上，一定要压着业务骨干多想问题，多研究业务，多提出意见和建议，在丰富领导决策思想同时，也是对业务骨干思维行为方式的培养，皆因业务骨干是领导干部的后备军。四是逼其挑重担。机关工作无疑会遇到众多艰难险阻，当毫不犹豫将重担压在业务骨干肩上，促其寝食难安，殚精竭虑，充分发挥主观能动作用，千方百计将矛盾克服掉。五是逼其出精品。精品是机关服务社会和百姓的最佳成果，在一定程度所凝聚的就是业务骨干的智慧、创造和汗水，以及所克服的是千难万险。故必须为业务骨干创造条件，善于激发其创新性思维行为，通过超常规工作和艰苦努力，不断为社会奉献精品名牌，最大限度体现人生价值。六是逼其传帮带。业务骨干是机关中坚力量，也是诸多办事员的样板和业务牵头人，为保持机关工作连续性，形成梯次配置结构，就必须促使业务骨干在搞好工作同时，注重对办事员进行传帮带，加快其成长进步的步伐，毕竟一花独放不是春，百花盛开春满园。

（三）倒逼管拍板的大步走

领导是机关的火车头，其作用发挥得如何，很大程度要靠机关干部和组织体系链条上下组织的推动，通过倒逼机制，使之思维行为方式更先进，抓落实更有力，创新业绩更突出。从机关干部讲，一是积极主动。服从领导和听从指挥是机关工作纪律，但服从不是被动服从，更不是盲从，而是着眼大局的服从和创造性抓落实的服从。因此，本着对事业和领导负责的精神，既要做好领导交办工作，更要在支持和推动领导工作上解放思想，更新观念，积极作为，彰显蓬勃向上和拼搏进取的豪情。二是参谋促动。机关干部搞好分内工作固然重要，但更高要求则在能立足本职，开阔眼界，深入思考，无论理论还是实践经验都要有所建树，经常毛遂自荐，提出参谋建议，服务领导决策，以成为领导的好帮手。三是佳绩感动。主要是在本质岗位上，高标准，严要求，尽心尽力，攻坚克难，不断取得新成绩，用行业的领先优势为机关增光添彩，为领导加油鼓劲，争取领导重视与支持。四是杠杆撬动。当有些工作因领导能力素质所限，可能对工作造成不良影响时，当学会通过正当渠道和法定程序，借助有关杠杆力量推动领导抓好工作。诸如运用民主杠杆，按照民主集中制要求，积极向上建言献策；运用民意杠杆，广泛收集和反映群众意见，促进领导引起重视；运用民情杠杆，注重把现实情况问题搞清楚，以利于领导作出正确判断。从组织链条上级组织领导对下级组织领导讲，首先是决策指引。注重从顶层设计和决策部署高度，加强统筹指导，使之明确方向和重点。其次是压力传导。严格要求，严格管理，促其拿大手笔，做大文章。再次是检查督办。经常深入实地，调查研究，解决问题。最后是排忧解难。关心支持下级工作，关键当工作力所不及和条件有限时，要及时配置资源，雪中送炭，促其将工作做实做好。

2015 年 2 月

简述“品”字结构与公务员履职尽责

公务员是国家政权体系执行政策法律、发展经济和为民服务的基本队伍，任务艰巨，责任重大，其履职尽责质量水平如何，主要涉及组织、领导和群众三要素，以及如何正确有效处理三者关系。从现实情况看，处理三者关系难免纷繁复杂，但如果变换思维，认真分析“品”字笔顺和结构，就得以在处理向组织负责、向领导负责和向群众负责相互关系上变得简单明了。“品”字笔顺先写上位“口”，再写左下“口”，后写右下“口”，做到笔画正确，对应工整，不发倒笔，形成的结构关系就是一“口”在上，两“口”在下。可见，把握“品”字笔顺和结构精髓，当对公务员履职尽责有所启迪。

一、“品”字上位“口”——对组织负责

国家政权体系十分庞大，从执政党角度讲，它是由各级党组织组成的宝塔形结构。从行政角度讲，它是由各级权力机关组成的宝塔形结构。前者领导后者实现对社会的管理和服务，公务员就是从事管理和服务的具体行为人。故履职尽责首先要对各级党组织或行政组织负责，这是组织体系的性质和作用决定的。毕竟公务员所办公务不是来自党组织决定，就是来自行政职责法定，是党组织和行政组织决定公务员任什么职、履什么责、干什么事。对此，有的认识误区在于将组织人格化，所谓对组织负责就是对组织领导个人负责，导致履职尽责一切围绕领导个人转，按领导个人意愿办；或将组织单一化，所谓对组织负责就是对本级组织负责，导致履职尽责只管自己一亩三分地；或将组织利益化，所谓对组织负责就是对自己有利的组织负责，导致履职尽责分亲疏和讲利益；或将组织大众化，所谓对组织负责就是简单对百姓负责，表面看似有道理，实则将组织性质和职能混同于满足百姓具体需求，导致履职尽责弱化了组织链条功能，降低了服务百姓的层次和质量。

要切实做到对组织负责，一是增强组织观念。公务员是组织的形象代言人和决策执行者，要正确履行职责，就必须做到思想上坚持科学理论，政治上把

握正确方向，视野上明晰组织体系，工作上立足本职岗位，作风上求真务实高效，行为上服从报效组织。二是吃透组织意图。所谓组织体系，从横向看是一张大网，从纵向看是一个链条，相互间构成了有机整体。那么涉及具体组织中的公务员正确履责，从放射性角度讲，就是要从本组织职责出发，在组织体系进行放射性发散观察思维，把握宏观层面组织信息和其他层面组织信息，以及各方面工作特点和规律。从聚焦性角度讲，就是要把握组织体系各种有效信息和职能优势，注重向本级组织进行集聚，通过加工归纳，汲取精华，促进本级组织职能优化，进而将组织意图成竹在胸。能把组织意图吃透，需要公务员加强学习，勤于思考，注重实践，将组织意图内化于心，外化于行。三是力扛组织重任。公务员履职尽责一般涉及常态化组织分工和临时性组织安排，前者主要是因事因人因责而定，后者主要是因事因人而动；前者多是常规性和重复性的，后者多是突发性和应急性的。当然，无论是常态化的和临时性的，都有多少和轻重之分。有的公务员比较习惯于常态化和重复性的，以及临时性有利和好做的工作，对于突发的和应急的麻烦事容易为难而回避或推辞，精神状态和对组织负责的态度多有问题。正确做法是积极为组织着想，勇于为组织担当，力戒拈轻怕重和多一事不如少一事，只有在重任面前斗志昂扬，争先恐后，铁肩挑重担才可称道。四是排解组织疑难。公务员履职尽责具有好的态度还不够，关键还要有攻坚克难的能力和艺术，能为组织化解疑难，及时有效打掉各种拦路虎，啃下各种硬骨头，这是对组织负责的最好体现。五是多为组织争光。千头万绪和千变万化是各级组织工作的突出特点，作为公务员不论身在何种岗位和从事何种工作，都必须划定履职尽责底线与红线，这就是工作不给组织抹黑和添乱。在此基础上，必须全方位、多层次、大力度把组织所涉及的方方面面工作做好和做实，不断为组织增光添彩，增砖添瓦。六是严守组织纪律。必须让纪律之剑高悬，让纪律警钟长鸣，按纪律要求修身，按纪律规范办事，真正成为遵守纪律的模范。

二、“品”字左下“口”——对群众负责

全心全意为人民服务，是各级行政的宗旨和基本要务。如果说强调公务员要向组织负责，主要解决的是组织体系内部法定职责的确定和运行质量问题，那么强调向群众负责则主要解决的是组织体系管理和服务社会的成效问题。前

者侧重于内，后者侧重于外。各级行政组织管理和服务社会是通过公务员具体行为体现的，实际操作却是“铁路警察，各管一段”，群众享受服务和解决问题也多分门别类与不同组织的公务员打交道，这也是组织体系的特点和职能分工决定的。由此可见，各级公务员在解决好内部向组织负责的基础上，对外具体实施管理和服务社会举措，即必须充分体现向群众负责。不然，践行服务宗旨就成为一句空话。说到向群众负责，常见问题在于被动服务，习惯坐等群众上门反映问题，缺乏主动深入实际解决问题，甚至非等问题成堆，矛盾激化，民怨沸腾，行为偏激时，才匆忙上阵，费时费工，应急灭火，事倍功半；做事简单化，习惯图省事，少用功，不劳神，表现出低水平，软懒散，粗枝大叶，丢三落四；行为水上漂，习惯待在机关，浮在表面，文件来，会议去，电话转，就是沉不到基层，见不到群众，听不到实话，看不到详情，常做无用功；善搞花架子，习惯赶时髦，跟风头，搞大动作，喜大场面，热炒新概念，热捧新成果，求轰动效应，吸众人眼球，扬名露脸了事，实际问题多没解决好；满场踢皮球，习惯好事抢着干，麻烦事推来推去，不是声言职责所限，就是强调他人之责，或是别人是主角，自己是配角，尽量麻烦事上不沾边；问题弯弯绕，习惯矛盾当前，用太极方式搬条文、说客观、列程序，设置迷魂阵和挡箭牌，让人找不着北，或把矛盾嫁接他人，或让问题自生自灭，进而临水不湿身，临火不灼身；作风衙门式，习惯在群众面前拿架子，抖威风，耍派头，办事一脸的不耐烦，一身的官脾气，一味折腾人；仗权谋私利，习惯公责当前，私字当头，乱用权力，甚至胆大妄为，违法犯罪等。

要切实做到对群众负责，一是摸实情。公务员对群众负责，首先要了解群众，特别是群众有什么需求，有什么困难，有什么思维，有什么创造。了解群众原本就是不能自上而下带框框，定调调，或闭门造车，先入为主，了解群众的目的仅仅是验证、补充组织或公务员的思维行为。正确的抉择是带着一片真情和一张白纸，经常深入群众，将真实具体情况摸清，并经过自下而上分析整理加工，直至转化为组织决策。二是重落实。组织决策往往是群众意愿的体现，贯彻落实组织决策，理当成为公务员工作主攻方向。具体要吃透决策精神，深入把握民情，细化落实措施，注重宣传群众，着力办好实事，以群众好评和让群众得实惠加以检验。三是做仔细。群众工作千头万绪，服务群众的事项多少和难易程度差别很大。这就要求公务员服务工作要从简单做起且不拘泥于简单，要把重点放在服务的广覆盖和精细化上，既搞好共性服务，也注重个性服务。四是解困局。在现实社会中，影响群众生产和生活的问题不少，但影响最大的还是那些历史形成的疑难杂症和新产生的突出矛盾。因此，要为群众搞好服务，就不能停留在常规事项服务上，或是对各种困局退避三舍，踟蹰不前，手足无措，怨天尤人。必须挺身而出，勇往直前当董存瑞和黄继光，用超人的胆识、智慧和力量将困局给破解掉。五是抓源头。群众工作和生活中的问题，都有一个滋生发展或由量变到质变的过程，为群众服务最及时和最有效时点就是在问题处于萌芽状态或初始阶段。这就要求公务员服务工作不能忙于问题发展变化的中端和末端，或问题的表层，而要善于梳理矛盾，把脉问诊，找到问题源头，把工作重点放到正本清源上，早抓早主动，晚抓就被动。六是上水平。对群众负责表现在把群众需要办的实事办成还只是一般化要求，达到较高境界则体现在做优上。要实现外在服务群众之优，就必须在内在组织体制之优、机制之优、结构之优、能力之优，以及公务员素质之优上狠下功夫，常抓不懈，进而不断提高整体服务水平。

三、“品”字右下“口”——对领导负责

公务员对领导负责是对组织负责的一种特殊形式，之所以特殊，一方面在于行政组织是由公务员群体构成，组织要想正确履职尽责，做到协调运转，其成员就必须有明确分工，而组织领导就是根据分工承担责任最多和领导下属工作的关键少数人，其他成员工作也就必须对领导负责。不然，组织运转就会乱套。另一方面在于领导既是行政组织领头人，也是普通社会人和自然人，领导履职尽责必须严格按照组织规定行事，不得将各种非组织因素掺杂其中，影响正确履行职责。然则，领导履职尽责如何不仅与组织有关，更与领导素质有关，后者甚至起着决定性作用。当有的领导素质不高，所作所为就可能背离组织要求和群众意愿而派生出某些问题。因此，公务员对领导负责就不是简单容易的事情了，要正确区分和科学应对。大凡领导素质良好，正确履职尽责行为，公务员都应无条件服从，按要求把工作做好，切实对领导负责。当有的领导素质欠佳，所作所为有问题，公务员就不能简单秉持对领导负责而听之任之，或随波逐流，或投其所好，或助错添乱。正确做法是善意提醒领导，或向组织反映，或尽可能帮助改进，这也是在向领导负责。话虽这样讲，但在实际工作中则较难把握，所出问题同样不容忽视。诸如有的人员明知领导所作所为

有误，只当没看见，或假作愚钝；有的人员常拿年龄、资历、技能、关系为资本，对领导不服气和不服管；有的人员大事做不来，小事常出错，甚至不时捅娄子，给领导添麻烦；有的人员精通官场潜规则和关系学，常对领导进行公关围猎，进而达到不可告人的目的等。

要切实做到对领导负责，一是对领导法定职责负责。领导在组织内部都有工作分工，所履行的主要是法定职责。那么作为称职的公务员对领导负责，就不能针对领导个人，而是主要针对其所履行的法定职责。在这方面既不能有丝毫的含糊，更不能将法定职责与领导个人等同，对领导法定职责负责，实质是对组织负责，只不过是通过领导个人行为加以体现而已。二是对领导正确决策负责。决策是领导区别于一般公务员的重要工作，是领导在法定职责范围内对工作事项作出的安排，公务员主要任务就是尽心尽力贯彻落实，早见成效。三是对领导所办实事负责。抓重点和抓关键，是领导常态工作，也是事关大局的实事，需要公务员鼎力支持。即围绕领导指挥棒，立足本职岗位搞好大合唱，用实际行动促成实事落实。四是对领导创新成果负责。领导一般为组织优秀人物，不仅有深邃的思想理论功底，也有从实践经验积累而来的创新成果，理当为公务员学习研究和借鉴，用以能力培养和指导工作。五是对领导人格力量负责。领导是组织的优秀代表，其优良品质值得公务员尊敬和钦佩，并善于体现在实际工作上，做到自觉服从领导，听从指挥，真诚以待，排忧解难，创造条件让领导充分展示才华和力量。六是对领导形象维护负责。俗话说：金无足赤，人无完人。领导虽是组织代表，但难免会有缺点和工作出现失误。要防止这些缺点和失误产生不良影响，除了领导自身努力以外，公务员也有责任和义务及早发现领导缺点，采用适宜方式提醒和帮助。对领导工作失误则要及时补救，尽可能解决在萌芽状态或初始阶段，防止事态扩大和复杂化，真心实意维护领导形象。

2015 年 5 月

政府办干部必须具备优良素质

政府办是地方行政的首脑机关，上为领导服务，下为百姓服务，外为部门服务，可谓工作繁多、责任重大，对干部素质要求很高，毕竟干部一言一行往往代表政府形象和领导形象。

一、思想正

思想是行动的先导，不断提高思想水平，是政府办干部素质建设的首要任务。应该看到，干部思想总体良好，但也存在某些不足。一是在政治理论上，有的干部较少系统深入学习先进思想政治理论以及政策法律，导致思想政治理论根基不牢，或不厚实。二是在价值取向上，有的干部经不起市场经济考验，服务意识下降，自利意识上升；或面对繁重工作任务，横攀竖比感觉吃亏，入不敷出；或应对复杂矛盾常常为难，认为劳心劳力不值；或自感拿多少工资办多少事就不简单等。三是在鉴别能力上，有的干部身居重要岗位，却不察宏观大势和发展规律，甚至在大是大非面前认识模糊。四是在行为自律上，有的干部缺乏修养，自制力较弱，在各种诱惑面前守不住底线。

要确保思想先进性，一是加强学习，提高科学理论水平。注重学习理论知识和政策法律，以及政府工作专业理论，着力用先进理论武装头脑。二是坚定信念，保持正确政治方向。面对国内外复杂形势和发展过程所遇艰难险阻，始终坚定共产主义信念，坚持走社会主义道路，注重将各种行政行为纳入法治轨道，在政治上不迷失方向和不动摇立场。三是注重修养，强化党性宗旨意识。严格按党员标准要求自己，不断增强遵循党章，维护党的团结和统一，同党中央和上级党组织保持高度一致的自觉性。在行政工作中，自觉践行全心全意为人民服务宗旨，心里想着人民，一切为了人民，努力奉献人民。四是勇于探索，善于把握发展规律。紧密结合政府工作实际，深入发展经济和改善民生实践，着力发现和把握发展走势与经济规律，以及政府工作特点和要求，成为有经济头脑和专业头脑的人。五是洞察秋毫，增强是非鉴别能力。政府工作处在经济发展一线和各种矛盾旋涡，面对的情况十分复杂。这就要求政府办干部必须勤于思考，凡事多问几个为什么，善于透过现象看本质，力求在正与邪、善与恶的把握上入木三分，拿捏精准。

二、业务精

政府办所应对的事务和矛盾众多，干部业务能力如何关系重大。然而，有的干部业务能力却不容乐观。一是写不了材料。有的干部是写材料的门外汉，或是连基本公文写作常识都不懂。即便是写，也是断胳膊作揖拿不出手，导致能写大材料的奇缺，甚至出现断档。二是办不了会务。如果说开不开会和开什么会是领导的事，开会全流程具体操作和服务则大多是干部的事。但是，有的干部办会大错不犯，小错不断，细节多有漏洞，影响会议效果。三是搞不了接待。有的干部不懂基本礼仪和流程，操作起来不得体和不流畅，尤其缺乏周到细腻和无缝对接。四是消不了矛盾。有的干部除了能应对简单劳动和常规事务以外，一旦协调矛盾即无所适从，无能为力，甚至经常误事或添乱。五是安不了群众。有的干部做群众工作常常表现出短板，既有态度和感情问题，更有能力问题。

提高干部业务能力，是政府办工作的重中之重，必须强力打造，全面提升，力求让每个干部都成为业务上的强者。一是定位高标准。从组织角度讲，就是要把提高干部能力放在首位，建立健全各项规章制度，重在激励奖惩，敢将工作业务标准与国内外领先水平挂钩，引导和促进干部成为业务行家里手。从干部角度讲，就是要端正思想，自加压力，刻苦学习，奋力争先，坚持不懈，力争成为政府办工作业务排头兵和专业型 + 复合型人才。二是公文大笔杆。从组织角度讲，主要是注重导向，将能写材料视为第一业务。同时，倒逼干部写材料，写不了和写不好材料就让其坐不稳或立不住，促使干部竞进提质，更多成长为大笔杆。从干部角度讲，就是要培养写材料的兴趣和爱好，且坐得了冷板凳和耐得住寂寞，注重学习，收集资料，认真思考，多写多练，做到语不惊人誓不休，让写大材料和大文章成为常态。三是政务百事通。从组织角度讲，主要是在办会和接待上严格要求，加强培训，注重指导。尤其在流程、细节和把握被服务对象心理上，促使干部既精通面上东西与普遍性东西，还须参悟、熟悉约定俗成和个性化东西，力求做起事来一气呵成，细致流畅。

从干部角度讲，必须清醒认识到办会和接待是非常具体琐碎的事情，也是容易出错的事情，需要高度重视和警觉。在此基础上，要熟悉规程，善于琢磨细节，眼里要有水，手上要有活儿，反应要迅速，做事要有度。鉴于接待工作还要同钱物和吃喝打交道，注意廉政建设和社会影响也就显得非常重要，在这方面只能把关，不能添乱。四是协调多面手。从组织角度讲，除了领导要把一些重大问题和疑难杂症的协调拿在手中亲自处理之外，其他常规的、大量的和少量比较难处理的事项应给干部压担子，促其走出办公室，到一线去协调矛盾和锻炼提高。同时，要加强对干部协调矛盾的指导、检查和考核，让干部真正成为领导大脑和手脚的延伸，及时化解各种矛盾，有效促进各项工作。从干部角度讲，就是要服从领导，忠于职守，善于用脑，勤于动手，深入实际，调查研究，抓住矛盾不放松，正确运用法律、政策、经济和舆论手段，努力做好群众思想工作，及时把各种矛盾化解掉，推进行政各项决策的贯彻落实。

三、作风实

作风问题是政府办工作的大问题，干部作风好，有助于贯彻落实政府决策和为民服务。反之，就会影响形象和施政能力。其常见问题是：一是重上轻下。工作在首脑机关和领导身边，重视领导、熟悉领导、围绕领导、服务领导天经地义。但是，有的干部却仅限于此，在为基层和群众服务上则缺乏真情实感与积极主动，办事效率不高。二是重内轻外。有的干部比较注重内部彼此联系和相互照应，以及未曾做事先把自己保护好。至于涉及外面的事情则习惯一般化应对，缺乏主动优质服务。三是重言轻为。有的干部干工作说起来头头是道，动手时却不见人影，或当旁观者品头论足，或愿当配角。四是重形轻实。有的干部搞工作注重形式，在工作创新和疑难杂症破解上则缺乏实际内容。五是重利轻责。有的干部习惯把利看得过重，当工作无利、少利甚至失利时，也就表现出不敢担当，敷衍塞责，推诿扯皮，遇到矛盾绕道走。六是重私轻公。有的干部处理公务公私不分，或先私后公，或以私代公，涉及人情和关系的事好办，涉及公事有时反而不好办。

加强干部作风建设是长期而艰巨的任务，需要多管齐下，疏堵并举，监督磨炼，巩固提高。一是求真务实。鉴于干部应对面宽、处置事多，作风建设必须坚持实事求是，自觉遵循党性原则、政策法律、服务宗旨、道德规范，深入实际，调查研究，顾全大局，走群众路线，对组织负责，对群众负责，对历史负责。二是雷厉风行。“快”字诀是干部工作的基本功，说话干事必须性子要急点，脑子要活点，手脚要勤点，动作要实点，习惯闻风而动，说干就干，不怕困难，不拖泥带水，力求早行动，早画句号，早给反馈。三是勇于担当。政府办工作难度大，面临风险挑战多，干部要想有所作为，理当正视问题，迎难而上，负重担责，敢作敢为，坚韧不拔，为事业哪怕落得浑身是伤也在所不惜。四是认真负责。即要有较真儿的意识，工作不给自己降标准和留后路；要按工作规范和业务标准一丝不苟做到位；要难易工作一肩挑，绝不挑肥拣瘦；要不为利益所动和不怕得罪人；要遇到问题不推诿、不拖拉、不懈怠。五是精益求精。要围绕各项业务综合水平位居行政机关前列的目标，坚持多学习、多思考、多交流、多总结、多打磨，动真功，出精品。即便一时遇到挫折，也当痴心不改，开拓进取，不出精品誓不罢休。力戒安于现状，小富即安，或拘泥于老经验和老办法，或躺在已有成绩和功劳簿上睡大觉，最终成为落伍者。六是廉政勤政。政府办工作显著特点就是权力不大，帽子不小；官位不高，能量不小；资源不多，作用不小，因而面临的诱惑较多，时常为社会所关注。这就要求干部时时刻刻绷紧廉政勤政这根弦，谨小慎微，谦虚谨慎，自重自律。尤其不能打着领导旗号办私事，利用领导权力谋私利，以及在下面和外面口大气粗，颇有官气，吃拿卡要，坏了形象。

四、服务优

建设服务型政府，是行政改革的方向，对政府办工作提出了更新更高要求，而且干部的服务不能高效优质，往往不是能力和条件有问题，而是思维行为方式有问题。一是粗放式。有的干部面对社会转型发展新形势，思维行为仍停留在粗放式服务上，缺乏市场经济意识、法治意识和“互联网+”意识，习惯按老套路与知识型的领导、竞争性的市场主体和民主自我意识很强的群众打交道，难以满足领导、市场主体和群众需求。二是简单化。有的干部对现代社会分工越来越细，越来越专业化，相互联系越来越复杂多样的实际不适应，思维行为方式仍习惯于简单劳动和重复简单劳动。其间既有少知导致的简单化，又有有知却有意而为导致的简单化，最后应对复杂工作拉不上去，攻不下来。三是应付型。有的面对经济进入新常态和各级行政从严治政，为求自保和消极应对，搞工作少作为和不作为，上级批评听着，部门意见搁着，群众不满兜着，管他什么都应付着，心思对得起工资就不错了。

干部思想也好，业务和作风也罢，其实都是通过服务领导、部门和百姓体现出来，也只有服务优质，得到领导、部门和百姓的肯定，才称得上素质过硬。一是服务领导高精尖。为让领导有更多时间与精力抓大事和抓要事，就是要在行政决策上，想在领导前面，想得比领导具体和深入，所提意见建议及时和针对性强，具有战略眼光、理论功底、专业水准和可行性路径，当好领导的决策助手；就是要在决策落实上，善于抓协调督办，做部门工作有效，做群众工作得力，堪称攻坚克难好手；就是要在常事、琐事和小事上，搞好超前服务、周到服务、流程服务、精细服务和个性化服务，在领导不经意之间巧做到位，在事务性服务上当好扶手。二是服务部门及时雨。政府办工作处在承上启下位置，自下而上像一个关口，部门工作请示事项大多要通过政府办上行，送达领导处置；自上而下像一个漏斗，政府决策和领导指令大多要通过政府办下行，传达至各部门。因此，干部要真正做到为部门优质服务，就是要深入研究和了解部门业务，掌握部门工作重点，知晓部门管理经济和服务社会的功能与途径，做到对部门工作心中有数；就是要在处置部门上行事项时，先行把关，将辅助性工作做好，拟定处置意见建议送审，做到上行直达，一次过关。在处置政府下行事项时，及时细化贯彻落实意见建议，提前做好各种辅助性工作，做到下行贯通；就是要在部门工作遇到艰难险阻和疑难杂症时，及时施以援手，帮助部门攻坚克难，甘做无名英雄。以在精准服务中注重及时，在及时服务中把握精准，构建承上启下快车道，当好部门清道夫。三是服务群众保姆式。就是要心系群众，对群众有爱心和真情实感，真正把群众当亲人；就是要注重广泛收集和研究社情民意，洞悉不同时期和在不同事项上的群众心理与期待，做到了如指掌；就是要熟悉有关法律和政策，善于掌握和运用各种工具；就是要积极协调部门，整合资源，加强督办，全力以赴为群众办实事和排忧解难；就是要通过各种渠道，广泛征求群众意见，自觉接受群众监督；就是要注重个性化服务，多做法律和政策宣传的解释工作，尽可能多上门服务；就是要有极大的耐心、信心和决心为群众服务。尤其当少数群众觉悟不高时，更要善于循循善诱，做深入细致的思想工作，以赢得群众的理解、信任和支持。

2016年8月

地方公务员要塑造良好从政心理

在地方行政中，公务员地位重要，关系重大。注重从政心理塑造和优化，既是加强行政队伍建设的重中之重，也是有效发挥行政职能的基础性工作，必须高度重视，常抓不懈。

一、决策心理

决策是地方行政的高端活动，参与决策的主体是各级领导，辅体是业务骨干和一般公务员。主体活动在于议案和定案，辅体活动在于提供情况和决策依据。要确保决策科学精准，就必须在决策主体和辅体心理塑造上下功夫。一是唯公家。决策作为行政的重要公务，参与决策的主体和辅体都应全面深入掌握政策，执行法律，服从上级决议，遵循行政规律，在决策上讲政治，顾大局，守规则。尤其行政领导的决策思维更要慎重严谨，心理活动必须对行政体系负责，对行政权力负责，对行政目标负责，做到一心为公，克己奉公。二是唯百姓。百姓是行政服务对象，作决策没有百姓基础不行。故决策主体和辅体必须心里装着百姓，熟悉了解百姓，立足服务百姓，谋划惠及百姓，决策心理代表百姓意愿，体现服务宗旨，得以接上地气。三是唯实情。在决策主体和辅体心理优化上，必须善于准确把握宏观形势及其机遇和挑战，洞悉地方所具优势和劣势，坚持依实情作出科学决策。四是唯学习。无论决策主体和辅体工作再忙，事务再多，均当结合实际，挤出时间，注重学习政治理论、法律法规、宏观政策、经济知识，以及社会各方新鲜经验，学习目的在于开阔视野，丰富自己，为决策做好理论知识储备。五是唯多思。客观实际千变万化，地方工作纷繁复杂，公务员要当明白人，当有良好的决策思维心理准备，苦思冥想，比较反复，总结归纳，看不准形势发展走势不决策，把不住行政工作规律不决策，不明晰百姓意愿不决策，拿不准问题症结所在不决策，理不出对症下药举措不决策，多思是科学决策的金钥匙。六是唯一线。公务员工作一定程度要坐机关、看文件、开会议和听汇报，间接性、中转性、务虚性比较突出，工作普遍使用政务信息网络。但是，这绝不能成为滋生不直接深入一线与百姓打交道，或降低打交道概率而闭门造车的心理由头，要保障决策科学，仍必须深入实际和百姓之中，当学生、摸实情、找症结、求对策，这对科学决策大有裨益。七是唯科技。传统行政决策主要靠人脑，现代社会行政决策要靠人脑 + 电脑。故在决策心理打造上，必须强化“互联网 +”意识，决策要更多更有效依靠信息网络技术和大数据运用分析成果，不断提高科学决策层级和水平。八是唯程序。地方行政决策要按程序办事，这既是历史经验教训总结，也是全面深入贯彻依法行政和民主集中制的需要，以避免决策失误。可见，对于公务员来说，必须养成严格按程序办事心理，注重在决策各个环节身体力行。九是唯群力。俗话说：三个臭皮匠赛过一个诸葛亮。讲的就是人多力量大和智慧广。尤其对决策主体而言，一定要养成集思广益的决策心理，善于广开言路，集聚众人智慧，搞好科学决策。十是唯佳绩。决策目的是实现宏伟蓝图和创造成功力作，决策主体和辅体心理活动一定要围绕既定梦想和远大目标，以及决策实施所要取得的理想效果去反推拟决策事项和内涵，并进行强有力的科学论证和评估，确保决策的先进性和实用性。

二、办事心理

地方行政公务员工作要直面百姓、市场主体和社会各方，其办事心理如何往往决定着行政效能和形象。一是显身手。一般而论，人都有展示自我心理，积极作用在于促使个体通过工作成果不断向组织和百姓展示能力与价值。地方行政处在发展经济和改善民生的主战场，承担着大量繁重事务性工作，是公务员向组织和社会展示才能与价值的绝佳平台。许多公务员就是本着这种健康积极办事心理，爱岗敬业，努力工作，既是展示自己，也是检验自己，更是体现自己价值所在。二是敢担当。为百姓和为社会办事不仅有难度，也会有风险。只不过秉持积极向上心理的公务员不仅不会被困难和风险所吓倒，以及一味谋划怎么留后路和避风险，反而会挺身而出，迎难而上，攻坚克难，始终保持良好精神状态。三是重实践。公务员要有用武之地，以更好展示自己，提高自己，发展自己，其最大课堂在实践，最大舞台也在实践。因此，珍惜为百姓和社会办事的机遇，注重学习，精心做事，不断总结，开阔视野，提高能力，养成重视实践心理，即抓住了心理培育关键所在。四是动真情。公务员所办之事，主要是为百姓、市场主体和社会各方服务，良好心理活动就是对被服务对象充满真情实感，做到思考周全，操作到位，讲究人性化，具有亲和力。五是高标准。俗话说：人往高处走，水往低处流。公务员干工作总得有较高追求，表现在工作心理预期上就是干就干最好的，纵比不断超越自我，横比不断超越同类，做到专业水平领先，个人修为领先，始终保持创先争优势头。六是强技能。既然公务员要吃本事饭，就必须在业务技能上培育争强好胜心理，加强学习，深入实践，竞进提质，视学艺不精、业务不专、理论不强和方法不好为耻。七是争先进。古人云：法乎其上，则得其中；法乎其中，则得其下。旨在追求和心理预期为上，实现的可能性为中；追求和心理预期为中，实现的可能性为下。故公务员要有所作为和大有作为，就必须在争先创优和高标准严要求上有较高追求与心理预期，进而不断自加压力，增强内生动力。八是做奉献。公务员的最大成就感莫过于会谋事、多干事、做大事、行善事、成好事、不出事，实质是为百姓和为社会多做奉献。始终保持多做奉献心理状态，是公务员的崇高境界，也是百姓和社会的福分，需要公务员不懈努力，不断巩固提高。九是创佳绩。主要是注重培养理想抱负和工作激情，干大事、攻难关和做奉献意愿强烈，力求在发展经济上成就大项目和好项目，在改善民生上工作提等级和上水平，在社会管理上井井有条，和谐有序。十是知敬畏。端上公务员饭碗，吃好公务员这碗饭，必须首先具备敬畏心理。即敬畏铁律，心中时刻装着法律、政策和纪律，思维行为力戒任何不尊和不从；敬畏组织，相信、服从和维护组织领导，积极增光添彩，增砖添瓦；敬畏百姓，牢记水能载舟，也能覆舟，视百姓为衣食父母，全心全意为百姓服务；敬畏岗位，做到珍惜上岗机会和缘分，爱岗敬业，在岗建功，树立良好的岗位形象；敬畏责任，做到履职尽责战战兢兢，如履薄冰，谦卑慎行，增强光荣感和使命感，勇于担当，倍加努力。十一是去官气。充分认识权力配置资源二重性，以及在触发个人私心私欲膨胀和滋生衙门习气与做老爷心理上的副作用，着力培育常人心，公仆意，淡泊明志，宁静致远，夙夜在公，坦荡从政。十二是保名节。毛主席讲，一个人做点好事并不难，难的是一辈子做好事。对公务员来讲，要坚持一辈子做好事，始终保持好的心理状态，就必须坚持从眼前做起，从小事做起，不为名利，不怕困难，任劳任怨，受得了委屈，不怕吃苦吃亏，坚持不懈，一步一个脚印走下去，不辱公务员之圣洁。

三、监督心理

因制度设计，行政体系按职能结构主要分三个层面，即领导决策层、对外管理服务办事层、内部执法执纪监督层，且对监督者心理素质要求很高。一是行正义。即刚正不阿，疾恶如仇，具有强烈的公平正义感，履职认真负责，脚踏实地，注重用实际行动坚持正义，匡扶正义，维护正义，保障正义。二是重法纪。牢记法纪是纲，法纪是剑，法纪是高压线，法纪面前人人平等，坚持有法有纪必依，执法执纪必严，违法违纪必究，当好法纪卫士。三是先教育。将法纪亮在被监督部门和人员前面，坚持不懈引导督促其认真学习，把握真谛，联系实际工作，做到教育警示在先。四是多服务。讲服务似乎与监督风马牛不相及，但恰恰是有效履行监督的重中之重，也是监督者心理活动的转换和提升，在服务中监督应成为监督工作主旋律。即多从服务和帮助角度切入，善于观察工作特点，把握工作关键，体谅工作难处，助推工作开展，并将遵守法纪和廉洁自律要求融会贯通进去，成为被监督对象的知心人和促进者。五是察秋毫。善于从细微处入手，及时发现和洞悉各种问题的蛛丝马迹，注重从源头防范，牢牢掌握监督工作主动权。六是抓苗头。问题滋生蔓延有量变到质变的过程，处理问题最佳时期就在于苗头乍现和初始阶段。因此，大凡监督者都必须善于察小和抓早，既是对被监督对象关心和爱护，也是自己工作争取主动和提高质量，更是监督心理成熟的表现。七是敢碰硬。面对复杂情况和各种问题，不信邪，不畏难，不为自己留后路，为维护法纪，挺身而出，攻坚克难，表现出大无畏的精神。八是出重拳。鉴于行政工作充满诱惑，公务员素质良莠不齐，思想教育不是万能的，现实中常有少数人私心私欲膨胀，胆大妄为，冲撞法纪底线，违法乱纪，影响恶劣，且情况和关系复杂，对监督者具有较大心理压力和挑战。对此，绝对不能瞻前顾后，畏首畏尾，必须以对法纪高度负责精神，义无反顾，集中火力，从重从快，果断处置，不能让歪风邪气成气候。九是讲策略。一方面善于站在全局和维护法纪尊严高度，认真把握形势和规律，注重具体问题具体分析，应对处置各种问题精准辩证，力求综合效果最大化。另一方面注重排开各种关系因素和个人感情因素影响，始终秉持处事的公正性和公平性。十是抓到底。在心理准备和养成上，坚持一以贯之，统筹推进，不在监督层面给各种问题开任何口子，留任何缝隙，给任何机会，减任何压力，始终保持高压态势，绝不容许问题脱逃或反弹，力戒搞监督时紧时松，前紧后松，外紧内松，下紧上松。十一是重建设。监督要诀在防范和查处，且必须以防为主，防查并举，科学管控。防范的实质在于制度机制建设，以及监督者善于把握形势，研究规律，总结经验，开阔思路，改革创新，确保有利于发展，有利于监督，有利于发展和监督协调同步的制度机制及时配套。同时，经实践检验成熟的制度机制，也要在落实上深入研究，力求把措施搞得更实和更有针对性。十二是高水平。监督工作的较高境界是讲策略和讲艺术，关键是联系实际，辩证思维，有的放矢。尤其面对较常见的“公罪”“私罪”“公罪+私罪”情况，监督者应对处置也就更应具备辩证科学心理。对“公罪”主要是帮助改，就是查处也当妥善以对。对“私罪”主要是查处改，依法纪查处只是过程和手段，重在查处基础上对违法乱纪者进行教育，促其从内心悔过和改正。对“公罪+私罪”主要是帮助查处改，对“公罪”酌情处，对“私罪”必须严。监督者所作所为要经得起现实和历史考验，无论从大道理和小道理上讲都应让人口服心服。十三是严自律。秉持打铁还须自身硬，要求被监督人做到的自己先做到。尤其在监督权力运用上，做到公道正派，不以监督权谋私谋利，注重以身示范，保持监督权力的圣洁和威力。十四是作表率。监督者工作看似马列主义镜子照别人，实则处在矛盾旋涡和风口浪尖，从某种意义上讲，其责任并不亚于领导。故监督者在心理养成上，更要拼搏进取，夙夜在公，自觉自律，一言一行都要为公务员队伍作出榜样。

四、任职心理

追求提拔任职，是地方公务员从政的基本期待和动机，也是个人价值体现的重要标志。但是，实际情况却较为复杂，不确定因素众多，导致任职心理有所不同，需高度重视和正确引导。一是德为先。公务员从政任职的基本前提是立德，并视为良好从政心理塑造的定海神针，做到政治立场坚定，政治目光敏锐，政治理论高强，政治自觉过硬；遵循思想道德，坚守社会公德，学习传统美德，注重行善积德；出淤泥而不染，见诱惑而不乱，对名利而不争，用权力而不私；对提拔任职则坚持凭德才、凭修炼和凭业绩，相信组织、领导和群众慧眼识物与慧眼识才。接受组织挑选、考验和打磨，争当实实在在老实人。二是志为高。从政任职的重点与难点在于优质心理塑造和养成，特别是面对行政体系宝塔结构，绝大多数公务员提拔任职到了一定层级就会头顶天花板，以及有的公务员容易产生抱屈、失衡和懈怠心理等情况，不仅要保持情绪乐观向上，防止心理懈怠和不为少为，更要善于紧密结合实际，看淡权力、官位和利益，围绕干事创业、服务百姓和造福社会加强修为，做到志向高远，胸怀博大，心灵坦荡，境界纯真，充满生机活力和希望阳光，将更多精力投入永无止境的工作中去，其价值体现和追求无不彰显与时代合拍，与社会共振。三是艺为能。行政工作纷繁复杂，从政任职必须具备超强的工作能力和艺术，关键是在艺术心理和水准上，要深入实践，磨炼摔打，不断提升参谋决策艺术，确保决策科学和对路；提升办文办事艺术，不断夯实机关业务功底；提升攻坚克难艺术，打得好大仗、硬仗和恶仗；提升做百姓工作艺术，得以成为百姓的知心者、代言者、引路者和打工者。四是干为本。人生最大价值不在享受，而在干事奉献，对于公务员来讲更是这样。故在心理塑造上，干就是不要忽视小事，往往小事里面有大事；干就是不要惧怕难事，难事时常蕴藏巨大成功；干就是不要争抢好事，既要按照职能办事，也要讲究发扬风格；干就是不要回避错事，必须善于解剖麻雀，总结教训，举一反三；干就是不要凭空生事，仅主观愿望良好不行，还必须认清形势，联系实际，把握规律，善作善为；干就是不要局限常事，重在争先创优，开足马力，勇往直前；干就是不要满足于小有所成实事，而应全力以赴干出有利于社会和百姓的事业，且经得起实践和历史检验。如此，才是公务员心理素质优质的最好诠释。五是恒为贵。公务员追求提拔任职虽说正常，但对心理素质也的确是严峻考验。当自身能力和外界条件不具备时心理多比较容易平衡，一旦能力和条件具备，面对机遇和竞争激烈，以及对比感到有的方面不公和自己吃亏时还能不能保持良好心理状态，或一时一事或一定阶段尚能坚守良好心态，能否一生一世坚守良好心态则往往难上加难。可见，要做到求职为公不为私，升职为公不为私，有职为公不为私，履职为公不为私，良好心理塑造既在内涵的丰富完善，更在于持之以恒，这才是最高境界。

2016 年 9 月

地方公务员要勇于担当

地方行政处在发展经济和改善民生一线，矛盾众多，责任重大，任务艰巨，无疑需要公务员勇于担当，尽职尽责，不负使命，创造佳绩。说到勇于担当，绝大多数公务员可谓有口皆碑，但也有的工作人员表现出不敢担当，不愿担当，不去担当，不能担当。要有效解决此类问题，当在“四有”上狠下功夫。

有高洁的担当之心。论及公务员缺乏担当，首先还是心态出了问题。有的人认为，现在公务员是弱势群体，无位无助无利，有事有责有苦，领导对我讲硬话，百姓见我不听话，有事我说不算话，结果是我不像话，担不担当都那样。还有的人觉得，现在是市场经济、财富时代、民主社会，百姓思维行为的自主性和自立性强，甚至某些唯利是图、情绪躁动、行为极端，好处都是自己的，麻烦都去找政府，不是公务员不担当，而是调控能力有限，小马拉大车。再有的人感到，社会一些人对公务员少有理解和支持，多习惯评论和责难，弄得灰头土脸，没有尊严和威信还怎么担当。又有的人认为，工作环境趋紧，压力加大，担子沉重，高强度劳心劳力劳身还难为人言，甚至为担当而委屈和不值等。正是因为思想适应形势发展变化慢了，站位低了，私心多了，消极气氛浓了，表现到实际工作就既不想干事，也不去惹事，仅做些常事，还闹点心事，忍一忍了事。对企业，门好进，脸好看，话好听，事难办，凡事将法律规章挺在前面，标准从上限把握，程序硬邦邦走完，一切从自己安全着想，无须为企业发展着急，想超常规办事和担点风险门都没有；对百姓，请落座，笑脸挂，要办事，讲套话，程序严，莫嫌卡，有陡坎，自己下，若挨骂，不理他，凡事做到表面光，谁也叫我没办法；对挑战，十万火急，向领导报告，让其担责。或赶到现场，拉开架子，形式到位，出工不出力，好坏都怪不了我；或提前预判，脚踩西瓜皮开溜；或踢皮球，设挡板，挖壕沟，紧急避险；或叫难处，喊委屈，找客观，等靠要等。这种缺乏担当，少作为和不作为的人与事虽为少数，但影响相当负面，与贪污腐败、吃拿卡要，靠水吃水、靠山吃山，胆大妄为之类如同孪生兄弟，是风气不正和行为腐败一个问题的两个方面。公务员是地方行政工作主力，实际掌握运用公共权力，配置公共资源，是党的思想理论和国家政权性质决定了公务员的理想必须崇高，认知必须领先，政治必须过硬，作风必须扎实，履责必须担当，且担当是荣，担当是福，担当是喜，担当是优，担当是强。就社会而言，公务员职业就是担责的一类、吃苦的一类、攻坚的一类、奉献的一类、律己的一类，只能高标准严要求，经得起任何艰苦环境和艰难险阻的考验，做到心底无私，心胸坦荡，心思为公，心质高尚。否则，就不要当公务员。

有精良的担当之能。在地方行政工作中，有的公务员主观上是想担当的，应对具体工作和艰难险阻也很尽心努力，但就是少有斩获，时常打不开局面，甚至某些结果走向了主观愿望反面，给组织帮了倒忙，惹了麻烦。具体表现为：其一，提不起笔杆。公文是行政机关的重要工具，写材料是公务员的基本功。有些公务员写材料水平呈下降趋势，关键写大材料就是再尽心尽力也难担重任。其因在于平时不学习写材料，不研究写材料，不练习写材料，不潜心写材料。其二，办不好会务。开会是行政工作的重要形式和平台，涉及文件、议程、人员、会场等多种要素，在端正会风和提高质量上有严格要求，办理大型会务就更是这样。然则，有的公务员基本不懂办会常识和规矩，办大小会议难免漏洞百出，甚至负面影响明显。其三，理不顺关系。地方行政工作千头万绪，纷繁复杂，必须善于理顺上上下下和里里外外关系方能推进，需要公务员具有较强的协调能力。有的公务员在协调各种关系和矛盾时，虽说态度积极，跑路不少，但就是办不了事，圆不了场，彰显身子骨弱了，挑不起担子。其四，见不了群众。做群众工作是地方行政的家常便饭，要求公务员必须经常深入群众、了解群众、服务群众、赢得群众，成为群众带头人、责任人和知心人。但是，这些恰恰是有的公务员的短板，往往心里没有群众，较少接近群众，有事怕见群众，行为得罪群众，常被群众视为对立面，甚至做了好事群众也不领情。做不好群众工作，又何谈服务与担当。其五，攻不下难关。攻坚克难是地方行政工作的常态，无疑对公务员构成了严峻挑战，也是能否担当的最好检验。有的公务员挑战当前，怕字当头，缺乏招数，难以上阵，导致矛盾升级和激化，拉上阵地，又束手无策，啃不了硬骨头，实属没有金刚钻，揽不了瓷器活儿。大力培养公务员担当能力，就是要加强学习，开阔眼界，提高思想理论水平；就是要钻研业务，掌握规律，研习技术，明晰方法；就是要深入实践，扎实工作，刻苦磨炼，积累经验，不断提高；就是要拜师群众、了解群众、知晓群众，从群众那里汲取智慧和力量；就是要思维行为辩证，讲究艺术，独辟蹊径，抓主要矛盾，在实践打拼中竞进提质，在竞进提质中更好地实践打拼。

有强劲的担当之势。公务员要勇于担当，根本在于内因发挥作用，但外在环境和条件也至关重要。尤其需要造就公务员勇于担当的大势和氛围，关键在于组织作为和社会支持。从组织讲，一是要一手抓造势，一手善借势。针对少数公务员不作为、少作为和缺乏责任担当，既要加以鞭策，更要坚持教育为主，典型引路，提高认识，振奋精神，注重宣传展示公务员良好形象和积极作为，善于为公务员勇于担当鸣锣开道。同时，也要借助社会舆论和民意民声，促进公务员尽职尽责，做好工作。二是要一手压担子，一手搞帮扶。主要是促进公务员更多深入基层一线，更多应对艰难险阻，更多搞改革创新等，以更好发挥优势和潜能。当然，压担子并不意味着甩手不管，或仅拿鞭子在后面督办。还必须注重过程跟踪，在其力所不及时出手相助，使之把担子挑好，步子走稳。三是要一手严追责，一手多关心。鉴于公务员工作不仅面临巨大挑战，也面临巨大诱惑，稍不严格自律，行为就会出轨。对此，必须严加防范或严加追责，不能让违法违规和失职渎职者心存侥幸或成漏网之鱼。再则，必须平时多加关心关爱，及时疏通思想，减轻精神压力，消除后顾之忧，促其健康愉快工作。四是要一手搞整顿，一手重建设。公务员不勇于担当问题是经常发生的，严重的可能成风。故必须有针对性地重拳出击，整顿刹风，让不勇于担当者在行为上走不通，在位子上坐不住，在机关里站不稳。立足于治本，还必须加强教育培训、制度机制、设备设施、装备技术、专门业务方面的建设，不断提档升级。从社会讲，既要强调监督，也要注重支持；既要针砭时弊，也要鼓劲打气；既要对害群之马人人喊打，也要正确认识和区分公务员队伍，不能因为出现少数腐败分子，就以偏概全，甚至否定一切。

有丰硕的担当之果。判定公务员是不是勇于担当，最终要看思维行为的实际效果。要取得好的效果，从组织讲，重在平时锻炼培养，重在选拔重用人才，重在提供机会、平台和资源，重在为干事创业者加油鼓劲和挡风遮雨，重在过程跟踪指导和思维行为结果的科学研判等，让公务员有条件甩开膀子打拼。从公务员讲，检验勇于担当效果，则不必看小事、琐事和常事，更不必看形式主义的事，关键要看工作不仅自己同自己纵向比领先，更在于横向比在区域领先、行业领先，乃至国际国内领先；关键要看改革创新是否成功，主要是填补工作空白，弥补工作短板，甚至走前人没有走过的道路，通过突破各种复杂关系、众多艰难险阻、巨大风险挑战，进而创造崭新业绩——大凡改革创新实践成功，其背后往往凝聚着公务员巨大工作付出、辛勤汗水和了不起的责任担当；关键要看历史遗留的疑难杂症是否消除，若得以消除，无疑展示的是公务员智慧和强有力担当精神；关键要看建功立业是否干净，力戒在创造佳绩同时，因自身行为不干净而“高楼建起来，人却倒下去”。可见，建功立业金字招牌背后的人干净，才是值得称道的勇于担当。

2016 年 11 月

公务员工作的简单—复杂—简单

在地方政府工作中，要当出色的公务员，一般成长进步要经历由简单到复杂、再到简单的过程。这一过程是充满矛盾的过程，也是充满哲理和辩证的过程。认识不到其间所蕴含的规律，成长进步就会走弯路。因此，大凡有理想抱负和大有作为的公务员，与一般人的差别就在于由简单到复杂、再到简单的过程长短不同而已。

感性阶段简单。对公务员而言，无论遇到地域转换，还是时间转换，都会经常面对新环境或新事物，在认识和把握上，无疑要进入感性阶段。这个阶段感觉一切都那么简单，皆因不知少知，或知其然，不知其所以然。即便有的公务员阅历和经验丰富，在没有阶段转换之前，依然属感性阶段思维行为简单一族。因此，要想科学加以应对，就必须少说，多听多看；少待在办公室，多深入基层；少当先生，多当学生。切忌初来乍到，八字还没一撇，就自以为懂，思路成竹在胸，上来不是指点江山，评头论足，就是推出一连串新举措，反而显得操之过急或不够老练。就算有的事在表面凭经验一看就懂，也不宜轻易下结论，须知看得懂不等于看得全和看得深。加之民间高人多得很，有些话言之过早反而适得其反，不利于开展工作，此刻还是简单点好。简单并不意味着能力水平低下，而是认识事物周期所致，所要努力的就是尽可能压缩周期，而不是超越和忽视周期。

悟性阶段复杂。既然工作要面对新环境和新事物，其间蕴含机遇或挑战，都会在客观上促使公务员去正确应对。即在大量调查研究和掌握众多客观实际情况基础上，再更多和更深入感悟事物真相、工作规律和发展走势，因而思维行为无疑会复杂许多。具体表现在：其一，对人的认识已不局限于形形色色表象，而要涉及对思想道德品行的理解和判断，正如百姓所言“知人知面不知心”。要想知心，就得思考感悟。其二，对工作认识业已涉及盘根错节关系、各种疑难杂症和发展变化历史，要搞明白，也必须思考感悟。其三，开始触及体系内各种制度机制等深层次问题，要把握症结，进一步建立健全制度机制，同样需要思考感悟。此外，公务员之间水平拉开距离，大多是由悟性如何所决定，思维行为该复杂时未复杂是不行的。不然，发展进步就会停留在一定位置徘徊，或头顶天花板。悟性阶段好比登山，中间是主要阶段，过程复杂理所当然。

理性阶段简单。公务员经过一定阶段实践历练，思想认识即会上升到理性阶段，其表现在熟悉客观实际，掌握发展规律，有了正确工作思路，理顺了各种复杂关系，更重要的是对人的认识已较为全面和深刻，自身思维行为进入了相对理想化境界，应对工作和各种复杂事物反而变得简单了。即看问题简单，在于能够透过现象看本质，抓得住规律和要害；说话简单，在于能够随机应变，直奔主题，精准点穴，讲究艺术，扣人心弦；处事简单，在于能够统筹协调，抓主要矛盾，攻坚克难，游刃有余，打蛇打在七寸上；待人简单，在于能够认识人的本来面目，掌握人的特点，善于与不同人打交道，能有效影响人、感染人甚至驾驭人。诚然，公务员思维行为进入理性阶段的简单是非常不易的，但仅限于此也有问题。其实简单是相对而言的，此时的简单往往又是新一轮感性阶段的简单。也就是说从感性认识上升到理性认识是不断循环往复的过程，只要过程不间断，就得以持续进步发展。怕的就是进入一定理性阶段感觉良好，骄傲自满、小富即安、止步不前，靠经验主义和吃老本度日，进而成为时代的落伍者。可见，事物发展永无止境，人的努力奋斗也当永无止境。

2017 年 3 月

打造地方公务员队伍之我见

公务员是地方行政发展经济、服务百姓和管理社会的主力军，大多处在基层一线，任务艰巨，责任重大，时常要在直面各种具体复杂矛盾中落实行政决策，着力攻坚克难，以不断推动经济社会发展。可见，在新的形势下，要打造能征善战和坚强有力的公务员队伍，当在以下几个方面狠下功夫。

一、讲学习

学习是提高公务员素质的重要途径，加强学习、努力学习、坚持学习，不断更新丰富知识储备更显时不我待。一是注重学习政治。深入持久学习马列主义、毛泽东思想、邓小平理论、“三个代表”重要思想、科学发展观和习近平新时代中国特色社会主义思想，坚持用科学思想理论武装头脑，始终保持政治上敏锐、清醒和坚定。二是注重学习法律。不断增强法律意识，坚持将各项工作运行纳入法治轨道。三是注重学习业务。主要是应围绕岗位业务，深入研究，认真思考，把握规律，掌握精要，力求成为行家里手。四是注重学习实践。紧密联系工作实际，敢于和善于应对工作的急难险重与疑难杂症，通过实践强力摔打和锻炼，增强实战经验积累。五是注重学习群众。做到有浓厚的感情、坦诚的态度、务实的作风和执着的精神，善于当好小学生，不断学到真功夫。注重学习对于公务员来讲固然重要，但要做到活一辈子学一辈子也非易事。所以，在学习上一定要善于用心，真正想学习和爱学习；一定要善于用功，学习是件苦差事和难差事，不深入持久下苦功夫就难有所得和多得，关键要有钉子精神，把力量向深入学习与持久学习聚焦；一定要善于用法，学习既是巩固和丰富知识，更是对工作规律的探索和对历史经验教训的汲取，要把握精髓，透过现象看本质，还必须得法，诸如多听、多看、多想和多比，更重要的是学会用辩证唯物主义和历史唯物主义观点观察分析问题，以在大是大非问题上心明眼亮；一定要善于用时，地方公务员工作具体而繁忙，占据一天重要时段，更不要说满足生理心理需要必须占用时间。要想在大范围和深层次上更多学习，客观上往往容易为时间所限，有的之所以不学习和少学习，或不深入与不持久学习也是这样原谅自己的。其实学习时间大多是挤出来的，即挤工作时间，在一定工作任务条件下，凝神聚力，加快进度，提高效率，科学安排，挤出一定时间学习。挤工余时间，特别是休闲娱乐时间，以更多用于学习。挤休息时间，哪怕晚睡一小时或半小时，也要多读一点书。挤节假时间，视之为难得天赐良机，认真学和深入学。如此，坚持数年必有好处，人与人之间的优势或差距也就是在挤出一点一滴时间学习积累中实现量变到质变的。

二、提标准

标准是公务员工作的尺度，也是地方行政机器运行的重要支撑，且随社会发展进步，标准也会不断丰富和提高。一是认识标准。要按标准抓工作，首先要知晓标准。从一般意义讲，公务员工作标准大致分三类。第一类，普通标准。主要针对基础性工作、一般性工作、常态性工作等。此类标准虽然不高，但涉及面较广，事务较杂，处置起来比较容易在细节上出错。第二类，专业标准。主要针对行政法律法规的把关、运行和落实，社会管理和项目管理，行政理论研究和运用，以及科学技术运用和设备设施使用维护等，不仅专业性较强，变化也较大。第三类，领先标准。主要在行业间和地区间相比较而言，是各种先进标准的集合或体系，较常见的是国家推广标准+国际规范标准+先进地区创新标准+自主研创标准，属标准体系的高精尖。二是硬提标准。人是有惰性的，其常见表现就是办公事和搞工作容易低标准应付差事，甚至老想少干活儿、少出力，或不干活儿、不出力，还能得到更多更好实惠和利益。鉴于公务员身份和职业特殊，那么在提高工作标准上更要为社会作出表率。所谓硬提标准为专业标准+领先标准，硬提方式为科学决策，制度界定，组织动员，领导助推，细化到岗，责任到人。三是落实标准。既然标准提高，不仅对公务员履职尽责会有较大压力，落实过程也会困难重重，那么能否落实的关键就在于组织重视和坚持，领导带头和加压，公务员自觉和扛住，大监督严格和到位。不然，标准提得再高，不能得到有效落实都是空话。

三、当高手

既然端上公务员饭碗，行政工作标准越来越高，那么要把饭碗端好，施展理想抱负，创造佳绩，造福社会，对个人素质和能力要求就不能一般化或仅“对得起工资”，而要力求成为工作业务上的专家、大家和名家。一是能力职业化。做到在岗履职尽责经验丰富，文武双全，造诣较高，当领导为同类最好，当中层干部为同类最好，当工作人员为同类最好，形成职业化公务员体系。二是做事多面手。善于应对纷繁复杂矛盾事务和协调形形色色工作对象，既能一专专到家，又会多能能到十八般武艺样样精通，兵来将挡，水来土掩，游刃有余，挥洒自如，常使问题迎刃而解。三是水平精工匠。问题成堆，工作难做，不确定因素较多，是地方行政工作现实，客观需要公务员履职尽责有大国工匠精神、手艺和制品，干工作不论大小难易，都堪称精品和名品，经得起历史考验。故公务员必须注重夯实底盘，加强学习、实践和积累，不断开阔视野，丰富思想，增强能力；注重谋划全盘，不论处在何种岗位，担任何种职务，干工作都要善于从大处着眼，从小处入手，从长远打算，从当前立足，做到以大带小，以小促大，以长远统当前，以当前看长远，走活全局一盘棋，下好全局每步棋；注重精于操盘，从工作理想预期到取得理想效果，有较为复杂的转换过程，关键是如何操盘抓落实。要当出色操盘手，就应观大势，把脉搏，出良策，借东风，勇担当，聚合力，“和面团”，打七寸，攻难关，结硕果，进而让每个公务员都能成为干事创业的百事通和驰骋疆场的千里马。

四、比干劲

促进地方行政工作竞进提质，其要害就是要让公务员蓬勃向上，激情澎湃，干劲倍增，不断掀起比学赶帮热潮。尤其比谁干劲最大、最足和最高，去争着抢着干事创业。一是抢干活儿，增数量。比一比和看一看公务员工作有无干劲，就在于面对各种工作任务有无抢前争先意识，多多益善要求，非我莫属自信，多干为乐情怀。二是扛累活儿，超负荷。比一比和看一看公务员工作有无干劲，就在于工时是否满负荷，工余是否加负荷，优质高效和只争朝夕搞工作，不断挑战人的生理和心理极限。三是拼苦活儿，攻难关。比一比和看一看公务员工作有无干劲，就在于在急难险重任务面前能否一不怕苦、二不怕死，咬紧牙关，逆流而上，冲锋陷阵，狭路相逢，勇往直前，不达目的不罢休。四是有绝活儿，显特色。比一比和看一看公务员工作有无干劲，就在于个人是否身怀绝技，能上手的活儿属高精尖，所作所为不是事关地方和单位的主业与地位，就是始终走在发展前列，可谓墙内开花内外香。因此，对于组织来讲，就是要坚持正确用人导向，旗帜鲜明亮明观点，注重身体力行，大张旗鼓用德才兼备的人，一心一意干工作的人，攻坚克难和争先创优的人；就是要营造干事创业的浓厚氛围，全方位、大力度和多层次鼓励支持公务员干工作有干劲，比干劲，抵御和清除各种影响干事创业的歪风邪气，让不思干事创业和专门影响干事创业的人与事无生存空间，难滋生蔓延；就是要创造条件和提供舞台，促进公务员在学习上比干劲，看谁学得多、学得深和学得好。在攻坚克难上比干劲，看谁冲得上、顶得住和拿得下。在联系群众和服务社会上比干劲，看谁推得开、抓得紧和做得实。在廉洁自律上比干劲，看谁立得稳、站得高和行得正。

五、创佳绩

公务员工作是有机链条，前端是行政决策，中端是贯彻落实，末端是行政结果，其结果或为佳绩，或为劣绩，是对前端和中端的最好检验。公务员工作是否创造佳绩，一般要看三个方面：一是跳起摘桃否。所谓佳绩是对比纵向、横向和一定标准而言的，形象说法是跳起来摘桃。因此，评定公务员业绩就是看是否跳起来摘桃和摘到了桃。若摘到了桃，说明工作业绩纵向和横向之比具有一定领先优势。若没跳起来摘桃或跳起来没摘到桃，尽管自我对比有进步，但说不上创造佳绩。二是跳起摘多少。公务员工作跳起来摘桃或摘到桃固然可嘉，但层次尚低，毕竟在跳起来摘桃上，摘到 1 个桃是摘，摘到 10 个桃也是摘，更何况公务员工作往往不是单打一，而要面对各种各样复杂事物都能跳起来摘桃，且摘桃多多益善，具有数量优势，说明做到了统筹兼顾和协调发展。三是跳起摘几好。公务员创造佳绩既在数量，更在质量，也就是说跳起来摘桃要摘得多和摘得好。这种好表现在人无我有，人有我新，人新我优，人优我全；人单项，我多项，人多项，我强项；人区域水平，我全国水平，人全国水平，我国际水平，人国际水平，我国际综合水平。也只有在工作综合质量上保持领先优势，所创造佳绩才是难能可贵的或彪炳史册的。既然公务员创造佳绩表现在跳起来摘桃、跳起来摘到桃、跳起来多摘桃和跳起来摘好桃，那么现在问题关键就在于一连串举措和结果由谁来评判与怎样评判。其关键就在于领导说，领导述说好，一般就好；群众评，群众评价好，一般社会影响就好；专家议，专家议论好，一般技术水准就好；自己省，自己反省好，一般自我鉴定就好；历史验，历史验证好，一般客观效果就好。说、评、议、省、验都好，才是所创佳绩真正好。

六、守规矩

地方行政掌握公共权力，配置公共资源，工作责任重大，各种诱惑众多，要确保公务员队伍尽职尽责，攻坚克难，能打硬仗，以及耐得住清贫，耐得住寂寞，用权力不乱，配资源不错，处污泥不染，很大程度就在于自律能力如何，能否守规矩是重中之重。一是有强烈的规矩意识。规矩是公务员思维行为准则，大凡有志打拼和建功立业的公务员，都必须规矩意识强，明晰规矩是令，一言一行必须按规矩办事；规矩是线，一言一行不能随意踩线和越雷池一步；规矩是剑，一言一行有违规矩会被惩戒；规矩是宝，一言一行必须凭借和用好规矩之利器。二是有深厚的规矩储备。对公务员而言，所谓规矩主要是工作和修身涉及的法纪、制度与程序，涵盖面广，内容丰富，博大精深。故公务员仅有良好的守规矩主观愿望还不够，必须在对规矩认识和把握上不断增加知识储备。即认真深入学习掌握各种法纪、制度和程序，大凡与岗位工作密切相关的，既要知其然，更要知其所以然，进而成为法纪、制度和程序的明白人。三是有精准的规矩言行。公务员工作所面对的客观实际非常复杂，要将守规矩始终贯穿于思维行为全过程，就必须透视矛盾，把握症结，做到胸有成竹，有的放矢；必须面对复杂情况，研究守规矩办法和路径，善于辩证思维和讲究抓落实艺术，不因情况特殊和问题复杂而让规矩让路与松绑，或让规矩形同虚设，给各种不良举止提供可乘之机；必须注重原则性与灵活性相结合，既要实事求是，心底无私，严格按规矩办事，也要防止把规矩当教条和框框，甚至为守规矩而守规矩，或将守规矩推向极端，当成少干事和不干事的挡箭牌。可见，守规矩的精要必须体现在思维行为精准上。四是有持久的规矩风范。公务员在一时一事上守规矩比较容易，要一辈子守规矩、会守规矩和成为社会风范则非常不易。这就需要公务员在遵循法纪、严格制度和规范程序上，注重作风建设，强化形象打造，坚持创先争优，依靠社会监督，优化内在结构，完善各种功能，提高能力水平，进而在守规矩上常抓常新，常抓常兴。

2017年5月

当干部要懂得适可而止

在地方行政工作中，所面对的情况和问题非常复杂具体，实际应对总体要讲法律、讲政策、讲宗旨和讲纪律，但融会贯通其间和背后起作用的却是干部素质如何，关键要有辩证思维，实际操作善于适可而止和把握好度。否则，就容易走向主观愿望反面，有的工作教训也多在于此。

一、适可而止与不良思维

按常理，一般人都有欲望、惰性和利益，容易导致思维方式有误。地方行政掌握权力，配置资源，地位特殊，若是作为自然人、社会人和行政特殊人的干部思维方式不良，履职尽责不善适可而止，就会产生问题和负面影响。一是干事常“三拍”。地方行政建设发展任务重，竞争压力大，想干事、多干事和干成事无疑是干部履职尽责的良好主观愿望。只是具体思维谋划时，有的却不看条件，不循规律，不重民意，主观主义，形而上学，急功近利，不知适可而止和行为有度，其结果往往好心办错事。甚至决策拍脑袋，办事拍胸脯，出事拍屁股走人。二是灵活无遮拦。搞地方行政工作虽说不能按部就班，照本宣科，僵化保守，必须解放思想，敢闯敢干，讲灵活，搞变通，但也不是不看对象、不分场合、不讲节制，或先自己方便再说。其不知适可而止的结果即是常做好事同时，也会添堵。诸如搞公务接待，百姓多能理解。但是，要接待就涉及可接待可不接待，可多接待可少接待，可高消费接待可低消费接待等，考验的是干部对制度规矩和具体实际如何把握，以及对百姓心理承受底线如何把握，做到行为适可而止。不然，轻者导致可不接待的接待，可少接待的多接待，可低消费接待的高消费接待；重者就会奢侈消费，既坏了公务接待形象，又影响地方行政形象。三是推责玩太极。各种问题复杂，风险挑战众多，履职压力巨大，名利容易受损，是地方行政干部必须面对的现实，有的具体应对难免产生避责自保心理，只是不能带入工作之中，必须懂得适可而止。要是习惯像打太极拳那样，不作为和少作为等，则早晚要栽跟头。时下常听有的干部叹息工作空中有监控，身边有巡察，不时有暗访，到处有举报，经常有曝光，动辄有追责，但细细想来何尝不是做事不知适可而止所致。

二、适可而止与管理短板

地方行政职能基本涉及对外服务和管理社会、对内保障运行和管好干部两方面。能否对外服务和管理好社会，关键在于保障内部运行和管好干部，其重中之重是管好干部。应该看到，地方行政干部管理总体良好，但有的也存在某些短板，尤以不善教育培养干部学会适可而止较为明显。一是缺乏辩证。提及干部教育培养，有的多习惯强调思想政治理论、法规政策和专业知识学习，且形式多、灌输多、涉及普遍问题多，较少注重从干部心理特征入手，在抓好常规教育同时，注重培养哲学素质和辩证思维，导致有的干部在思想和心理素质上比较缺乏适可而止的思维方式。二是轻视过程。无论正向事物，还是反向事物，都有一个量变到质变过程。就反向事物而言，地方行政所要应对的即是防止质变危害社会，促其向正向转变，关键是在量变向质变反向转化的转折点之前加以遏制。干部思维方式和所作所为也是这样，教育管理也要善于在量变质变过程，着力在反向量变向质变转化的转折点之前，促其适可而止，逐步回落，向好发展。但是，有的在转折点之前所下功夫不够，反而多将功夫用在了转折点之后，其代价也就不言而喻了。论症结就在适可而止未能止在质变转折点之前，以及忽视了在转折点之前应尽早把该做的事情做好。三是好走极端。在地方行政中，一放就乱和一管就死还不同程度存在。其因何在？相当程度就在于在放开搞活情形下，该放的放了，不该放的也放了，未能做到适可而止。在治理整顿和矫枉过正情形下，该整的整了，有的则有点过了，同样未能注重策略和适可而止。

三、适可而止与强基固本

对干部来说，其一，适可而止是种智慧。不论干什么都能认清形势，把握规律，联系实际，对症下药，做好事不冒进，遇坏事早防控，牢牢掌握主动权。其二，适可而止是种毅力。其所要止的是私欲膨胀，主观臆断，急功近利，复杂关系，不良思潮等，其能不能止住，就要看有没有坚强毅力。在实际工作中，有的干部不是不明白适可而止，只是在具体问题面前心理抵不住和抗不了外在影响或诱惑而退却，还是缺乏毅力所致。其三，适可而止是种警示。搞工作要谨小慎微，如履薄冰，心中有规矩和底线，善于把握好度。对地方行政来说，则要在强基固本中善于融入适可而止和行为有度等辩证思维要素，牢牢抓住干部素质提高这个关键做工作。一是抓教育。促使干部转观念、改习惯，培养良好的思维行为方式，做到辩证思维，过程控制，力求让各种问题止在发生质变转折点之前。二是调思路。安排布局工作，不能仅注重事而轻视人，或仅注重人做事而轻视培养人良好思维行为方式，必须做到两手抓和两手硬。三是建制度。应对行政过程各种问题，必须有制度机制做保障，但其重点不能放在事后纠正、从严查处、举一反三等方面。必须将制度机制管控的关口前移和下移，重点聚焦问题发生质变转折点之前的干部所作所为，促其履职尽责按制度机制要求，多在适可而止和把好握度上打基础，抓苗头，早作为，下功夫。四是严考核。不能仅注重看事后结果，或人感兴趣结果，更要聚焦干部履职尽责过程，特别是在事物发生质变转折点之前的所作所为，毕竟有问题早控制与晚控制的结果往往会大相径庭。

2018 年 7 月

锻炼培养年轻干部要实打实

年轻干部是事业的未来和发展的后劲，形同待雕琢的璞玉、需锻打的钢坯，注重锻炼培养年轻干部是组织和领导的神圣使命，必须抓紧抓好抓出成效，做到严师出高徒。锻炼培养年轻干部要实打实，具体做法如下。

“猛击一掌”。我们正处在改革开放和经济社会大发展时代，各种环境条件优良，为年轻干部大有作为和建功立业提供了难得的舞台与良好的机遇。同时，一些社会矛盾还比较突出，某些社会思潮仍不同程度存在，现实工作和生活具有复杂性、多样性与不确定性。此外，许多年轻干部成长经历主要表现为独生子女居多，从小就受到家庭和社会的良好呵护，过着衣食无忧的日子，发展的主要时段是在课堂学习书本知识，学成具有较高文化水平，且自我评估良好，对未来充满美好向往，具有较高心理预期，对社会实践的理解基本属理想化的、书本上的、网络上的和个性化的。尤其面对大是大非和复杂事物尚缺乏认识广度与深度，难免思想认识有误，社会经验不足，生活根基较浅，与优秀干部标准尚有差距。对此，有关组织和领导就不能盲目乐观和高枕无忧，必须根据年轻干部所处特殊环境和个性特征，在其职业生涯的一定阶段和特定情况下，该出手时就出手。

锻炼培养年轻干部，固然要重视保护其难得蓬勃向上、青春涌动之朝气和锐气，不能让职场某些繁文缛节、等级制度和潜规则消磨了其所具有的良好成长性，但也必须促其及早顺利迈过职业生涯一定阶段和重要关口，重中之重就是组织和领导一定要用心用力用法，对症下药，经常加强教育引导，深刻认识自身不足和短板，扎扎实实从头来和从头学，尽快实现“由空接地，由虚到实”转换，由学堂场景向社会场景转换，由纸上谈兵向沙场练兵转换，由热血青年向热血理性青年转换，由读书优等生向实践优等生转换。进而从“温室花朵”的记忆和阅历中解脱出来，明晰风云是变幻的，事物是复杂的，好钢是锻造的；尽快从各种憧憬和幻想中解脱出来，明晰道路是曲折的，现实是残酷的，打拼是艰苦的；尽快从自我高估中解脱出来，明晰优势是相对的，短板是多样的，赶超是永恒的；尽快从现实反差、思想困惑、情绪躁动、身心不适的羁绊中解脱出来，明晰经验是积累的，成才是渐进的，业绩是创造的。进而丢掉幻想，投入战斗，力求政治上成熟起来，工作上进入角色和演好角色。

“推向战场”。在现代社会，年轻干部基本素质普遍较好，知识水平要高于社会平均水平，有的甚至相当扎实，只不过这一切都有赖于在学校大课堂多年努力学习积累所致。当其走出学校大课堂进入社会大课堂时，一切都得像进入学校大课堂那样从头学和爬台阶，通过实践锻炼健康成长，成为有用人才。要想在社会大课堂尽快成长进步，所遇问题也会像学校大课堂那样，大凡取得优异成绩，难免遇到激烈竞争，能在竞争中胜出，往往不只对一般知识掌握，而在不断提升破解难题能力。适才进入社会大课堂不知难题、不识难题、不解难题以及惧怕难题、回避难题等，在有的年轻干部中比较多见。其因在于进入社会大课堂要达到一定能力和水平需要一个过程；在于干部对社会的认识了解不够，实际工作基础不扎实；在于干部思想观念有误，或有畏难情绪，或有些利益追求不当等。

锻炼培养年轻干部，对有的不知、不会、不敢、不闯，皆不能不闻不问，或作一般化要求，而要有菩萨心肠和霹雳手段，必须经常有针对性地将其推到发展经济和改善民生最艰苦、最复杂的主战场。一是促其上前线。到艰苦地方去，到矛盾旋涡去，到急难险重去，多打大仗、硬仗和恶仗，这样方能促动大，印象深，提高快。二是促其见群众。群众是社会主人和各行各业服务对象，也是力量和智慧源泉。年轻干部不深入群众，拜师学艺，搞好服务，就长不了见识和难成大气候。故必须想方设法多让年轻干部与群众打交道，搞明白何为心声，何来骂声，何予掌声，以加深感情，开启思路，改进作风，夯实群众工作基础。三是促其进书房。在发达社会和网络世界，工作和生活节奏很快，各种信息铺天盖地，真假难辨，呈扁平化和碎片化传播，上网和看手机成了许多年轻干部日常活动的重要组成部分，加上要更好地健康娱乐和享受生活，有的即少有心思或少有时间读书学习，钻研理论，总结经验，不断更新和丰富知识，提高水平，以适应新形势发展需要。对此，必须重锤敲响鼓，倒逼年轻干部多挤时间、多花精力，沉心静气认真读书学习。通过“三促”，力求让年轻干部祛娇气，除傲气，消闷气，防泄气，更近实战，更接地气，更善用心，更快成长。尤其不要不忍心让年轻干部吃苦劳累，不放心年轻干部啃硬骨头和做群众工作能冲得上去与攻得下来，或担心帮倒忙，不用心年轻干部锻炼培养工作，进而下不了狠心。其实早推动比晚推动好，早摔打比晚摔打好。

"精心护养"。年轻干部是正在茁壮成长的株苗，成为栋梁之材既需要个人努力到大风大浪中磨炼，更需要在成长过程得到组织和领导的精心呵护，以及经常雪中送炭和锦上添花，促成年轻干部早成才和快成才，关键涉及组织和领导尽职尽责如何。现实比较常见问题在于要么习惯把锻炼培养的担子全压在年轻干部个人身上，努力不努力，进步不进步，成才不成才都是年轻干部个人的事，让其过于顺其自然或信马由缰，就是株苗长歪了得不到及时矫正也随它去。要么对于某些中意的年轻干部过于厚爱或溺爱，干什么都习惯大包大揽，什么好处都往其身上堆，形同拔苗助长，甚至把年轻干部宠得娇生惯养还不自知和收手。可见，对于年轻干部成长必须精心呵护，但关键是怎样精心呵护。

锻炼培养年轻干部，是组织和领导的基本要务，应当善于扶上马送一程。其重点在于：其一，送温暖。注重政治上关爱，工作上关心，生活上关照，给予慈母般的关怀。其二，传帮带。主要是紧密结合工作实践，多传授人生心得、涉世经验、处事方法。帮助认识分析问题，创新创造，攻克难关。带头以身示范，手把手教其决策布局，龙头带动，协调督办等。通过努力让其懂得怎样做人做事，奉献社会，服务人民。其三，多搭台。锻炼培养年轻干部需要投入，且在资源配置上要多向年轻干部倾斜，创造好的生存发展条件。诸如让年轻干部多考察学习，以期开阔眼界，把握形势，接受新生事物。多登台唱戏，显示身手，通过与领导交往，见大场面，应对复杂情况，广泛接触群众，促其学会思考、写作、对话和干事。多选拔任用，要有针对性地将年轻干部提任到重要岗位，或转换到多个岗位，使之有职有权履职，在不同地方和不同层级得到历练。对此，有时还要拿出相应魄力，顶住一定压力而为。其四，挡风雨。俗话说：金无足赤，人无完人。年轻干部成长过程肯定会有不足和出现问题，难免要面对各种激烈竞争和不良环境，容易对年轻干部造成一定伤害。故作为组织和领导必须更多宽容年轻干部工作上的不足和失误，重在正面引导和激励，对于来自社会上的不良风气和某些人的不良行为对年轻干部可能造成或业已造成的伤害，都要果断出手，扫清障碍，提供保障。

"及时疗伤"。众所周知，社会生活纷繁复杂，各种错误思潮时常涌动，利益诱惑比比皆是，对年轻干部成长构成了严峻挑战。年轻干部因素质参差不齐，且在外部不良环境作用下，思想就会出问题，工作就会有失误，给事业造成损失，在社会产生不良影响。同时，问题和失误的出现有一个量变到质变过程，其前端表现为隐患和苗头，末端是既成不良事实。对此，若年轻干部缺乏自律和警醒，有关组织和领导又不大重视，或精于抓业务，疏于抓思想，或抓起来就事论事一阵子，缺乏系统安排和长远打算，轻者容易影响年轻干部锻炼成长的进程和质量水平的提高，重者放任和不善管理的结果，会让年轻干部在错误道路上越走越远，甚至在给社会造成损失的同时，也毁了年轻干部的前程。

锻炼培养年轻干部，必须高度重视思想、工作、作风等方面所暴露的问题，且毫不客气，不予迁就，不能放过，做到有针对性运用各种手段，将问题克服掉，其重点在于组织和领导要善于除苗头，高度关注和跟踪考察年轻干部工作生活中的各种表现，一旦发现问题就必须视情节轻重，或及时提醒，或严肃批评，或挪动位置，或予以处分，最好在初始阶段和苗头状态就把问题解决掉，不能任其由小错到大错，由工作问题发展到思想问题。刨根底，年轻干部都有不同生理、心理和经历，思想、工作、作风出现问题皆有复杂原因。故针对问题在除苗头基础上，还必须深入解剖麻雀，重在从主客观两个方面把各种导致年轻干部出现问题的因素搞清楚，不能像韭菜割完了就万事大吉，等下一茬长起来了再被动应付。改土壤，对年轻干部的问题，既要治标，更要治本，通过加强教育，把好思想上的舵。多压担子，让实践多加磨炼；制度规范，为其量身定做，搞好考核监督；理顺关系，改善生存发展环境；经常总结，动用各方资源聚焦年轻干部，进行全面“体检”，进而形成良好的动态问题防范和纠偏机制，为年轻干部健康成长当好“保健医生”。

2019 年 6 月

机关干部要“眼里有水”和“手上出活”

论及地方行政工作，大多须由机关干部具体承担和完成，关键在于其素质如何，而做工作如百姓所说“眼里有水”和“手上出活”就是精要所在。所谓“眼里有水”和“手上出活”，形容的是干部履职尽责要善于从细微处入手，运用社会政治标准、道德标准、技术标准、群众标准和自我经验积累去认识把握工作对象共性与个性特征，进而得以透过现象看本质，有针对性地采用不同方法，适应、服务和影响工作对象，将所做工作尽快画上句号和得到工作对象赞誉。“眼里有水”涉及认识问题，“手上出活”涉及实践问题。只有两者有机结合，才能成为好干部和开创新业绩。

一、“眼里有水”和“手上出活”前提在于要懂要悟机关工作常识

在机关工作，要学会知晓的首先是工作常识。该常识往往并不上书，系干部长期实践经验积累和约定俗成，对于和谐人际关系、有效开展工作比较有用。

要当“店小二”。机关开门就有许多小事、琐事、杂事，这些事比较简单明了，操作不费吹灰之力，却容易被人忽视和做起来不当回事。诸如在机关工作要习惯早上班和晚下班；抹桌子、扫地、打开水、整理文件报纸之类手脚麻利，养成习惯，办公室早晚都收拾得干干净净；打电话时会问话和会答话；来人了端茶倒水，问寒问暖，迎来送往，提供方便；领导喊和同事叫闻风而动，有事记牢、快办和早回音等。对此，若不学习和感悟，或不在意，或拉不下脸面，放不下架子，就显得不懂规矩和不识眼色，甚至给人邋遢和不爽的感觉。若让领导为小事、琐事、杂事经常提醒和留个不良印象问题就大了。故要懂要悟机关工作常识，必先要像店小二那样，应对小事、琐事、杂事反应快，会看人，善吆喝，多跑腿，勤动手，搞到位，一招一式都那么妥帖自然，上来就让人感到利索和惬意。

勇当“马前卒”。机关工作林林总总，千差万别，应对起来一般都有较复

杂过程，且万事开头难。难就难在许多事情况不清，问题不明，下手不便。那么无论服务领导，还是协助同事，都需要有人结合本职工作时常去打头阵，拉场子，鸣锣开道，或从服务领导和协助同事角度思考问题，当侦察兵提前摸底，收集信息，分析判断，归纳总结，以在服务领导和协助同事上沾得了边、帮得了腔和圆得了场，多为跑腿的配角和无名英雄。对此，有的干部则不得要领，做职责范围内工作常被领导当灯捻子拨一下亮一下，或随波逐流，或被动应付不说，服务领导和协助同事则基本没有主动跑腿打前站提供服务或协助的意识，显得事不关己，高高挂起，甚至心生抵触和有意回避，干吗要干这种下人的活。即便领导和同事需要，也多反应迟钝或搞不到点子上。要懂要悟机关工作常识，就必须像马前卒那样，善于事前早谋划和早动手，义无反顾往前走，就是遇到一定困难，也当一步一个脚印只进不退。

争当“清道夫”。面对现实和解决问题，是机关工作重点，问题既有常规性的，也有全局性和复杂性的，且在相当程度对干部素质是种考验。作为干部应对起来往往有两种情况，涉及解决常规性问题的脏活和累活，要积极主动冲上去，善于从一点、一事、一处把问题解决好，为推进全局性和复杂性问题解决创造条件；涉及解决全局性和复杂性问题，除了从局部努力外，还要注重在问题得到基本解决和领导与大军撤离时，自觉做好善后和打扫战场，尽快收尾，以免虎头蛇尾、丢三落四和留下尾巴，或导致问题反弹。对此，有的干部常犯毛病是怕常规性脏活累活，不是推诿塞责，就是脚踩西瓜皮开溜，不是敷衍应付，就是促使矛盾扩大化。涉及处理全局性和复杂性问题帮不上忙，善后和打扫战场比谁都溜得快。这样看起来似乎精明，实则连机关基本工作常识都不懂。其正确抉择就必须像清道夫那样，及时扫清常规性工作的各种障碍，协助解决全局性和复杂性问题时，善后和打扫战场要及时跟进，将有关事项做得干干净净。

能当“出气筒”。对外服务民众，对上服务领导，对内协助同事，是干部基本职责，不仅涉及的事纷繁复杂，涉及的人更是素质参差不齐，不要说自己工作有误被领导批评，同事非议，民众指责，就是自己没错，或错在他人，有时也会因其他原因被领导批评，同事非议，民众指责，替人担责受过。这就要求干部要有好的度量和心态，正确对待和妥善处理，关键面对民众更应这样。对此，有的干部则不能理解，排开代人受过，以及同事非议，民众指责，就是自己工作有误，面对领导批评，也多心有不服，或老虎屁股摸不得，不是当面顶撞，就是反复解释，找各种客观理由为自己开脱，或与他人攀比，反提领导二百钱意见，显得不成熟和小和尚挨打不懂经。按机关工作常识，搞工作就必须受得了批评，受得了委屈，受得了夹板气，宰相肚里能撑船，打落牙齿吞肚里，自己工作有误，就检讨和改正。工作无错被批，涉及领导不顶撞，或找适当机会和场合说明。涉及同事让事实说话，一笑了之。涉及民众则别往心里去，有时能让民众发泄一下不满情绪也是值得的。

二、“眼里有水”和“手上出活”支撑在于要懂要悟基础业务技能

大凡机关不论大小，运行都涉及办文、办会、办场（接待）、办事等基础业务技能。如果说有的干部“眼里无水和手不出活”，大多于此。加之有的机关和领导不重视办文、办会、办场、办事方面的建设、培训、考核，问题也就突出一些，难免影响工作效率和机关形象。故干部要在机关立得起、站得住、进步快、发展好，就必须聚焦基础业务技能常抓不懈。

办文“铁笔杆”。办文是机关常态业务，涉及撰写、印制、传递和保管，而难度最大的属撰写。如果说有的干部办文有问题，固然涉及印制、传递和保管，但更多在于撰写。诸如不懂公文文体，写不出大材料和好材料，甚至到了青黄不接和后继无人的地步。因此，对干部而言，一般要懂要悟公文印制、传递和保管业务技能，重点则在必须围绕成为“铁笔杆”下功夫。即多实践，吃透机关各项业务，经常总结归纳；多学习，掌握公文写作知识和方法；多写作，善于挤出时间和集中精力琢磨写、反复写和坚持写；多交流，所写材料经常征求意见，学人之长；多自省，经常透视写公文情况，注意发现问题，及时加以改进。同时，要培养和保持写公文的激情与韧性，视写材料为机关第一业务而孜孜不倦追求成为“铁笔杆”，且耐得住寂寞和坐冷板凳，不达目的不罢休。

办会“精工匠”。开会是机关工作的主要方式，决定开会是领导的事，具体办会则基本是干部的事，开会效果也在一定程度是干部的事。因为会议规模有大小，会议人员有多少，会议题目有主次，会议程序有繁简，会议场景有异同，会议时间有长短等。再就是一些不确定因素存在，难免使有的会议老在细节上出错，既影响会议进程或质量，也容易授人笑柄，甚至让领导有失面子。可见，干部要能办会和办好会，就应做到少而精，遵照少开会、开短会、开好

会要求，搞好筹备和具体调度；做到专而精，按照专业化要求，搞好会场布置，器材配备，材料制作，注重流程和细节上无缝对接；做到活而精，依照快速反应和机动灵活要求，办会要尽可能把问题估计充分一些，涉及举办大型会议，还当制定预案，一旦会前会中出现不确定因素引起的小插曲或意外事故，必须当机立断和有效处置，以参会者不觉、未引起不适和化解问题于无形为妥。同时，为提高会议质量，干部也当在会议是否召开，或会议议程、文件材料、参会人员等方面及时提出建议，或注意把关。

办场“多面手”。随着对外开放和社会各方联系交往的扩大与加深，机关接待应酬和迎来送往无疑表现为范围越来越大，频次越来越高。加上社会物质丰富、文明程度提高以及廉政勤政建设要求，无疑对干部办场能力提出了挑战。其实办场学问颇深，干部理当要懂要悟方能操作起来得心应手，不出或少出差错。但是，有的干部则不尽然，甚至连基本办场业务都不熟悉，难免让来客不适，或主人难堪，机关形象受损。可见，干部一定要像礼仪师那样注重学习掌握现代公关和礼仪交往知识，以及机关特有的接待规范，言行举止尽可能做到系统化和标准化，彰显专业水准；要像好保姆那样重在观察把握客人个性特征和需要，搞好热忱服务、细节服务、规范服务、周到服务，做到宾至如归；要像营销员那样不失时机和恰如其分地向客人推介属地经济社会发展与历史精华，以及机关建设发展成就，以结交四方，扩大影响；要像文化人那样除了能与客人谈古论今，谈天说地，谈文言武外，关键是还能与具有不同文化和专业底蕴的客人对话交流，称得上有共同语言；要像铁将军那样有规章制度把门，有针对性地做好宣传解释工作，确保办场风清气正。

办事“一卡通”。众所周知，机关工作大头在于办理服务管理社会的具体事，主要涉及跑部进京和跑省进厅寻求支持，联络协调各职能部门予以协作，管理优化市场秩序与市场主体打交道，组织动员民众和为民众办实事等，具体操作起来有些比较难办。客观在于工作矛盾众多，问题复杂，利益纷争普遍，各种阻力时有发生；主观则在有的干部素质跟不上，特别是执行能力和协调能力不高，以及平时缺乏学习和感悟，导致办起事来推不动和落实不了。即便某些简单明了的事就是跑上一百趟也无结果，具体操作也时常出错。或干事虽有积极性，但干不了事不从自己身上找原因，总是埋怨别人不支持、不协作和老给出难题。如此，常让领导感觉不用之大活人一个摆在那儿，用之办事又没感觉和上不了手，就是上手也走不通。故干部办事必须有“一卡通”的态度和能力，实际运作通得了、通得快、通得好。即关键要政策通，熟知行政各项政策，办事善于运用政策手段；关键要法律通，掌握本职所涉及法律法规，办事善于运用法律手段；关键要行业通，对本行业上上下下和里里外外业务成竹在胸，办事善于运用专业手段；关键要百事通，对与机关和业务相关社会方方面面事务知其然，更知其所以然，办事善于运用公关协调、民间交往、感情沟通、融洽关系等手段。一句话，只要不违背法律法规政策，什么手段都要会用，以办成事为原则。

三、“眼里有水”和“手上出活”重点在于要懂要悟领导思维行为

行政体系实行的是集体领导和行政首长分工负责制，具体到每个机关，都设有领导班子及其主要领导和分管领导，以统领干部和业务。熟悉掌握领导思维行为，对于干部来说非常重要。毕竟一般领导素质优良，站位高端，视野开阔，任务繁重，责任重大，掌握权力，配置资源。所履行的是法定职能和组织决定，具有很强的组织性、统一性和规范性。同时，法定职能和组织决定大多需要通过领导思维行为体现，以及受其所具有的共性特征和个性特征影响。再则，领导思维行为的主体是法定职能和组织决定的体现与延展，有的则是借助法定职能和组织权力优势展现的个人意志与作为，其间既有正确思维行为，也可能有不当思维行为。因此，既然干部要在主要领导和分管领导统领下工作，不熟悉掌握领导思维行为是很成问题的。善于熟悉把握领导思维行为，是从政者的基本功，重点是要懂要悟。只不过懂和悟是出于公心与工作需要，而非唯上与别有用心。

开动“复印机”。领导是干部顶头上司，行政结构设置和职责所定为下级服从上级，上级领导下级。这就给干部提出了一个重要问题，那就是在机关工作如何适应领导。其实有的干部自感文凭不错，能力较强，但就是对发展进步不顺不得其解，其实说白了往往就是没摆正位置和过于看重自我，没有从适应角度切入去熟悉掌握领导思维行为。因此，要想搞好工作，就要像复印机那样：其一，适应思路。毕竟现今领导大都颇有抱负和能力，以期大干一番事业和取得好的政绩。那么结合法定职能和工作实际，他们都会形成工作思路，且紧抓不放，希望干部能按照思路创造性抓好落实。这就要求干部必须明白领导思路的基本内涵，进而结合自身工作实际，抓紧跟进或自我调整，所作所为与

领导思路保持一致。不然，对不上思路，或自以为是，既是规矩不容许，也让领导不满意。其二，适应风格。领导开展工作和为人处世，都有自己的特有风格。诸如有的喜唱武戏，有的善唱文戏；有的行事大刀阔斧，有的行事润物细无声；有的办事习惯一竿子插到底，有的办事习惯超脱放手。对此，干部理当抓紧适应或自我调整，以免工作起来撞车，挨了板子还不知怎么回事。其三，适应心理。领导心理活动大多非常丰富和难为所察，但并非没有规律可循。诸如善于紧密结合工作实际感悟领导说的与做的如何，对上对下如何，对内对外如何，人前人后如何等，且需要干部有相当的分析判断能力，重在适应良好心理活动。其四，适应习惯。习惯是领导在长期生活和工作中养成的，且一成难变。对领导的良好工作习惯理当自觉适应，对某种诸如开会拖堂、熬夜说事等不良习惯，也不能简单怪领导，或有抵触情绪，而应多自我调整，理解领导和适应领导。

学做“大管家”。按照职能和工作分工，领导主要侧重于宏观层面，以及抓好决策和大事要事。要达此目的，除领导努力外，在相当程度上要靠干部提供服务，协同完成工作任务。为领导服务对干部而言是不上书的重要工作，需要高度重视和积极作为。但是，也有度的规定性，应自己好好感悟，既不能对服务没感觉和服务不到位，也不能动机不纯，借服务去公关领导，要像“大管家”那样，一切以能为领导工作提供方便为宜。其一，场面维护领导。领导属公众人物，对外代表机关形象，许多工作和活动就发生在场面上，时常为公众所瞩目。因此，大凡领导开展场面活动，干部都应自觉帮领导做好必要准备，活动过程注意服务配套，确保活动顺利完成。即便活动遇到小插曲和不确定因素引发变故，干部皆当反应灵敏，化解矛盾，方便领导活动和维护机关与领导形象。作为干部若平时不感悟，到关键时候就容易白纸一张，或不知所措。当然，维护领导要贴切自然，表现于无形，千万别搞前呼后拥之类形式主义，给领导帮倒忙。其二，喜讯上报领导。干部在实际工作中，时常会遇到好事，机关好事连连，既是干部工作努力，也是机关荣誉，那么作为干部就不能得好心切，或贪功心切，什么好事皆揽在手上和留给自己。恰当方式是将好事上交领导，表面看是为领导个人，实际是为领导所履行职责和机关形象增色，以让机关的好事通过领导彰显在社会面上效果更好。至于领导怎么应对，那是领导的事。其三，麻烦分忧领导。麻烦事多，是机关工作的显著特点，需要干部自觉将麻烦事揽在手上，及时加以解决，主动给领导分忧，让领导集中精力抓大事要事，或应对麻烦事有回旋的余地，且相信领导心里有数。不能一味早请示晚汇报，或一步一请示和一汇报，甚至推给领导去劳心劳神劳力。其四，杂务莫扰领导。领导开展工作也经常会遇到一些诸如需要办公用品之类杂七杂八琐事，搞不好容易让领导工作不便或分心。故干部一定要识眼色和长心眼，将与领导直接有关的杂务和机关各种杂务处理好，以领导不知不觉和不闻不问为好。

扩能“加速器”。想干事和干成事是领导的主要思维行为，且将大量精力聚焦于此，以期早出成果和快出成果。同时，也希望干部素质精良，积极作为，能正确理解和贯彻工作意图，给领导工作锦上添花与雪中送炭，甚至奉献精品。这就需要干部善于理解把握领导的思维行为，将抓落实和促成领导功德圆满当成工作的重中之重，而不能缺乏悟性导致搞工作抓不到点子。其一，助力大事。对于贯彻上级指示精神、事关机关建设发展和实现领导宏伟抱负的重要工作，干部都应提前调查研究，把握实情，吃透法律政策，将领导要求细化到工作岗位，像加工机器重要零部件那样，全力以赴精雕细刻，锤炼打磨，贡献自己的智慧和力量。其二，速办急事。作为领导时常会遇到四面八方突如其来的各种急事，难免给领导工作带来即时压力。对此，干部理当耳聪目明，反应迅速，无论领导指派或干部主动请缨，都要善当“消防员”，及时“救火灭火”，将事情办好。即便个人能力和条件有限，也能做好前期工作，为领导争取时间和提供情况与建议，做到应对急事协调联动。其三，排解难事。机关工作会有许多硬骨头和拦路虎。诸如改革创新，化解疑难杂症等。应对处置一般要领导上阵，亲力亲为，但也需要“一个篱笆三个桩，一个好汉三个帮”，且对干部能力水平是种考验，需要干部有胆有识，迎难而上，义无反顾，冲锋陷阵，拉得上去，攻得下来，在攻坚克难上成为领导的得力助手。其四，善处私事。在领导应对事务中还有一种特殊情况，那就是所应对之事虽不属直接工作法定职能要求，只因上下左右正当所托，也就需要有所回应，所托者无非想借领导影响办事方便快捷一点。同时，领导个人也会临时有正当事情需要办理。每当此时，领导也多希望干部帮忙跑腿，且办得好和尽快给个回复。故干部对此也当有悟性，尽力而为之。

会用“识别码”。说实话，领导并非完人，也有不足，工作难免出差错，甚至有个别腐败分子。因而在领导手下工作既有难度，也有压力，有时还有风险。那么熟悉掌握领导思维行为还有特殊意义，最起码是为了保安全和免遭挫折。在这方面，有的干部因不懂不悟，开展工作和发展进步就易走弯路。当然，也有少数干部品行不端而办些错事或断送前程，但不管怎么说这确实需要干部妥善应对。其一，及时建议。大凡发现和感悟到领导不足，要从大局和工作出发，着眼有利于领导改进工作，切实把有关意见建议想清楚，关键要采取适当方式向领导表达。建议可能为领导接受，也可能不接受，只要表达了，也算尽心尽力了。若看到不足不提建议，就是对领导和工作缺乏公心，属不负责表现。其二，妥善补救。对于领导工作不足，有时也不是简单提建议就可了之，还必须结合自己工作，在领导知情或不知情时，最好是不动声色地帮助补救，以免影响领导工作和形象。能及时补救领导工作不足，需要一定能力和水平，既要救得好，还必须不要彰显比领导水平高，或在面上张扬，或到领导面前表功之类。其三，恰当回避。有的领导因性格和其他原因，表现出领导艺术不尽到位，或有瑕疵，令干部心有所虑。既然了解把握到这些，那么应对起来首先不必往心里去，可采取稳妥方式避其锋芒，不予争辩，更不能想不开心生抵触，要相信领导能够通过实践检验调整过来。其四，向上反映。有的领导工作所出问题往往非同一般。对此，干部就不光是看在眼里，重要的是在提意见基础上，还要通过组织程序向上级反映，正确履行党员干部义务，而不能睁一只眼闭一只眼。

四、“眼里有水”和“手上出活”主体在于要懂要悟民众客观实情

行政机关是为民众服务的，但实际运行则容易出现复杂情况，皆因具体到一个机关，特别是为民众服务先要有职能设定，民众根据职能设定找机关办事，客观上需要民众适应机关；机关运行规矩是下级服从上级，干部服从领导，客观上容易让干部目光向上，行为从上；民众具有广泛性、多样性、复杂性和分散性，找机关办事具有随机性，客观上会增加机关服务难度。故有的机关服务民众就容易被动应付和按我定规矩办事，至于民众有什么普遍性和个性化需求，一般容易等民众有事找上门再说，且缺乏前瞻性、针对性、精准性熟悉把握民众客观实情，在服务上不能主动作为，精工作为，优质作为。要有效改变这种状况，就需要从思想上转，从职能上转，从作风上转，从方法上转，把熟悉把握民众客观实情摆在更加突出位置。即要懂要悟民之盼，善于放到国际背景下、中国背景下、区域背景下、机关专业背景下和职能履行历史变迁背

景下，看民众对本机关有何综合需求、专业需求、个性需求；要懂要悟民之喜，看民众对本机关哪些服务事项称心如意，拍手称赞；要懂要悟民之忧，看民众对本机关服务事项是否有意见和不满意；要懂要悟民之能，看民众促进本机关工作优势何在，以善借民智民力。进而真正体现保姆式服务，成为民众的贴心人。

常做“访谈录”。机关为民众服务，主要是通过干部具体行为实现的，而干部服务行为的实施，又大多为民众找上门求助，彼此互动基本就事论事，且办事流程由机关设定，主动权在干部手中，民众只是按要求提供资料，说明情况，符合要求即“一锤子买卖”办完事走人，有的还要反复磨合多次。干部所关注和要知道的就是民众前来办事是否合规合程序，至于前来办事公众的背景、困难、心情、感觉、期望如何则容易不放在心上，甚至人见多了、事务杂了、搞习惯了还心生麻木和不耐烦，导致门难进，脸难看，话难听，事难办。久而久之，与民众就有心理隔阂，有时虽为民众办好事，民众因对其印象不好而往往不领情。民众是机关的衣食父母和服务对象，要提供优质服务，不熟悉掌握民众实情是不行的。其一，必须把握机遇。民众有事找上门，可谓干部了解社情民意的难得机会，且来人涉及社会方方面面，情况千差万别，都带着具体事项和问题而来。故必须高度重视，有机遇绝对不能放过。其二，必须服务暖心。对于民众所办事项，干部一定要态度热忱，和风细雨，视民众为亲人和朋友，拉近感情距离。同时，耐心细致地问明情况，详细宣传解释有关法律法规政策，以及有关办事程序和注意事项，对有某种误解和行为过激的，一定要耐得住性子做深入细致思想工作，力求让其通思想和搞明白。在此基础上，必须快捷精准高效地把民众的事情办好，真正让民众心悦诚服和心满意足，且在整个办事过程中注意民众心理反应和妥善加以调适。其三，必须搞好民调。如果说民众找上门办事，干部所提供常态化服务也只是就事论事，能把事办好虽不简单，但毕竟是浅层次操作，真正有作为的干部则绝对不会放过从找上门办事民众那里获取更多有价值情况的机会。在为民众办事过程中，当巧妙打开民众心灵之窗，将所要了解的有关情况，特别是涉及经济发展情况和对机关的意见建议系统开展民调，以经常不断获取来自众多民众具体翔实的第一手资料。

种好“试验田”。如果说在岗访谈，优势在于人多面广和连续不断，可以了解众多点状个性化情况，只是显得分散和随机，缺乏系统性和深入性。要结合工作更多更好地熟悉把握民众实情，还必须建立联系点制度，长年累月在联系点搞好共建，深耕细作，解剖麻雀，甚至先行先试，以将情况搞得更准。其一，要在企业多设联系点。企业处在经济建设一线，迫切需要行政机关在优化经济发展环境上提供优质服务，及时排忧解难。企业涉及以企业家为代表的管理团队和众多企业职工，彼此需求既有一致性，也有所不同，有时还会产生矛盾。故行政机关加强与企业联系，就是要经常深入企业，多与企业家交朋友，了解企业对行政机关的各种需求，以及对工作的意见建议。同时，也要多想办法与企业职工交朋友，得以了解真实情况，最好能在职工代表与机关之间建成快车道，随时随地了解职工诉求，这对机关服务好企业格外重要。其二，要在社区多设联系点。社区可谓城市居民“大杂院”和生活栖息地，社情比较复杂。那么行政机关就应多与基层组织互动，结合工作经常性与社区居民交朋友，深度了解居民所思所想，及对行政机关的期待和要求，得以让行政机关的服务更有前瞻性和针对性。其三，要在村组多设联系点。农村村组一般处在条件比较艰苦地区，人员以妇女儿童老人居多，经济发展、改善民生、建设文明的任务十分艰巨，常常需要行政机关重点服务和帮扶。可见，行政机关应主动与村组建立对口联系，经常与农民交朋友，了解广大农民心声。实践证明，行政机关经常有效地与企业、社区和村组共建联系点，系深度有效地了解民众情况、开启思路和视野的长效举措，理当推广普及和发扬光大。

构建“交通网”。说到熟悉掌握社情民意，传统做法是深入基层，走家串户，与民众面对面交流。但是，在现代社会就不能仅限于此，必须广泛利用信息化工具与民众背靠背交流，且来得更广、更快和更好。这就需要机关增强“互联网+”意识，建设好“线上政府”。其一，机关要对过去已建设单体信息化体系进行有效整合，打开信息孤岛，实行互联互通，特别是平时开展业务所收集民众各种信息要在彼此间进行泛连接，应对民众事务实现一体化与打通使用。现阶段最重要的是要消除封闭心态和守“二亩地”意识，将习惯于传统线下各自为政，更多向线上集群联动转型。同时，要向民众进行广泛宣传，组织动员民众办理事项和反映诉求多利用电脑、手机等工具，足不出户或就近一公里半小时与机关对接办事，反映各种情况，表达各种诉求，在行政体系服务民众上实行一网覆盖。其二，机关要尽快与有关从事公共服务的企事业单位搞好社会化信息网络共建，广泛采集企事业单位服务民众和民众反映诉求信息。尽管当前信息化建设还有相当难度，但为更好地了解民众情况，必须实现机关与企事业单位联手以对，在实际工作中各取所需，相互合作，共同将服务民众的事情做好。其三，机关要加快一网覆盖的大数据处理系统建设，一方面更多利用统一整合优化的办公自动化系统、部门热线系统、各种服务终端系统、电视电台、微博微信等服务系统，加强与民众互动，扩大信息源，增强信息量，加速信息流。另一方面对于所获取的天量数据必须采用先进信息技术进行快速有效的模块化、图标化处理，真实、科学、快捷反映民众所思所想，所作所为，为机关了解实情，改进工作，提高质量提供大数据资料，以及科学解决方案。

提质“高精尖”。干部要懂要悟民众客观实情，目的是更好地实施服务管理，而服务管理的前提是要根据民众客观实情，不断改进工作，练好内功，提升质量水平，始终保持领先地位。其一，坚持改革创新，做到解放思想，实事求是，把握民情，聚焦促发展和惠民生，结合工作，搞好简政放权，优化结构，改善办事流程，高效优质地为民众办好各种事项。同时，优化管理职能，经常深入企业、社区、村组，搞好教育引导工作，及时协调各种矛盾纠纷，维持社会公平正义，营造良好的乡风民风。其二，强化基础建设，不断完善为民众服务的设备设施，健全和优化其功能，让公众充分享受现代社会文明。注重干部业务培训提高，根据管理服务需要，注重深入实践，积累实战经验，不断改进工作方法，特别要善做民众思想工作，建设高素质干部队伍。其三，要严格业绩考核，主要是制定科学规范的考核标准，具体量化到人和事，坚持定性定量考核、阶段性考核，由业绩沿过程倒查考核，促使干部增强为民众服务意识，结合工作深入基层和民众了解社情民意，为民众办实事，且注重纠正工作偏差。其四，善借民智民力，要懂要悟民众客观实情，不是为好看和装点门面，除了要搞好服务之外，关键还在机关建设发展和水平提高上怎样更多更好依靠公众智慧与力量。这就需要根据社情民意，作出制度性安排，形成良好互动机制，经常开门纳谏，请公众把脉问诊，所作所为经常请公众进行监督，帮助解决履职尽责中的问题，为机关建设发展提供公众需求信息，检验各种改革创新和实际工作举措效果，加大公众在评价机关工作上的权重，以更好为公众服务。

五、“眼里有水”和“手上出活”核心在于要懂要悟思想文化理论

行政机关居于上层建筑意识形态领域，掌握公共权力，配置公共资源，管

理服务社会，其性质对干部提出了很高要求。要正确履职尽责，在素质锤炼上就必须优化结构，初级要懂要悟机关工作常识，中级要懂要悟基础业务技能，高级要懂要悟领导思维行为和民众客观实情，顶级则要懂要悟思想文化理论，且思想文化理论是统领。有的干部可能会认为，在地方行政机关工作，上有法律法规政策和领导掌舵，自己埋头干活就行，思想文化理论水平高不高关系不大，或水平再高在下面也用不上，毕竟下面的主要任务是贯彻落实。其实这种认识是有问题的，首先，我们正处在改革开放和经济全球化时代，国内外形势复杂多变。其次，国内经济建设突飞猛进，各项改革深入推进，实现中华民族伟大复兴步伐加快，机关责任会更大，任务更重。再次，公众物质精神需求日益高涨，创新发展和改造社会的动力倍增，对机关有着更新更高的期待等。这一切都昭示干部必须加倍努力，只争朝夕，提高素质。尤其必须始终保持思想文化理论上的先进性和科学性，牢固树立正确的世界观。

多出“老马列”。中国共产党建党已近百年，中华人民共和国成立已七十周年，党和国家建设发展都是在马列主义指导下推进的，且结合实践形成了中国化的马列主义思想理论体系——毛泽东思想、邓小平理论、“三个代表”重要思想、科学发展观、习近平新时代中国特色社会主义思想。作为干部要不断发展进步和大有作为，就必须注重在追寻马列主义之根、掌握马列主义精髓、践行马列主义观点、维护马列主义真理上做到思想提高、精神提振、品质提纯、作风提质。应该看到，论及学习钻研马列主义理论，有的机关可能强调多，照本宣科多，走形式多。有的干部或以工作忙、事务杂、时间紧为由，不重视理论学习。即便学也用心不够，甚至所谓学习也就是上电脑和看手机等。须知干部不认真学习研读马列主义是不行的，这也是行政本质决定的。具体要求是：其一，必须原原本本通读原著，重在了解理论体系和发展过程，这方面既要搞好教育引导，更要作为纪律要求，促使干部静下心来，挤时间钻到书本里去。其二，必须结合工作重点学，毕竟各机关从事着不同岗位业务，学马列主义理论要在普遍把握理论体系基础上，理当带着工作中的情况和问题到马列主义理论中找答案，进而开阔视野，把握精髓，提高水平。其三，必须坚持深入实践和深入群众，善于用学习马列主义理论所得去观察破解现实问题，宣传发动群众。也可带着学习体会和问题到实践中去向群众请教，以检验学习效果，从群众那里获益。其四，必须在工作中自觉宣传和维护马列主义理论，敢于同各种违反马列主义理论的人和事作斗争，以实际行动当好卫士。

对标“智囊团”。落实法律法规政策是机关的基本职责，也是服务管理社会事务的重要工具，且法律法规政策在相当程度上要随时代和形势发展变化而发展变化。这一切都要求干部必须针对自己安身立命的老本行，像“智囊团”专家那样，认真学习吃透法律法规政策，创造性地贯彻落实法律法规政策，而不能一知半解，缺乏系统深入研究，在贯彻落实上水平上不去，影响机关效能。因此，就机关而言，要将加强干部法律法规政策培训纳入机关建设重要内容。同时，要加强对干部在法律法规政策上履职尽责的考核监督，及时总结经验和发现问题，倒促干部在学习吃透法律法规政策上竞进提质。就机关干部而言，必先明晰自己所端饭碗是贯彻落实法律法规政策的饭碗，工作所借用的工具主要是法律法规政策工具，要发展进步，就必须成为法律法规政策的行家里手，或“通才+专才”。再则，平时要注重原原本本和逐字逐条学习研究法律法规政策，既要把握基本原则，更要熟悉各种程序和操作要领，甚至要烂熟于心，具体工作起来得以精准把握和创造性贯彻落实到位。另外，要紧密结合工作实践，善于总结经验教训，检验贯彻落实法律法规政策能力，确保在学习吃透法律法规政策上保持领先水平。力戒在学习吃透法律法规政策上不用功，或浅尝辄止，或凭借一定功底吃老本，导致贯彻落实法律法规政策能力水平低下，给工作造成损失。

感悟“生意经”。地方行政工作是以经济建设为中心，众多机关或直接或间接服务管理经济建设。加之随着对外开放、社会主义市场经济深入推进和深度融入经济全球化与区域化进程，无论机关还是干部没有较强的驾驭市场经济能力与具备较为丰富的市场经济知识是不行的。就机关而言，就是要注重驾驭市场经济能力建设，既要不断优化硬件，更要在提高干部市场经济知识上加大投入和加强培训，重在实践中活学活用。就干部而言，其一，必须向书本学习，多挤时间通读一些市场经济理论，结合工作精读市场经济专业理论，诸如财政金融、工商管理、宏观调控之类，就是不能成为专家，也不能当门外汉。其二，必须向企业家学习，毕竟企业处在市场经济一线，企业家既是市场经济理论的践行者，更是应对市场风险挑战的打拼者，在企业家身上往往集聚着丰富的市场经济理论知识和实践经验。故干部要经常和自觉拜企业家为师，以不断提升自我。其三，必须向实践学习，一方面要深入经济工作一线，用所学理论观察研究经济现象、经济问题和企业运行。另一方面要善于将实践中的问题带回去，结合理论学习加以破解，做到两者相得益彰。

堪称“文化人”。众所周知，传统文化、外来文化和现代文化皆有丰厚的文明成果。对此，除了机关要结合工作搞好干部教育培养之外，重在干部必须提高认识，增强自觉，坚持不懈泛舟于优秀文化的海洋，不断汲取营养和促进能力提高。其一，要围绕历史深入研读，做到厘清历史发展脉络，解剖重大历史事件，熟知关键历史人物，掌握历史发展变化规律，进而汲取前人经验教训，从中得到深刻启迪。其二，要围绕政论精华研读，看历朝历代的重要政治人物怎样治国理政，对其绽放的思想智慧火花，做到古为今用，活学活用。其三，要围绕文学精粹研读，以陶冶情操，激发联想，悟出深意，力争成为智者，进而在履职尽责过程中，更加彰显干部的文化底蕴、艺术品位和人格力量，促进工作不断竞进提质。

2019 年 11 月

干部不宜多用办公室语言

在地方行政当干部，是杂事繁多、压力颇大和比较辛苦的差事，主要常同老百姓和市场主体打交道，协调处理纷繁复杂的矛盾。故客观要求其讲话站位较高，精准科学，切中要害，措施对路，底蕴深厚，生动活泼，感染力强，为群众喜闻乐见，具有现实操作性。关键是能直面问题和解决问题，而不宜张口闭口都是办公室语言。

所谓办公室语言，大多是从报纸文件抄来的，是跟风逐流得来的，是闭门造车出来的，是不切实际机械杜撰而来的。表面看有理论、站位高、路数对，放之四海而皆准；出口成章，修辞精美，颇有气势，能登大雅之堂比高低。实用起来却似胡椒面到处撒，如清凉油到处抹，像微信群到处发，话虽无差错，但居多中听不中用。

办公室语言可用，但不能不看对象、不看场合、不看问题，惯用或滥用。其之所以有一定市场，实为官僚主义作祟，主要是有的思想走低，宗旨淡化，高高在上，脱离实际，懒政懈怠，将办公室语言当做官工具；是形式主义作祟，主要是有的怕见群众，怕对困难，怕搞实战，怕担责任，将办公室语言做挡箭牌；是利己主义作祟，主要是有的把工作责任与自身利益得失挂钩，面对客观上事多任重，且少利、无利和失利，为平衡不良心理和免揪小辫，将办公室语言视为筹码。

要改造和优化办公室语言，培育过硬的行政语言，就必须打破自我封闭，走下空中楼阁，修正不良语言习惯，明确方向，夯实基础，广接地气，增强后劲，扎根语言沃土；就必须加强理论学习，钻研科学知识，深度融入实践，实现理论知识向能力的转换，进而把握客观规律，洞悉发展走势，总结实战经验，提高语言水平；就必须坚持拜群众为师，为群众服务，真正加深感情，融通心灵，增强语言活力；就必须聚焦艰难险阻，强力攻坚克难，不断夺取胜利，让大风大浪磨砺思想和筋骨，丰富语言艺术。只有这样所锤炼的语言，才能成为工作的利器，群众的知音，德才的标志。

2019 年 12 月

第六部分

观世心得

青少年犯罪家庭原因初探

一个时期以来，青少年犯罪问题比较突出，已引起社会各界广泛关注。为响应党中央全社会都来关心青少年健康成长的号召，积极为实现社会治安根本好转增砖添瓦，本文拟对青少年犯罪家庭原因发表以下粗浅看法，以期抛砖引玉，促进工作。

一、青少年与家长关系

研究青少年犯罪家庭原因，是一项复杂艰巨的工作，需要剖析家庭种种现象，而且必先弄清青少年与家长的关系。如此，才能把握青少年受家庭和家长不良影响而犯罪的脉络。

青少年与家长一般关系。家庭是社会的细胞和按血缘关系组成的人类最基本的社会组织，以及由家长和子女组成的矛盾统一体。一般而论，当子女处于青少年阶段时，家长是矛盾主要方面，在家庭居于支配地位，青少年为从属地位，且具有相对独立性。一是从经济地位看，家长从事各种社会生产活动，其劳动收入是家庭生活的主要来源。青少年因体力和智力尚不能胜任社会生产活动，一般没有固定收入，经济上不能独立，需要依靠家长抚养而生存。二是从思想和社会阅历看，家长一般有较丰富的社会生活经验，思想比较成熟。青少年智力尚在发育，缺乏社会生活经验和识别是非的能力，世界观没有定型，具有可塑性。三是从传统习惯看，家长在家庭的权威地位是几千年的传统习惯，有着历史的渊源。四是从青少年特点看，青少年不仅生活在家庭中，社会也是其活动的舞台，各种事物都会对其产生影响。加之随着年龄增长，其识别能力、判断能力和责任能力也会逐步增强，使其并不像复印机那样机械受家长影响，而在一定程度有了自我选择，特别是家长和社会影响也只有通过青少年内因才能发挥作用。因此，家长可以对青少年发挥较大影响和作用，青少年随着年龄增长，相对独立性也会更加明显。

青少年犯罪与家长特殊关系。一是家长因对青少年起支配作用，影响较大，青少年处于被支配地位，一般很容易受家长影响。故家长思想和教育方法不正确，就容易成为青少年犯罪的重要原因。二是虽然家长不良影响或是青少年犯罪重要原因，但不是唯一原因，还必须考虑社会各种因素影响和青少年相对独立性与主观作用。三是家庭是社会的细胞，家长和青少年都生活在复杂的社会环境之中，都要受环境影响。那么在整个家庭生活中，家长与青少年关系，不仅要反映家长与青少年的相互作用和各自特殊性，也要反映社会关系内容。这就决定了家长与青少年关系、青少年犯罪与家长关系的复杂性和多样性。

二、青少年犯罪与家长错误思想关系

剥削阶级意识形态是犯罪的思想根源，由于家长生活在复杂的社会之中，各种纷繁复杂环境，特别是剥削阶级意识的存在和传播，很容易给有的家长思想打上深深烙印而形成错误世界观，且直接影响青少年思维行为。一是在政治上，把升官发财作为政治追求的出发点，信奉有权就有利，以及荣华富贵，光宗耀祖。反之，当升官发财奢望难以实现时，即容易产生社会反向思维行为。二是在对生活认识上，把物质和精神享受作为生活目的，甚至不顾公共道德制约、家庭经济状况和民族生活习惯，不择手段地追求剥削阶级生活方式。三是在对社会人与人关系理解上，把社会主义制度下人与人之间的同志关系视为金钱关系、利用关系、尔虞我诈关系，热衷于搞关系学和不正之风。四是在对工作看法上，分贵贱尊卑，好逸恶劳，追求舒适厚利职位等。家长存在错误思想，就会在日常生活中支配言行，又通过言行传播错误思想，直接或间接影响青少年，使其犯罪有了可能。

三、青少年犯罪与家长教育方法关系

家长对青少年影响分为直接影响和间接影响，前者是家长有意识采用一定方法培养青少年的思想品德和传授知识技能，后者是家长无意识采用一定方法客观上对培养青少年思想品德和传授知识技能发挥作用。前者和后者的统一，就是家长的教育方法。教育方法正确，能使青少年健康成长，养成良好习惯，培养好的道德品质。教育方法错误，则可能使青少年身心受到损害，甚至走上犯罪道路。

溺爱袒护式。对青少年溺爱袒护，是家庭教育的普遍问题。家长出于对青少年的爱，很容易自觉不自觉把爱绝对化，变成百般溺爱，从而产生消极后果。有的家长在生活上把青少年当“皇帝”一样供奉，百依百顺和不遗余力满足其享受欲望，甚至宁愿自己里外奔波，节衣缩食也在所不辞。青少年在饭来张口、衣来伸手的温暖舒适小天地里，从小就受到溺爱和享乐熏染，在探求生活意义和人生价值时就会得出错误结论——人生在世就是为了享受，且形成错误享乐观。随着青少年年龄增长，不仅衣食住行问题，上学就业和婚姻恋爱等也渐成实际问题。许多家长因担心青少年社会生活经验少、人员关系面窄和在外吃亏上当，出于溺爱，便自觉不自觉采取错误方法应对。有的利用职权或关系，通过走后门为青少年安排上学和舒适工作，或为在政治上和经济上得到好处，公然违背党性原则，干涉青少年所在单位人事工作等。有的家长自知在权力和关系上势单力薄，不能为青少年“造福”，为保在外不受“欺负”，即常使用简单粗暴方式或无理取闹方法，到青少年所在单位撑腰壮威，或向其灌输“在家靠父母，出门靠朋友”的行帮思想，支持其广交朋友，不问现实表现。还有的家长在婚姻恋爱问题上，为让青少年“幸福”，时常轻视公共道德，只专注为其择取家长有钱有势、本人工作舒适的乘龙快婿或大家闺秀。或单纯为满足青少年精神享乐而采用一些伤风败俗的做法。这一切都使青少年逐渐养成一些恶习，从而不思进取、不学无术、目中无纪、性情骄纵，崇尚关系服人和以力服人，把有限青春消磨在单纯追求物质和精神享受上。生活上的溺爱，必然导致对青少年政治思想教育松弛，平时不注重思想政治道德培养，对其思想问题、错误言行不予重视，更不做认真分析研究和矫正工作，反而姑息、迁就、袒护，或做一番轻描淡写、不触及问题本质的说教，甚至将自己升官发财等错误思想自觉不自觉传播给青少年。加之社会不良风气影响，就会使青少年政治观念淡薄、思想意志消沉、精神空虚，寻求刺激，满足享乐欲望，其胆子会越来越大，错误也会越来越严重，最终走上犯罪道路。青少年犯罪会使许多家长震惊和焦虑，希望迷途知返愿望十分强烈。但是，出于溺爱，家长的焦虑和希望实际建立在顾全面子和声誉之上，具体应对即自觉不自觉变成了对青少年包庇袒护。有的家长在外极力找客观原因，把责任归咎于社会和他人教唆引诱，为子女开脱。或尽量掩盖青少年犯罪事实，蒙骗组织和群众，遮人耳目。对内则哄劝青少年改掉恶习，乞求为家长争气。当其罪行暴露以后，轻则走后门、走关系说情。重则出谋划策，抗拒审查。严重的则自觉不自觉以身试法，为犯罪青少年销赃窝赃，帮助潜逃等，以逃避法律制裁。事实上，在犯罪问题上对青少年溺爱袒护，不仅不能拯救其迷茫、卑污的心灵，反而使其犯罪一定程度上有了精神依托。那些有一般违法行为的青少年，因家长包庇袒护，会把犯法当小事，不以犯法为耻，反以犯法为荣，对领导和群众的批评帮助置若罔闻，报以敌视态度，进而更加胆大妄为。那些有犯罪行为的青少年，因家长包庇袒护，会认为法律有空子可钻，犯罪气焰会更加嚣张。那些犯有严重罪行的青少年，因家长不惜以身试法包庇袒护，不仅能稳定其恐慌心理，更能使其死心塌地抗拒法律，铤而走险，自绝于法律和人民。

体罚式。用各种非正常手段侮辱人格，伤害身体，以强迫青少年达到有关要求和目标，是有的家长信奉“棍棒出孝子”的家教方式。时常是家长只顾面子和尊严，不顾青少年特点，缺乏对问题具体分析，盲动滥用对青少年的支配权，非常不利于青少年健康成长，且在一定程度上为青少年违法犯罪创造了条件。一是从生理特点看，青少年正处在生长发育期，虽然新陈代谢旺盛，但体质较为单薄。对其实行体罚，难免影响身体正常发育。二是从心理特点看，随着年龄增长，青少年自尊心强，可塑性大，盲动性强，抗争性大。对其实行体罚，有的可能开始畏惧，逐渐会被迫动歪脑筋应对，养成狡诈性格；有的由畏惧开始，性格逐渐向胆怯、孤僻、麻木等方面转化；有的起初心存畏惧，时间久了逐渐养成暴烈冷酷性格与家长顶牛，甚至应对社会事务也是如此。可见，经常体罚，容易引起青少年性格畸形发展。三是从现实情况看，有的青少年为反抗体罚而逃出家庭，流浪社会，沾上恶习，违法犯罪；有的青少年为逃避体罚学得欺骗有术，常使家长被假象迷惑，不能及时发现违法犯罪问题，错过了许多帮教时机；有的青少年在棍棒“教育”下，性格变态程度和违法犯罪盲动程度令人难以置信。

放任自流式。所谓放任自流，是指家长自觉不自觉放弃对青少年应尽的义务，以顺其自然和自由主义态度应对。一是在政治上，不关心青少年思想道德品质如何，由其自行发展，把进行思想道德教育职责推给社会和青少年本人。二是在生活上，不关心青少年衣食住行如何，由其自行安排或适应家庭低水平保障。三是在社会交往上，不关心青少年明辨是非如何，由其自我抉择。如此，对青少年放手，不仅缺少家庭教育和家庭温暖，且长期自由放荡，很容易使其受到各种不良社会风气影响而走上犯罪道路。

四、青少年犯罪与家庭客观基础关系

青少年犯罪不仅与家庭主观因素不良有关，还与家庭客观基础不良有关。毕竟家庭客观基础不良，就可能促使家长产生错误思想和方法，并作用于青少年。

家庭成员文化素养。家庭成员中家长文化素养高低，对家庭生活具有重要作用。一般而言，文化素养高的家长，在教育青少年时能问题看得深，道理讲得透，方法选得当，效果会相对好些；文化素养低的家长，因缺乏科学文化这个开阔思想和生活视野的工具，即容易影响政策理论水平提高。教育青少年就可能问题看不深、道理讲不透、方法不科学，仅靠朴素感情去解决青少年各种问题，不是无的放矢，就是心有余而力不足，效果会相对差些。

家长工作状况。现代社会飞速发展，为人们普遍就业创造了条件，客观上也会引起家庭生活某些变化。从总体讲，家庭就业人数增加，促进了家庭生活进步，但也在某些方面削弱了家庭教育职能。一是从时间看，有的家长或在白天工作，或在夜晚工作，工作占用大量时间，会使家长接触、了解和管教青少年机会相对减少。当家长了解到问题时，由于没有较多时间做耐心细致的思想工作，也就容易采用某种明知不对的方法去管教，导致不良后果。二是从空间看，由于社会生产布局不同和其他客观条件限制，导致许多家长工作单位分布千差万别，有的工作长期在外地，有的工作流动性大，有的工作在交通不便地区等。这种客观现实，易使家长和青少年经常处于分离状态，不能直接掌握青少年情况和及时进行教育。三是从劳动消耗程度看，家长工作性质和劳动分工不同，往往预示着消耗体力和脑力也不相同。那些劳动消耗较大的家长，工余已相当疲乏，即便同青少年在一起，也已无充沛精力进行教育。四是从工作性质看，家长所从事工作性质不同，客观上会有正反两个方面影响。那些从事行政工作的家长，有较多机会学习党的路线方针政策，了解社会动态，练就做思想工作本领，这对教育青少年颇有好处。同时，由于行政工作大多管人财物，若家长放松思想改造，也就容易染上官僚主义、不正之风等，这对青少年影响是不好的。另外，还有众多家长战斗在生产一线，紧张而有秩序的工作养成了他们热爱劳动、热爱集体、遵守纪律等优良品质，这对青少年会有较好影响。问题是有的家长没有更多时间和精力去学习党的路线方针政策及科学文化，容易造成政策水平不高，这对青少年教育也是不利的。

家庭结构。三代同堂、四世同堂曾是较典型的家庭结构，而现代家庭较以往发生了较大变化。即二代同堂成了家庭基本结构；基本成员残缺家庭有相当数量；独生子女家庭增多，多子女家庭逐渐减少等。二代同堂多系双职工家庭，因而管教子女多有困难。若是独生子女，家长就可能溺爱。家庭基本成员残缺，如丧父或丧母或父母离异，也会削弱家庭教育力量。多子女家庭家长精力有限，不易全面安排家庭生活，多做子女思想工作。

家庭经济状况。家庭经济状况好坏，直接关系家庭成员利益满足。经济状况好，不仅可以保障家庭成员物质需要，还能丰富精神生活。如不教育青少年正确认识家庭良好经济条件，他们很容易产生经济上的优越感，从而抛弃勤俭节约和艰苦朴素的优良传统，贪图享乐，甚至一味追求剥削阶级生活方式。经济状况较差，家长只能为衣食温饱忙碌，青少年精神生活就会相对单调，使其智力发育受到一些限制，或错误理解家庭之间的不平衡，有的就可能为满足自己享受欲望而走上邪路。

家长性格。家长性格是在长期生活实践中形成的，对青少年也能起到潜移默化的作用。家长生性暴烈、好吃懒做等，对青少年个性的形成也会起到不良影响。

五、防治青少年犯罪与优化家庭教育关系

既然家庭不良关系在一定程度容易导致青少年犯罪，那么要消除不良关系影响，防治青少年犯罪，促进青少年健康成长，就必须对症下药，有的放矢，围绕关系理顺和问题破解狠下功夫。实践证明，只要家庭教育的质量和水平上去了，往往能取得事半功倍之效。

端正指导思想。众所周知，社会主义精神文明的核心是共产主义思想。在家庭精神文明建设中，家长必须牢固树立共产主义信念，坚持不懈批判剥削阶级意识形态，清除各种犯罪思想根源，以保证思想的先进性、革命性和彻底性；必须围绕熟悉青少年、了解青少年、研究青少年，掌握青少年生理心理特征，强化家庭教育针对性；必须正确认识和处理国家、家庭、青少年三者之间关系，在国家利益放在首位前提下，发挥家庭能动作用，最大限度丰富家庭生活，尊重青少年相对独立性，做到懂政策和讲策略；必须加强社会主义法制观念，自觉清除法盲思想，通过学习和实践深刻领会法律实质，保证其言行以政

策为依据，以法律为准绳。

改进教育青少年方法。一是政治教育要耐心细致，循循善诱。讲政治是家庭教育的头等大事，立足点要放在青少年方便接受或经启发可接受之上，坚持由小到大，由少到多，由浅入深，由此及彼，由表及里地启发诱导，循序渐进。要多谈实际，少讲空话，多谈光明面，通俗易懂地剖析阴暗面，多谈知识性东西，不讲非科学和低级趣味东西。对青少年存在的某些错误认识，要高度重视，仔细分析，严肃认真做转化工作，进而打好思想基础，树立共产主义世界观。二是严格生活管理，培养劳动观念。家长要满足青少年正常生活需要，还必须注重把住“三关”。即把住吃喝关，不搞大吃大喝，铺张浪费，且注意了解青少年随便不在家就餐原因，这对发现青少年犯罪前兆颇有作用。把住穿用关，对青少年穿用非家长购买物品，要弄个水落石出，原则上不能让其随意支配现金。因为在其没有通过劳动取得报酬生活体验之前，就让其过早支配现金开销，容易养成拜金主义思想，且不知钱来得艰难辛苦。把住住宿关，关键对青少年时常不在家住宿要高度重视，查明情况，及时制止。同时，家长还必须在青少年踏入社会之前进行热爱劳动教育，使其掌握基本劳动技能，不能养成饭来张口、衣来伸手、厌恶劳动的惰性。三是家长以身作则同对青少年严格要求结合起来。俗话说：打铁还须自身硬。培养教育青少年必须先从家长做起，政治上同党中央保持一致，学习认真刻苦，工作严肃认真，待人接物光明磊落，诚实热情，在家艰苦朴素，文明礼貌，发扬民主，做到正人先正己。在对青少年严格要求上，要善于看其办事是否有决心有毅力；工作是否踏实肯干，遵守纪律；朋友相处是否团结友爱；为人处世是否诚实明理；荣誉面前是否谦虚谨慎；对待批评是否诚恳虚心；在家是否热爱劳动、艰苦朴素；思想是否沾有剥削阶级处世哲学污秽等。对好的要表扬鼓励，错的则要批评纠正。四是为青少年创造学习条件同检查督促指导结合起来。学习政策法律和科学文化知识是青少年的人生必修课，家长要积极为青少年学习提供便利条件，还要针对青少年盲动性大、认识力差、好说爱动等特点，加强检查、督促、指导，使其学习不流于形式，最终取得实效。五是严肃认真处置青少年犯罪问题。犯罪是侵犯国家和人民利益的行为，理当受到正义的谴责和法律的制裁。家长在犯罪青少年面前有无正义感和斗争精神，是对其立场的重大考验。因此，一旦发现青少年犯罪，应不徇私情，进行坚决斗争；对有一般违法行为和受过打击处理的青少年，除了要同错误思想行为斗争以外，还要从政治上、思想上和生活上关心，给以家庭温暖，重新点燃他们心中希望的火花。

能动改造家庭教育客观基础。其一是家庭成员要努力学习文化，提高素养，养成爱学习的风气，尊重知识，信仰科学，把提高文化当作家庭建设重点来抓。同时，要不怕困难，持之以恒，注重从社会上学，工作中学，书本里学，家长与青少年互帮互学，年长月久，家庭成员文化素养一定能不断提高。其二要注重提高家长政治素质，认真学习马列主义、毛泽东思想和党的各项方针政策及法律，学会做思想政治工作。

变“封闭型”家庭教育为“开放型”家庭教育。从众多青少年犯罪家庭原因可以看出，一些青少年家庭教育落后于形势，落后于时代，属“封闭型”家庭教育。即家长思想落后，不合乎时代要求；教育方法落后，不讲科学性，不重工作效率，不讲客观社会效果；信息工作落后，人为地使社会与家庭信息传递不畅，家庭教育与社会教育脱节。建立“开放型”家庭教育，家长要进一步解放思想，勇于开拓创新。要加强信息工作，进一步认清信息对搞活、搞好家庭教育的重要性，广泛收集多方信息，及时了解社会动态及青少年各种情况，保证信息能准确、迅速、畅通地为家长所获取，坚定不移、迅速果断地将家庭教育信息反馈于社会，使家庭教育与社会教育融为一体。家庭教育要讲科学性和工作效率，重视客观社会效果，既要充分体现党的路线方针政策和法律精神，又要充分体现家庭和青少年的特点；既要广泛研究各种情况，又要善于找出和使用针对性强、见效快的最佳方法；既要有利于家庭、青少年，又要有利于社会。

1985 年 5 月

军工企业发展刍议

军工企业是我国工业的重要组成部分，事关国防建设和国家战略安全，具有独特地位和作用。特别是在计划经济时期和大三线建设条件下，军工企业发展可谓突飞猛进，功不可没。但是，随着改革开放、建立和发展社会主义市场经济时代到来，军工企业发展既面临难得的发展机遇，也面临某些挑战。如何在新的历史条件下让军工企业插上腾飞的翅膀，取得更好更快的发展，是必须着力解决好的大问题。

一、身居重围

我国军工企业建设发展具有非常特殊的背景，首先，经过新民主主义革命，帝国主义虽被赶出了国门，但环顾四周，帝国主义威胁依然巨大，国家时刻都有被侵略和颠覆的危险。其次，从近代百年屈辱历史所得惨痛教训就是落后就要挨打，手中没有打狗棒就会被狗咬。再次，社会主义中国在一穷二白基础上建设，百废待兴，要增强抵御外在风险能力，确保国家战略安全，军工企业也就不能不放在优先发展位置。尤其从战略防御和安全考虑，军工企业大多布局在三线地区或山区，尽管自然条件不便企业发展，但有国家特保，军工企业也就建设发展得很快，成为一种独特的产业现象。随着改革开放的推进，我国综合国力提升和战略安全环境改善，众多处在深山沟的军工企业也就难免困难重重。

自然山水包围。众所周知，军工企业大多落脚在山区，四面群山犹如铁桶，将军工企业包裹其中。虽说山清水秀，风光如画，但长期处在自然包围中，容易使之形同与世隔绝，对人的思想观念封闭保守有着潜移默化的影响。加之军工企业往往就是一个小社会，为便于发展生产和方便生活，诸多都将生活区布局在厂区入口处，生产区放在更里面的山沟，宛如一个天然大葫芦，居住区卡着葫芦的脖子，稍有风吹草动，出点群体事件之类，企业就会有麻烦。

农村田园包围。军工企业一般远离城市，主要在农村地区，出门所看到的是连绵不断的农田，经常打交道的是世代躬耕的农民。在传统农业生产氛围里开发建设现代工业，无疑存在先天不足，小生产和小农思想的潜在影响不容忽视。

复杂关系包围。因为军工企业的地域环境特殊，所以人际关系方面比较复杂。几代人工作和生活在一个单位，加之各种姻亲关系发展，常常你中有我，我中有你，近亲繁殖，关系不优，质量下降，有什么事都容易牵一发而动全身，给企业管理或照顾平衡关系增加了较大难度，也影响职工素质的提升。

有行无市包围。长期以来，军工企业生产经营具有较强单一计划指令性，主要满足军方需要，基本不与市场打交道，且在社会上颇具神秘气息。在不打仗情况下，计划下达军品订货一般既定不变，职工工作基本按部就班，机械重复，固定成型。加之军品生产地位颇高，人们引以为豪的理念比较容易固化，少有民品开发和营销。这些皆容易导致有的军工企业适应外在形势发展和市场变化的灵敏度不高，压力感和紧迫感不强，应对市场竞争能力薄弱，自主自觉融入市场发展拼搏的文化氛围不浓。

二、军民结合

在新形势下，军工企业发展无疑要突出重围，走军民结合，两线作战，互为犄角，集优发展之路。

坚持军品做精做强。一是强化政治责任。军工企业的直接政治责任是为反霸、反独和反恐提供武器装备保障，终极政治责任是为强业、强军和强国提供强力支撑。足见军工人责任重大，使命光荣，既要发扬老军工光荣传统，更要以为国家民族安危舍我其谁精神，把军工产业做上去，彰显军工人新的时代风貌。二是注重攻坚克难。随着我国综合国力不断提升，军工企业发展已逐步改变低端和数量型为主模式，正向世界舞台高端领域迈进。加之世界政治、经济和军事形势正发生巨大而深刻的变化，对军工企业发展提出了更新更高的要求，所面临风险和挑战也就更大。因此，必须瞄准国际军工先进领域和技术装备，根据我国发展需要，向军工高精尖领域突进，进而占领高地，不断积聚和扩大优势，确保国家战略安全基石更强固。三是突出鲜明特色。对战略安全问题，国家有统筹布局，对军工企业发展也有明确要求。同时，军工作为产业，从战略格局角度讲，生命力同样来自对战略安全问题的把握，以及在破解战略安全问题上注重量身定做，及时有效提供先进武器装备，并形成自身产业特色，以填补空白或提高质量。

着力推进企业改革。军工企业要彻底摆脱困境，必须打好改革攻坚战。一是解放思想。在军工企业转型发展过程中，相比其他国有企业职工比较容易固守传统观念。那么推进改革的当头炮理当是坚定不移和持之以恒用市场发展理念对职工进行宣传教育，使之认识改革、理解改革、参与改革和支持改革，促思想观念和精神状态焕然一新。二是优化体制。军工企业曾经实行高度集中统一的计划体制，要适应市场经济发展，就必须大力推进体制改革。诸如普通地方军工企业能民营化的要民营化，重要军工企业可在现代公司制上进行深化改革。三是创新机制。主要是激活用人制度和分配制度，打破平均主义大锅饭，通过优胜劣汰，激发职工内生动力，积极搞民品和勇于闯市场。四是卸载包袱。如果说企业办社会是传统国有企业通病，那么有的军工企业病情往往更重一些。这就需要在当地政府支持下，将学校、医院、社区管理等果断移交地方，让企业轻装上阵。五是猛虎下山。现代企业发展的规律一定是向交通区位优越和资源配置便利的城市或园区集聚，军工企业发展也必须走出山沟或农村。如果说改革是用化学方法突出重围，那么猛虎下山则是用物理方法突出重围，且早走早主动，晚走就被动。

发挥优势搏击市场。相对于普通国有企业而言，军工企业因国家重视和特保，在人才和技术装备上具有诸多先天优势，在为军品生产奠定坚实基础同时，也为拓展民品生产创造了条件，比较欠缺的是按照市场经济要求发展民品生产的理念、实践和经验。企业要做大做强，当在民品生产上实现突破性进展。一是重视技术转化。军品技术往往在民用方面有着广阔发展空间，需要军工企业在保障军品生产同时，将目光转向民品，把锁在保险柜的技术与民品市场嫁接，促其焕发青春，开辟新的战场。二是加强产品研发。如果说军品消费者是国家或军方，对产品要求重在性能和效果。而民品消费者则是千家万户，对产品要求更具多样性、实用性和先进性。因此，军工企业应善于按消费者需求量身定做，生产一代，研发一代，储存一代，不断推陈出新，适应市场。三是拓展市场营销。闯市场对于有的军工企业是个难题，主要在于长期以来吃“官饭”，做市场营销较少，以及做民品就意味着要参与激烈的市场竞争，而其他体制机制比较灵活的民营企业闯市场能力较强，早已在市场占有一席之地，在市场相对分割情况下再来切入，往往较难占得先机和实现突破。那么军工企业闯市场既要对军工技术人才优势充满信心，也要下比其他企业更大的功夫去解放思想，调整结构，培养营销人才，扎扎实实做市场，为民品长入市场不懈努力。四是搞好携手联动。市场经济发展规律告诉人们，当市场竞争发展到一定程度，要取得竞争优势，就必须走资源优化配置道路，紧握拳头打拼。军工企业优势在人才技术，而有的企业优势在资金或市场，这就需要军工企业在民品发展上，要善于运用市场手段，走企业联合与优势互补之路，进而在军民结合上闯出一片新天地。

三、持续发展

当今世界形势复杂多变，国际战略安全格局充满风险和挑战。同时，伴随经济全球化浪潮，我国经济正大踏步走向和融入世界舞台，企业作为舞台上的主角不可避免要越来越多与狼共舞，闯出新的天地。这些都是军工企业必须尽快转换发展方式、强筋健骨和实现可持续发展的压力与动力所在，且时不我待。

科技创新高端化。对一般企业来讲，科技创新所缺乏的主要是观念、资金和人才，而对军工企业来讲问题往往不在能力，而在观念、创新技术转化和不断提质。一是围绕保安全抢占军工制高点。军工企业的特殊任务就是为保国家安全提供撒手锏，背后支撑就是不断推陈出新的高科技。足见瞄准高端科技，坚持不懈聚力创新，对于保持和彰显军工特色，发挥军工独特作用何等重要。二是围绕扩市场抢占民品制高点。军品市场一般相对稳定，较难呈现爆发式增长。对民品市场而言，则如同汪洋大海任由航船搏击，恰似辽阔天空任由雄鹰翱翔，只不过要有坚实的船桨或强健的翅膀，靠科技创新抢占民品制高点的重要意义就在这里。如果说军工企业在军品科研上具有几十年的积累和优势，在民品上除了要借力军品研发优势外，还要有很强的市场意识和市场眼界，加大创新力度，集聚新的优势，在发展民品上异军突起。三是围绕增效益抢占技术转化制高点。军工企业效益不仅来自军品订单，更来自市场，要走市场强企之路，就要像研发军品那样加强民品技术研发，在占领技术制高点同时，千方百计将技术向商品和市场转化。这对于有的军工企业来讲还是弱项，一定要千方百计补上这个短板。

品牌打造国际化。面对经济全球化和世界战略安全复杂多变的形势，军工企业要生存发展，还必须在品牌打造上到世界舞台立足生根，占据一席之地。一是对标行业领军者。我国军工经过多年建设发展，许多方面虽已处于世界领先地位，但在总体上仍处在相对落后状态。因而军工企业在发展上仍必须紧紧盯住领军者，实施对标赶超计划，不断加速追赶，力争走在前列。二是按照国际规则和标准升级改造。企业升级改造是永恒主题，但问题是以什么做参照系。诸如有的习惯以自己过去为参照系，有的习惯以主要竞争对手为参照系。军工企业要实施国际化品牌打造，就必须善于以国际先进规则和标准做参照系，尽管现实可能与之距离较大，但必须以此为努力方向，分阶段和分步骤实施，逐步向国际规则和标准靠拢，以实现质的飞跃。三是坚持从局部突破积小胜为大胜。在国际舞台上取得领先优势，为各个参与竞争者梦寐以求，但面对高手如云的实际，军工企业必须明晰自己国际化品牌打造战略。尤其在差距明显情况下，更要善于积聚力量和优势，埋头苦干，先从个案做起，从局部突破，坚持不懈，持之以恒，逐步实现量变到质变，力争变局部优势为全局优势。

支撑结构多极化。军工企业发展要注重构建良好结构，比较现实的就是保持三足鼎立。一是基础——军品。军品生产主要靠国家计划，军工企业理当想方设法巩固和争取更多计划配置，以期巩固基础，保持特色。二是主力——民品。军工企业增长极在民品，必须着力加速发展。实践证明，一般地方军工企业民品总量远超军品总量，企业发展规模和质量就会好一些，毕竟民品发展空间和潜力无限。同时，发展军品形同解决饭碗问题，发展民品则是解决过好日子问题。因此，对于军工企业来讲，应努力将民品视为主打品牌紧抓不放，奋力推进。三是关键——文品。军工企业发展除了要在市场开拓进取，还要练好内功，强力打造企业文化。一方面要注重发扬老军工艰苦创业、报效国家的优良传统。另一方面要不断提高全员市场经济意识，遵循市场经济规律，增强创新发展能力，营造文明向上的浓厚氛围，以夯实企业文化底蕴，构建企业精神之魂，引领企业发展。

2005 年 6 月

要汲取微机键盘大智慧

微机是现代科技进步的产物，业已深深根植社会生活的方方面面，成为人们认识世界和改造世界的重要工具。使用微机，重要在于操作，而操作关键又在遵循特定规范和程序，并具体通过使用键盘体现。故掌握运用好键盘，不仅对用好微机有重要意义，由此举一反三，对人们认识和处理复杂社会问题也有重要启迪。

一、总揽全局

操作微机，首先要用好键盘。键盘设有大大小小几十个键目，分别操控不同内容，运行起来具有完整性、系统性、具体性和协调性。不了解和熟悉键盘，也就谈不上微机操作。键盘设定告诉人们，做工作和干事业同样要有一个盘子，盘子设定来自对客观实际的调查研究，来自对整体形势的准确把握，来自对各项工作的正确决策，来自对具体事务的措施对症。有了一个总的盘子，具体行动起来才会有方向、有目标、有章法，不至于抓沙堵水和打乱仗。因此，面对纷繁复杂矛盾和繁重工作任务，一定要像微机操作那样，牢固树立“键盘”意识，讲究工作计划性，并及时制定一个好的工作盘子，以利于全力抓好落实。

二、职责法定

键盘操作具有规范程序和严格要求，重点对十个手指各自所要击打的键目，以及各个键目的功能和内涵都作了明确界定，使之操作起来得以分工协作，各尽其责，运行有序。由此联想到人们不论干什么工作，不仅要有一个总的盘子，还必须在遵循大盘子前提下，科学规范各个子系统的职责和范围。特别是要用法制化或制度化方式明确各个工作人员具体职责，防止职责不明、职责交叉和职责多变导致事多无人干，人多无事干，或好干的抢着干，不好干的都不干，进而确保各项工作顺利进行。

三、各尽所能

在微机键盘上，空格键设定面积最为宽泛，操作起来主要由大拇指负责击打，以确定空格距离和对其他手指击打键盘所反映内容进行确定；食指最为灵活，能力最强，击打键目也最多；其他手指比食指击打键目则要少一些。此类安排颇有道理，具体折射到实际工作中，就是不论干什么事情，一定要优化结构，人尽其才，各尽所能。由大拇指击打空格键可以看出，一个单位主要领导基本职责就是决策拍板和对下属工作绩效进行认定评判，其他方面则要放手让下属施展才能，干好职责范围内工作。由食指击打键目最多可以看出，开展工作，及其攻坚克难，需要充分发挥人才作用，一方面要时常压担子，另一方面也要尽可能多地提供舞台，“又要马儿跑，又要马儿多吃草”。由其他手指击打键目可以看出，干工作要善于调动众人积极性，具体操作做到人事相宜、量体裁衣、发挥所长。可见，只要每个人都能像击打键盘的手指那样相互协调、相得益彰，工作就没有打不开的局面。

四、规范运行

操作微机键盘，对各个手指击打键目均有明确界定，总的要求是各个手指必须在指定范围活动，不能随意越界而为，只有这样才能保证操作有序和提高效率。该要求对于人们做好工作有重要借鉴意义，主要在于干事情要讲究规范，按程序、职责和技术标准操作，不能越位、错位和缺位。特别是领导要集中精力抓好科学决策和主要矛盾，不要事无巨细，大包大揽，东一榔头，西一棒子，让下面不好干事。下属也要主动尽职尽责，力戒矛盾上推下卸，见好事就上，见困难就躲等不作为和乱作为。

五、监督约束

微机操作难免出现这样和那样错误，有错误就应当及时纠正。故在微机键盘上，除设有常规操作键目外，还设有十分重要的键目——删除键，既可整篇删除，也可成片删除。既可从后往前删除，也可从前往后删除，还可用改写方式删除等。总之，怎样有利于纠正错误，就选择使用相应方式。设置删除键，实际反映的是纠错机制。在实际工作中，出现错误是不可避免的，关键要有解决办法和纠错保障机制，做到错误出现之前有防范，错误演变过程有控制，错误矫正有成效。如果不是这样，工作就会走弯路，事业就会受损。

诚然，微机键盘功能远非如此，人们在全面熟悉掌握键盘的同时，当经常变换角度进行深入思考，从中必有更多获益。

2006 年 1 月

善读人生两本书

人生有两本书，一本放在桌上大家读，另一本放在桌下各自读，进而体会大千世界丰富多彩，体味漫漫人生的艰难曲折，体验价值追求的是是非非。

坚持多读桌上书。人在社会生存发展，当认真学读桌上书，它是社会公论、公理、公道、公法和公求的集合。因为人是社会的人，要想进步和有所作为，就要自觉与社会相适应，按照社会先进思想和公共规范塑造人生。不然，就难以把握社会发展方向，行为就缺乏基本准则，改造主客观世界就少了得力工具，个人也就没有发展前途。实践证明，多读此书是宝，多读此书是福，多读此书对于提高理论水平、升华道德修养、增强实际能力大有裨益。

不能不读桌下书。人类社会毕竟纷繁复杂，“林子大了什么鸟都有”。其重要表现就是不仅存在桌上书，还实实在在存在桌下书，且影响不容小觑。该书主要反映各种各样人物对复杂社会的基本看法，工作生活经验积累，为人处世谋略技能，以及人的私欲、旁门左道和社会阴暗面。不读此书，看问题就缺乏广度和深度；就不能切身感悟世事艰险曲折，波谲云诡；就驾驭不了复杂多变的情势；就处理不好突出矛盾。可见，多读此书可以让人变得更明白、更深邃和更睿智。

辩证学读两本书。事物辩证法告诉人们，世上有矛就有盾，有阳就有阴，有明就有暗。其实，人生两本书的实质就是一明一暗，明相对于暗，暗相对于明，明中有暗，暗中有明，只不过在不同环境和条件下，在不同人身上表现不同罢了。如果事事都像桌上书那样，是过于理想化和不现实。如果事事都像桌下书那样，则乱象即生。桌上书浩如烟海，博大精深，属时代先进思想文化。攻读此书必须紧密结合桌下书所含深层问题、复杂问题和尖锐问题，进而深刻领悟桌上书的精髓。桌下书纷繁复杂，形同大杂烩与大染缸，攻读此书必须在桌上书指导下，用先进思想理论透视万象，扫描人生，进而着力破解桌下书之迷局。只有把两者有机结合起来，才能更好弘扬时代精神，抵御风险，改造积弊，促进社会协调发展。

识破多面人于书。攻读人生两本书，书中人物千千万万，但有三类人物——政客、奸商、文痞最为特殊和有害。政客运于掌心的是公权，思维行为导向却是私欲和山头利益。在公权本质和社会监督迫使下，政客不能不在公开场合高谈阔论桌上书，并照此做点样子，但真正所作所为则是按桌下书搞幕后运作。奸商运于掌心的是金钱，所获来源于买卖，买卖社会属性要求货真价实，公平交易，规范操作，这既是桌上书要求，也是人们对商人的基本判断。只不过在崇商社会中，金钱是利益和价值的集中体现，奸商经营发财之道固然在大面要常论桌上书，但用奸使诈的真东西却在桌下书里。文痞运于掌心的是笔墨等文化工具，桌上书要求文化工具使用者必须大力弘扬正气，鞭挞歪风邪气。故文痞无疑会被迫在台面上高举为社会伸张正义招牌，背后的肮脏本质则只能在桌下书看到。政客、奸商和文痞是古今中外社会最好的反面教材，要将人生两本书读透弄懂，只要善于揭开其虚假面孔，就能取得事半功倍之效。

2006 年 3 月

试述民营企业家的层级性

建设和发展社会主义市场经济，离不开广大民营企业和企业家的支撑，以及奋发有为。然而，要真正成为一个大有作为、经久不衰的企业家也非易事。现在做企业家之梦的人为数不少，有的也确实起势不错，甚至大显了一下身手，但终归大起大落，昙花一现，生命周期短暂。其间除了市场竞争残酷无情之外，一个重要原因还在于苦练内功时对企业家素质的层级性认识不够，在水平提升上走了弯路。

一、初级企业家——“冒险家”

民营企业家与冒险家看似没多大联系，但确实是一些企业家成长的初级层级。处在这一层级的企业家对市场经济机遇反应灵敏，行动迅速，懂得市场行情，了解某些行业专业技术，具备一些企业管理知识和实际经验，重要的是在商机和风险面前敢作敢为，敢闯敢干，甚至敢于冒市场之险，冒违反政策、法律和道德之险。他们在商机和利益驱使下，闯市场、踩红线之旅充满着艰难辛苦，其中比较顺利地完成了原始积累，为企业发展奠定了基础，在市场经济发育阶段和行政管理转型时期尤其是这样。然而，这个时期成长起来的企业家有的容易局限在冒险家这一层级，企业发展维持在低水平重复上，并不断与日益成熟的市场和日益完善的行政管理发生矛盾，如不尽快加以调整，企业要做大做强几乎是不可能的，以至于有的偶尔闪亮登场，随即也就一落千丈。可见，作为一个企业家，了解市场，精通技术，善于管理，在商机和利益驱动下敢于冒险是难能可贵的，没有这种冒险精神，就不要干企业家这个差使，这也是当企业家的基本条件。只不过问题在于这种实实在在的冒险往往不单纯是冒市场之险，有时甚至冒违反政策、法律和道德之险，这就使其行为具有了较大的两面性，负面作用也就成了一些企业家成长的巨大羁绊。有的虽然在某一时段或某些事情上得以涉险过关，但要管综合、管长远是无论如何都不行的。因为社会对企业家的认可不光是看财富，更重要的是看发家之道、发家之术与对社会的贡献。所以，任何有志把企业做大做强的企业家，都应清醒认识到，办企业需要冒险家，办企业需要敢冒市场之险的企业家，尽管有的在原始发家阶段有过一些不良行为，在后续发展阶段则应迅速脱胎换骨，千万不要保留原始发家的某些污痕而裹足不前，甚至倒退。

二、中级企业家——“艺术家”

这里所谓艺术，是指民营企业生产经营文化的经验升华、智慧结晶和思想精髓，是企业家步入高级层级的重要标志。因为企业迅速崛起，得力于良好发展环境，得力于市场机遇，得力于机制灵活和经营策略精准，是一个阶段社会经济发展的必然现象。但是，该现象能否持久和充满生机活力，仅有这些还不够。毕竟经济发展的市场化水平会越来越高，竞争会越来越激烈，经济活动范围已不局限于区域性市场，而是越来越与全球市场相融合，更多要与狼共舞。适应这种发展趋势，就要求企业家在整个企业生产经营活动中，必须尽快提升层级，靠全新的、与高度发达市场经济和文明社会相适应的文化思想来指导企业、管理企业、发展企业。企业文化是企业发展的动力和支撑，其一，表现在营销文化上，过去那种单纯想千方百计、走千山万水、吃千辛万苦、访千家万户等短缺经济条件下的方式已不适应市场变化、消费需求的新形势。在高度发达的市场经济条件下，需要的是以需求为导向，实用为前提，质量为基础，网络为纽带，服务为保证等新型营销模式。其二，表现在管理文化上，已不局限于围绕提高经济效益靠金钱管理和严格制度管理等初级形式，更多是围绕以人为本、体现人文关怀、合法权益保障、激发创新、自我价值实现等深入开展，让企业发展目标与员工价值追求相一致，企业经济效益与员工利益保障相协调，企业兴衰成败与员工前途命运相联系。其三，表现在发展文化上，已不局限于有资金、有产品、有市场的初始阶段或近期目标，更主要的是考虑长远、做大做强，把技术创新作为企业的永恒主题，实施品牌战略作为企业贯彻始终的主线，培养和建设人才队伍作为企业发展的主力军，健全综合配套服务网络作为企业联系和服务千家万户的主渠道等。可见，要成为一个大有作为的企业家，一定要成为企业文化建设和运用实施的艺术家。加强企业文化建设，掌握运用企业文化艺术，虽已成为广大企业家的共识，但有的认识仍存在局限性。诸如在具体实践中，仅仅注意到了某种艺术符号，常常专注于书画、出书之类，或联系交往几个文人名流等，似乎这样就显示了文化品位。其实不然，这只是一种外在装潢，要真正成为艺术家，还需要深入实际，下真功夫，进行艰苦探索和修炼。只有这样，才能逐步达到理想境界。

三、高级企业家——“政治家”

要当较为成熟的民营企业家，还必须成为较为成熟的政治家。因为企业发展除市场因素外，政治因素是最大的决定因素。从经济角度讲，不仅市场里面有商机，政策、法律，行政行为中也有商机。从发展环境讲，政治环境是重要的发展环境，其间既有保障也有约束。同时，企业是社会的经济细胞，生产经营行为不仅要受市场制约，也要受社会公德和行为规范制约。从某种意义上说，社会是企业的广大市场，广大社会人也是企业的消费者，企业要树立社会形象，赢得广大消费者信任和支持，不能不自觉适应社会发展要求和消费者要求。另外，企业还是一定劳动者会集的场所，劳动者既有经济上的需求，也是有思想和是非标准的。企业家作为一个管理者，用经济手段管理是必要的，但不是万能的，要赢得人心，凝聚人心，还要善于运用思想的、政策的、制度的手段。可见，当企业家不懂政治、不问政治、不讲政治是不行的，企业发展也是难以持久的。现在有的企业家觉得要做正当生意，得到人们尊重，有相应社会地位，须尝试当政治家，这是一种好现象，是企业家趋于成熟的表现。但是，也有个别的行为走偏，与捞名和结官相联系，值得关注和改进。因此，当名副其实的政治家，对外，就是要具有高度政治敏锐性，认真学习领会国家法律和大政方针，掌握社会发展动态，使企业发展与之相适应；就是要具有高度的政治鉴别力，在大是大非面前始终保持清醒头脑，做人做事坚持原则，不随风附势，不为小利和种种诱惑所动，在商海搏击不迷航，不失节；就是要具有高度的政治责任感，发展企业的宗旨不仅在于个人集聚财富，还在于回报社会，造福百姓，富强国家。对内，就是要当出色的政治领军人物，靠个人优良气节、胆识、品格、魅力去赢得职工爱戴、尊敬、支持和心甘情愿的奉献。

四、超级企业家——“哲学家”

民营企业家业绩和水平，不能单纯用企业规模大小、财富多少衡量，关键应以企业实力强弱、内在结构优劣、运行质量高低、发展后劲大小，以及企业家个人辩证思维、把握规律和驾驭大局能力衡量，这也是检验企业家是否处在超级层级的重要标志。也就是说该层级企业家一定是哲学家，理念和驾驭能力已由必然王国到达自由王国。其一，他们头脑中充满全新、科学的哲学经营思想和理念；对市场经济本质和运动变化规律了然于胸，驾驭企业生产经营大局游刃有余、出神入化；在复杂矛盾集合面前善于抓主要矛盾，体察事物二重性，注重扬长避短；在企业发展过程中，始终坚信前途光明，道路曲折。其二，他们在实践中善于用抽象方式，从大自然中汲取智慧和营养，达到天人合一。诸如企业要做大做强，但并非大与强就高枕无忧。恐龙虽大，早已灭绝，老虎虽强，成濒危动物，蚂蚁虽小，生存能力超强，细菌虽弱，功能十分强大。自然生态法则是优胜劣汰，适者生存，“适”是基础，“优”是保障。企业要长盛不衰，理当掌握强与弱、优与劣、适与存的辩证法，面对激烈的市场竞争，要着力在“适”与“优”有机统一上下功夫。其三，他们注重总结归纳，从宏大历史画卷、重大历史事件、重要历史人物成长过程汲取智慧和营养，以史为鉴，把握社会发展轨迹，不断开创企业发展新局面。诸如不少企业家从《三国演义》《孙子兵法》中汲取经营谋略，在商场上纵横驰骋，所向披靡。其四，他们致力于从宏观形势、重大事件，以及本行业前沿科学与技术发展趋势等汲取智慧和营养，审时度势，乘势而上，拼搏进取，谋大战略，出大手笔。其五，他们能够从细微处洞悉真理和经营管理之道，在激烈的市场竞争中独辟蹊径，出奇制胜。可见，企业若在哲学经营思想指导下，其决策层应该表现为高屋建瓴，恢宏大气，见微知著，辨证施治；管理层应该是创造性协调化解疑难，狠抓落实；具体操作层应该是高度自觉，全心投入，积极奉献。

2006 年 6 月

读《西游记》遐想

早在幼年听长辈们讲了许多故事，但随着年龄增长，诸多早已淡忘，唯对大闹天宫的孙悟空，好吃懒做的猪八戒等记忆犹新。加之后来多次研读《西游记》，即发现该书真可谓一部天下奇书。以至难免戏问作者是否当过组织部部长、纪委书记和经委主任。不然，又怎么能展示如此丰富多彩的行政文化和艺术呢？

一、关于组织部部长话题

组织部部长系管干部的领导，肩负选人用人重任，履职尽责要当一个明白人和有作为的人非常不易，难就难在面对纷繁复杂的环境如何正确选人用人上。反观《西游记》独特之处就在于揭示了选人用人的诸多奥秘和真谛，以及攻克难关之法。

（一）出色领军人物——唐僧

《西游记》很善于刻画领导，唐僧就是典范。一是理想信念坚定。牢固树立理想信念是当领导的基本要求，且不以环境变化而变化，不以时间变化而变化，不以人物变化而变化，不以是非变化而变化，坚持以毕生追求和努力去付诸实践。唐僧去西天取经，明知前进道路有千难万险，仍矢志不渝，勇往直前，终获功德圆满，应该说是理想信念战胜了九九八十一难。可见，坚定理想信念对领导来讲格外重要。二是用人艺术高超。世上人物形形色色，能把不同素质人物使用好和管理好，无疑需要智慧和方法。在孙悟空这类能人面前，难道唐僧真的不识妖魔鬼怪和是非曲直吗？实际倒像出于策略考虑的有意而为。因为唐僧既知孙悟空之长，也知孙悟空之短，佯装人妖不分，才能激起孙悟空爱憎分明、才华横溢、激情燃烧、强烈业务性冲动和反应，以挺身而出、施展智能、奋力拼搏、降妖伏怪，抵挡和化解矛盾。鉴于孙悟空放荡不羁，桀骜不驯，也布有三道防线，一靠猪八戒眼睛盯着、小报告打着，从旁边掣肘，二让各路神仙帮着和罩着，三到万不得已把紧箍咒念着；用猪八戒则有意宽容某些缺点错误，施以怀柔。平时主要借助孙悟空力量经常敲打制衡，使之不得不有所顾忌和收敛。再不行就亲自批评训斥，防止其有大的越轨行为发生；对沙和尚主要是提供平台，促其自觉干事。孙悟空、猪八戒和沙和尚都是威风八面的神仙，在唐僧领导下，一个个生龙活虎，各司其职，最终修成正果，不能不说唐僧用人有独到之处。三是注重廉洁自律。在去西天取经路上，唐僧最了不起的就是不为财色所动，抵得住各种各样诱惑，从不失身、失德、失节、失心，表现出了很强的定力和韧性，始终保持着清廉本色，非常难能可贵。倘若做不到廉洁自律，不要说到西天取得真经，恐怕取经团队早就因腐败而灭亡或散伙了。

（二）攻坚能力超强的业务骨干——孙悟空

在《西游记》中，孙悟空的形象最丰富，可谓能人典型代表，是干事创业不可缺少、又不可不防与管的人物。此公从小出国留洋，学得本领七十二般变化，学业有成便要大展宏图，实现自我。在纷繁复杂的矛盾面前，思维敏捷，火眼金睛，敢作敢为，具有独到见解和出类拔萃的业务能力。正因为这样，在降妖伏怪、处理急难险重问题上是不可多得的人才，此之所以成也。然而，综观孙悟空这类才高八斗的超群人物，一个十分有趣的现象是，他们在外攻难关、在内做业务是无可厚非的高手，但对人及其相互关系处置却常常表现出恃才傲物，彰显自我，爱出风头，眼睛里揉不得沙子，打心眼里看不惯、瞧不起他人。尤其对等级制度、世俗观念和人际关系之类嗤之以鼻，自感应得“齐天大圣”之尊，容不得半点当“弼马温”之辱。不然，即“大闹天宫”。结果少不了引得“十万天兵”群起攻之，受到打压，甚至被压于“五行山”下，此之所以折也。两头冒尖是一些能人的特点，他们一般不大明白端别人碗、吃别人饭、受别人管的道理，时常自以为业务能力超强、打拼疆场非我莫属，离开自己地球就会停止转动。在内部清规戒律面前放荡不羁、玩世不恭，我行我素、不听招呼，甚至犯上作乱。到头来一方面得以放手挥舞“金箍棒”战天斗地，另一方面头上早晚都戴上甩都甩不掉的“紧箍咒”，此之所以困也。

（三）是是非非集大成者——猪八戒

猪八戒是社会上最有争议的人物。对此，管理使用得好，可化消极因素为积极因素。反之，则祸患无穷。首先，此公在大机关做过大官，有一定本事，只因犯了作风错误，受到撤官免职的纪律处分，下放基层改造。重新受到组织启用，安排保驾唐僧到西天取经，工作积极性上来了或关键时候也能冲锋陷阵，抡起九齿钉耙打上一阵，并能跟大家一起过苦日子。其次，在集体监督下，其劣根性虽能得到遏制，但一有机会不管办公事和私事，就会旧病复发。诸如见财起意，见色忘义，见美味佳肴就不管三七二十一，形同嗜血成性的蚊子，无血腥之气尚不彰显之劣根性，倘若嗅到血腥之气则趋之若鹜，不能自制。唯利是图、贪图享受是猪八戒这类人的典型特点。最后，为人处世品行低劣，喜好欺上瞒下，报喜不报忧，争功诿过，习惯在上下之间、同事之间搬弄是非，挑拨离间，对能者妒忌，对弱者欺负，谈经论道夸夸其谈，做起事来挑肥拣瘦，不深入、不细致、不认真、不彻底，总是丢三落四，半途而废，打退堂鼓，华而不实，生怕自己吃亏。猪八戒现象在社会上是有一定代表性的，始终是选人用人上的一道难题。

（四）老老实实默默无闻实干家——沙和尚

从《西游记》看，沙和尚这类人应该值得称道。本事虽没孙悟空神通广大，脑瓜也没有猪八戒灵活和善打小算盘，且分工基本处于替补队员位置，工作大多为挑担子之类的粗活儿、侍候人的活儿，经常是大师兄、二师兄当甩手掌柜，自己挑着担子从早一直走到一摸黑。但是，其为人诚实厚道，脚踏实地，耐得住清贫，耐得住寂寞，耐得住委屈，廉洁自律。在集体中顾全大局，服从领导，听从指挥，组织叫干啥就干啥，做事态度端正，认真负责，尽职尽责，团结协作，踏踏实实，吃苦精神很强，从不计较个人利益得失。一句话，沙和尚之类是只干不说、有多大力使多大劲、朴实肯干的老实人。

（五）人力资源优化配置——取经班子

俗话说：人无完人。一个人素质再高也有不足，况且处在不同场景，个人素质发挥效果也不尽相同，这就给选人用人提出了一个深刻而现实的问题。干事业不仅要提高个体素质，关键在于要想方设法优化不同素质人员的组合结构，使之扬长避短，各尽所能，发挥最大综合效应。《西游记》成功之处就在于展示了一个优化配置、工作高效的取经班子。从唐僧、孙悟空、猪八戒、沙和尚的情况可以看出，尽管每个人都有优势，但单打独斗都难成大气候，当四人聚合到一起上西天取经时，则产生了巨大组合效应。唐僧长处是管方向、管路线、统筹全局，弱势是具体操作能力不足；孙悟空长处是业务本领超强，不足是干事缺乏方向性和彰显自我随意性；猪八戒长处是有一定业务能力，不足是道德品行较差；沙和尚长处是道德品行好，不足是业务能力较弱。然则，就是这样各有所长和各有所短的人优化组合在一起，却产生了扬长避短、$1+1>2$的效果。即唐僧当主帅，孙悟空当主攻，猪八戒当副攻，沙和尚当助攻，以唐僧之优弥补三徒弟之不足，以三徒弟之优弥补唐僧之不足。特别是鉴于孙悟空个性缺陷比较突出，在唐僧紧箍咒的刚性约束和猪八戒歪打正着的掣肘之下，得到了相当程度矫正，保证了其更好发挥主攻作用。鉴于猪八戒道德缺陷比较突出，唐僧、孙悟空、沙和尚都从不同角度加强了监督约束，使猪八戒劣根性表现将要造成危害时均被有效制止，较好解决在萌芽状态和初始阶段，使之在取经路上发挥了一定积极作用。在现实生活中，管理使用类似孙悟空个性缺陷较突出的能人和类似猪八戒道德缺陷较突出的小人是个难题。对于孙悟空，当初天庭也采取过多种教育、使用和惩治措施，甚至认可“齐天大圣”名号这种极端表彰措施和压于“五行山”下这种极端惩治措施，但都未能使之改掉个性缺陷，反而抽刀断水水更流，更加陷入能人常陷的泥潭不能自拔，上演了一场能人不能的悲剧。直到进入西天取经这一特定场景，以及人员结构优化配置，才使孙悟空的境况发生了较大变化。众多强大妖魔鬼怪极大地激发了其施展超强业务才能的冲动，有了大展拳脚的机遇和正确的主攻方向，并在相当程度化解了个性缺陷不确定、不规则爆发产生的副作用。同时，由于唐僧等人教育使用得当，也在一定程度上消除了个性缺陷的负面影响，最终成就了孙悟空。对于猪八戒来说，原来曾是大机关相当级别干部，天庭制度和等级森严的管理氛围应该对其道德缺陷有相当约束力。只是由于本性所致，仍犯了严重错误而被纪律处分，贬到基层。只不过在其道德缺陷驱使下，随即旧病复发，做起“高老庄”的买卖。直到加入西天取经团队，境况才有了相当改善，道德缺陷也得到了有效遏制。首先，上西天之路充满艰难险阻，缺乏骄奢淫逸的物质条件。其次，在取经班子中，人人都对其道德缺陷加强监督和及时帮助，在组织内部没有市场。再次，担任上西天取经的副攻手，任务相当艰巨。可见，有条件干工作和无条件干坏事，是遏制和改造猪八戒之类道德缺陷的关键所在。

二、关于纪委书记话题

腐败与反腐败，是古今中外的沉重话题，有效遏制腐败，离不开专门机构和工作人员。纪委书记是专门从事反腐败的领导，任务之重、难度之高、压力之大是一般人难以体会的。然而，反腐败尽管艰巨而复杂，但仍有规律可循。《西游记》作为一部神话小说，如果细细研读，当会发现其反腐败内涵可谓独具匠心，发人深省。

（一）腐败利欲之源——唐僧

唐僧原本是西天取经团队的领军人物，说与腐败相干实属风马牛不相及。但是，如果变换角度思考，当会豁然开朗。因为大凡腐败现象背后，真正起作用的是利欲，有利可图谋、有欲可满足，是滋生腐败的温床和原动力。在利欲驱使下，铤而走险、巧取豪夺、明火执仗者有之，坑蒙拐骗、欺上瞒下、投机钻营者有之，以权谋私、权钱交易、权力寻租者有之，其行为无不为“利”字，无不为“欲”字，《西游记》就较隐晦地揭示了这个规律。小说述说的是唐僧上西天取经的曲折故事，在对唐僧的刻画上突出了三个特点：一是相貌英俊，气质优雅，学识渊博，因而为男性所敬仰，为女性所仰慕。二是身体为修行菩萨灵魂转世，食其肉可长生不老、延年益寿。三是性格柔和、慈悲为怀，对外不具攻击性、破坏性和威慑力，自身不具防御性和抵抗力，中性特征明显。一句话，唐僧是人们物质和精神利欲需求的形象概括。唐僧西行经历的八十一难，大多是妖魔鬼怪为攫取其姿色和争食其肉而上演的惊心动魄之连续剧。若据此把目光聚焦到现实腐败问题上，其基本为三类——第一类围绕争夺权力展开，第二类围绕争夺财富展开，第三类围绕争夺美色展开，复杂一点的是兼而有之。唐僧这一角色，除了没有正面回应权力之争外，其余都刻画得淋漓尽致、入木三分。因此，要想深入彻底开展反腐败，必须深刻认识腐败问题根源所在，唐僧这一形象间接告诉人们，腐败外在表现形式千变万化，只要抓住了源头，就不会为表象所迷惑，打蛇才能打到七寸上。

（二）腐败之乱象——妖魔鬼怪

腐败问题复杂多样，有些为人们所熟知，有些则变幻莫测，甚至神不知鬼不觉，这就给反腐败增加了难度。《西游记》妙笔生花之处就在于把复杂问题简单化、形象化了，让人一目了然，振聋发聩。一是揭示了什么人在搞腐败。反腐败不知道腐败分子在哪里，往往是可悲的。小说着重揭示的有三类：第一类是天庭大仙身边的工作人员，他们利用管理上的疏忽和失误，打着大仙旗号，拿着大仙“宝贝”，在外面兴妖作怪。第二类是天庭大仙的亲属，他们仗着与大仙的关系，利用其疏于管教，到下面胡作非为。第三类是一个地方或一个山头土生土长的牛鬼蛇神，他们占山为王，靠山吃山，靠水吃水，打家劫舍，危害一方。二是揭示了妖魔鬼怪怎样腐败。在上西天取经路上，各路妖魔鬼怪都毫无例外地将目标指向了唐僧，不是要吃唐僧肉求得物质享受，就是与唐僧“结婚”求得精神享受，说穿了是在追逐个人和小团体私利，其手法可谓无奇不有。有的如金角大王胆大妄为、明抢明夺，有的如白骨精变幻莫测、坑蒙拐骗，有的如白鼠精柔情似水、含情脉脉、用美色勾引。一句话，为得到唐僧而耍尽了手段。三是揭示了腐败与反腐败斗争的艰巨性和激烈程度。妖魔鬼怪视唐僧必得而为之，但要攫取利益，必须想方设法逃避法律和纪律制裁，甚至要打破法律和纪律约束。小说集中展现的就是在保护和营救唐僧与攫取唐僧势力之间，来来往往，反反复复，针锋相对，争斗激烈，什么样的武器和手段都用上了。既表现了妖魔鬼怪之猖狂、阴险、狡诈、歹毒，也展示了反腐斗士的坚毅、果敢、机智、顽强，更预示了反腐败任重而道远，树欲静而风不止。四是揭示了腐败与反腐败斗争结局。唐僧在西天取经路上，尽管屡受侵害，但最终还是正义战胜了邪恶，大局利益得到了保护，妖魔鬼怪得到了惩罚。《西游记》写到此，又特意给后人揭示了一个更为深刻的问题——惩治妖魔鬼怪的怪现象，即下面土生土长的白骨精之类皆就地正法，而天庭大仙的亲朋或手下兴妖作怪则大多免予惩处，充其量有大仙担担责任、对其严加斥责而已，这的确值得人们深思。

（三）反腐败之利器——孙悟空

世上妖魔鬼怪形形色色，要大力防范和清除，离不开专门机关和专门人员，孙悟空就是其典型代表。一是有“火眼金睛”。妖魔鬼怪千变万化，真假难辨，孙悟空之所以善识妖魔鬼怪的关键是练就了一双火眼金睛，能透视伪装，洞悉原形。因此，大力开展反腐败斗争，首先要像孙悟空那样透过现象看本质，不为种种假象所迷惑，通过去粗取精、去伪存真，由此及彼，由表及里，进而把握腐败的特点和规律，以及容易滋生腐败的薄弱环节和土壤，做到见微知著，胸有成竹。二是有“七十二般变化”。要降妖伏怪，不能没有相应手段。因为兴妖作怪之人，为达谋私目的，往往会挖空心思，不择手段。孙悟空的经验告诉人们，兵来将挡，水来土掩，重要在于以变应变，敌变我变，靠变化去摸情况，靠变化去应对挑战，靠变化去制服对手。没有七十二般变化，要承担起降妖伏怪重任是不可想象的。反腐败工作也要像孙悟空那样，正视新情况，制定新对策，正确掌握和运用十八般武艺，跟进出击，出奇制胜。三是有“金箍棒”。孙悟空降妖伏怪、威震四方，除了有高超本领外，很重要的就是手中握有雷霆万钧之力的金箍棒。正因为有金箍棒的巨大威慑力和打击力，才使得妖魔鬼怪闻风丧胆，并在保唐僧西天取经之途，将一大批妖魔鬼怪就地正法。在反腐败斗争中，也要善于运用法律和纪律这个金箍棒，充分发挥其巨大作用。在实际工作中，坚持重拳出击，不断加大打击惩治力度，进而除恶务尽，给腐败分子以毁灭性打击。四是有“筋斗云”。筋斗云是孙悟空传递信息、征战出击的技能和工具，一个筋斗云可翻十万八千里，体现的是一种快节奏和运动神速，有利于把握战机，出奇制胜。没有筋斗云，孙悟空降妖伏怪的效果将会大打折扣。反腐败工作也要善于抓住线索，抓住战机，反应迅速，主动出击，以迅雷不及掩耳之势大打歼灭战，不给腐败分子以喘息之机。同时，要保持信息渠道畅通、信息反馈灵敏，以利联络四方，形成合力，协同作战。

（四）反腐败之有效形式——八仙过海

在西天取经路途战胜妖魔鬼怪是十分复杂而庞大的系统工程，完成这一光荣而艰巨的任务，仅靠孙悟空、猪八戒和沙和尚是难以为继的，作用也是有限的。《西游记》围绕保护唐僧到西天取经，所展示的既有孙悟空师兄弟单打独斗战胜妖魔鬼怪，更在较大范围展示了一幅八仙过海各显神通降妖伏怪的壮丽图画。也就是说最终靠的是整体联动、各司其职、布下天罗地网，将妖魔鬼怪一网打尽，试问反腐败工作何尝不是如此。一是大员亲自上阵。从《西游记》可以看出，有的妖魔鬼怪神通广大，不仅有一定靠山，手段狡猾，熟知“反腐败”的各种手段和程序，对唐僧到西天取经构成了很大危害，甚至连孙悟空与之战斗也会败下阵来。要解决这种艰难复杂问题，像如来佛和观音菩萨这样的大员不上阵更待何时。事实上也只有大员高度重视，亲自披挂上阵，才能使问题迎刃而解，正如百姓说：老大难，老大抓了就不难。二是各方协调配合，联动出击。妖魔鬼怪变化多端，神出鬼没，五花八门，仅靠孙悟空就是有天大本事也难以取胜。然而《西游记》展示的场景是，每当孙悟空斗妖魔鬼怪不胜时，各路神仙都会有请必到，尽力为之，表现出了很高的自觉性和协调性，只要方方面面联动出击，再狡猾凶恶的妖魔鬼怪也会溃不成军。社会反腐败系统应该是有机的链条和网络，各个环节都必不可少，哪一个环节出了问题后果都不堪设想，对付腐败分子必须形成整体优势，才能天网恢恢，疏而不漏。三是发动和依靠群众。腐败现象具有相当的隐蔽性，大力开展反腐败，就要善于抓住蛛丝马迹，在重重迷雾中辨明方向，就像《西游记》述说的那样，每当孙悟空追踪妖魔鬼怪失去方向和头绪时，就找当地小神和土地爷指点迷津，提供线索，进而让孙悟空耳聪目明。论及腐败现象，群众眼睛是雪亮的，只要把群众充分发动起来，腐败分子就无藏身之地。

三、关于经委主任话题

工业化是现代文明的重要标志，工业经济属地方经济重中之重，且许多都设有管理工业经济的部门领导——经委主任。《西游记》与发展工业经济看似毫无干系，作为文学名著的创作者虽然思维构思并无后人理解的含义，但所产生和扩展的客观社会效果往往是作者无法预见的。戏说《西游记》作者从事过工业经济工作，皆因作品对今天从事工业经济的人们来说颇有启迪。

（一）发展工业经济——西游之路

《西游记》反映的是唐僧师徒到西天取经的故事，在这一曲折动人系列故事中，起码述说了三个客观事实，一个是西行的目的是取得真经，另一个是取经的道路漫长和充满千难万险，再一个是在困难和挑战面前，不进则退，不进则亡，成功只会奖赏那些不惧艰险和勇往直前的人。从这些客观事实内含的哲理可以看出，发展工业经济何尝不是形同到西天取经。办企业的宏伟目标是要做大做强，促进发展。要实现宏伟目标，却不是一朝一夕的事情，而是道路漫长，充满激烈竞争和艰难险阻。应对激烈竞争和战胜艰难险阻，就必须坚定信心，咬定目标不放松，敢于面对和迎接挑战，坚持不懈，一步一个脚印走下去。做不到这些，要把企业做大做强是不可能的。

（二）开发高新技术——七十二般变化

孙悟空之所以能保唐僧到西天取得真经，且能战胜妖魔鬼怪，与其掌握的七十二般变化之“高新技术”密不可分。也正是靠“高新技术”，使之在同妖魔鬼怪战斗中得以取胜，或得以抵御强敌，或得以脱离风险。在现代社会激烈的市场竞争条件下，一个企业要想生存发展，没有自己的核心技术和高新技术支撑是难以想象的。只有像孙悟空那样研发和掌握七十二般变化，才能在激烈的市场竞争中占有一席之地，巩固一席之地，进一步拓展一席之地。也就是说，谁掌握了七十二般变化，谁就占领了市场竞争的制高点，谁就有更多发言权和更强竞争力。

（三）创建名牌产品——金箍棒

孙悟空的成名和纵横驰骋，不仅得力于七十二般变化，更得力于手中赫赫有名的如意金箍棒，其质为定海神针，其功能可伸可缩、可大可小，其力雷霆万钧，不论从哪个角度讲，都是当之无愧的名牌产品，也是当家利器。可见，开发名牌产品，对一个地方和企业竞争力的提高至关重要。当然，创牌的过程不会一帆风顺，充满艰难曲折。就像孙悟空得金箍棒一样，少不了在龙宫和天庭惹起不小风波，几经磨难方奠定了名牌产品地位。因此，创牌要注重投入，不断提高产品技术性能和质量，并切实搞好市场营销。另外，还要注重系列品牌建设，就像在西天取经团队中，不仅有金箍棒，还有九齿钉耙和禅杖等利器一样。

（四）注重专业协作——搬天兵天将

在《西游记》中，关于专业化协作可谓描写得最多和最好。孙悟空在保唐僧去西天取经路上，遇到的妖魔鬼怪不计其数，形形色色，有相当一部分被孙悟空征服，但仍有不少实力和手段高强的让孙悟空无能为力。在失败面前，孙悟空的高明之处就在于不是蛮干和打退堂鼓，而是有针对性地摸清问题症结所在，四处搬请各路神仙帮忙，及时开展专业化协作公关，进而将一个个强大的妖魔鬼怪逐一征服。那么现在问题关键在于各路神仙为什么愿意支持、与之协作呢？其一，说明孙悟空经过艰苦创业，已具备了相当实力和名牌效应，且保护唐僧到西天取经，是一个成长性好、竞争力强、回报率高的大买卖，与之合作大有可为。其二，说明孙悟空与各路神仙经过风风雨雨磨合，已达到了一种良性互动状态。其三，说明“政企关系”协调，发展环境良好，“企业”有困难，行政机关、社会方方面面都鼎力相助。因此，在市场经济条件下办企业，既要看到自身发展前景和优势，更要看到自身不足与劣势，把问题想深一点，把目光放远一点，在加强自身能力建设同时，通过招商引资、招贤引智、积极与高校科研单位、其他优势企业进行专业化协作，集各方优势，攻坚克难，共同应对市场竞争，并在协作中壮大自身。千万不能走大而全和小而全之路，毕竟一个企业的实力和技术是有限的，所具备的优势也是相对的。

（五）实施人才战略——取经团队

到西天取经无疑任务艰巨，挑战巨大，要实现既定目标，关键就要看什么人去应对，《西游记》在这方面就作了很好的展示。即实施人才战略，或者说帅才战略和将才战略。从帅才讲，就是让唐僧这样一个立场坚定、无私无畏、执着追求，敢于面对和迎接挑战，具有坚忍不拔斗志的人担当领军人物。从将才讲，就是让孙悟空这样一个坚决果敢、机智灵活、能力超强的人挑大梁，担当主攻手。正是由于两人的完美结合，优势互补，相得益彰，才为西天取经路上战胜千难万险奠定了坚实基础。现在有的企业常常遇到发愁的事，不是主帅发愁缺乏得力干将把组织决策有效贯彻到位，就是部将发愁顶头上司目光短浅、缺乏谋略、影响企业发展前途。难怪不少人常说：办企业不仅一将难求，更主要是一帅难求。因此，一个企业要想长盛不衰，长治久安，长远发展，必须构建科学有效的人才发展战略。一方面着力打造孙悟空这样的技术尖子、营销能手、管理骨干等。另一方面不断提升经营者能力和水平，使之能在激烈的市场竞争中当好舵手，引领航船，劈波斩浪，胜利到达理想彼岸。

（六）追求经济效益——唐僧肉

在西天取经路上，有一种十分有趣的现象，那就是保唐僧和抢唐僧之战轰轰烈烈，好戏连台，精彩纷呈。孙悟空、猪八戒和沙和尚拼命要把唐僧牢牢控制在自己保护圈内，而妖魔鬼怪则千方百计要把唐僧弄到手，无非是吃了唐僧肉能长生不老之类，说穿了还是利益之争。由此换一个角度思考，假若不把孙悟空、猪八戒、沙和尚，乃至妖魔鬼怪看成一个个人物，而是把他们戏称为一个个市场主体，把唐僧戏称为经济效益，就会发现各路神仙的经济效益意识很强，一切动机和行为都是为了追求经济效益，且想尽了方法，用尽了手段。据此可以得到的启示是，办企业一定要把经济效益作为衡量综合实力的基本标准，追求经济效益是企业永恒的主题。同时，对经济效益的追求要取之有道，也就是说要像孙悟空那样保唐僧西天取经走正道，而不是像妖魔鬼怪那样抢唐僧走邪道。要围绕提高经济效益，进一步增强质量品牌意识，不断调整和优化结构，注重企业的成长性建设，加大技术更新和改造力度，夯实企业管理基础，积极拓展市场、参与竞争，坚持走新型工业化之路。如果企业轰轰烈烈干一场，到头来既保不住唐僧，也得不到唐僧，这个企业就只有关门走人。

（七）加强市场监管——紧箍咒

人们在读《西游记》时，少不了对孙悟空的敬佩和同情，敬佩其神通广大，功勋显赫，同情其紧箍咒常把忍辱负重干实事的孙悟空折磨得死去活来，痛不欲生，苦不堪言，因而纷纷指责观音菩萨徒有慈善外表，内心残酷无比。这样评论似乎有些道理，但也不够全面。从小说可以看出，孙悟空天生就是一匹野马，少了笼头，一贯信马由缰，独来独往。对于孙悟空的调控，天庭也经历了一番曲折，由开始提供优惠政策招安，到后来十万天兵“围剿”，丹炉煅烧，直至压于五行山下，都未能把问题解决好。直到后来为孙悟空提供施展才华机会，保唐僧到西天取经，并用金箍套在头上，通过对症下药、疏堵并举之法，才将孙悟空引导到正确轨道，使之充分发挥才能，一匹野马终于成了戴上笼头的千里马，这对于发展经济、引导和规范企业也很重要。发展市场经济，要有宽松的环境和政策，去促进和保护企业创业发展。但是，由于市场经济竞争存在无序性，企业行为存在唯利性，故在放手、放开、放活的同时，还必须有针对性地给市场主体戴上金箍。主要是正确运用法律手段、经济手段和行政手段进行科学调控，让市场主体这匹千里马在有序调控之下纵横驰骋，力戒各种市场不正当竞争行为。

2006 年 7 月

出淤泥而不染之参解

出淤泥而不染，出自宋代周敦颐的《爱莲说》：“予独爱莲之出淤泥而不染，濯清涟而不妖。”这既是对荷花高洁品质赞美之辞，也是不少人自喻或褒奖清高雅士常用之句，甚至高居清廉形象榜首。但是，倘若做些深入研究就会发现，有的人推崇荷花和赞美荷花，大概是出于荷花靓丽形象足以象征和诠释清正廉洁，而少有从荷花本质去折射和辨析世间形形色色与波谲云诡之假象。

气质高洁本质喜污。荷花的确以其幽雅高洁气质著称于世，这主要得力于时常映人人们眼帘的是那清澈荷塘之上，一簇簇绿伞一样的荷叶随风摇曳，一束束素白和粉红花朵亭亭玉立，飘散着淡淡馨香，真可谓超群脱俗。于是感叹荷花处于污泥能有如此操守和气节，实属难能可贵。然则，既然言明荷花处于污泥，仅以靓丽花朵外形就断定不染似显片面。因为荷花表露在外让人感慨万千、叹为观止的高洁气质背后，实际却离不开污泥滋养，植根污泥中的莲藕更是七孔八窍，容易被人所忽视。纵观大千世界，难免有各种各样社会败类，但又有哪个将败类二字写在脸上。相反时常展示在世人面前的就如荷花一样，一派洋洋正气，一口道德言辞，一些良好举动，实则心灵深处却形同污泥，对外颇具欺骗性。可见，观察和感悟复杂人生，就不能像赞美荷花那样，仅重其表，少察其本，简单从事。

装点清丽曲径通污。古人云：“接天莲叶无穷碧，映日荷花别样红。”可谓对荷花的绝好赞美，是大自然赋予了荷花善于装点自我的天赋。每到春夏时节，它都会以生命的绿色梳妆打扮自我，以骄人的国色天香展示着无与伦比的别样红装，进而让无数人流连忘返，如醉如痴，赞不绝口。但是，又有谁会关注和想到在那碧绿的荷叶、绽放的花朵之下，一枝枝纤纤荷管直达污泥，靠管道将荷花与污泥紧密联系在一起，恰恰是荷花独到之处。荷花凭借其红装不知吸引了多少人的视线，而遮蔽了通达污泥管道的客观存在，以及管道之下所通之地为何物。试想一下现实中的那些腐败分子何尝不像荷花那样扮成正人君子，甚至不时做一点为民谋利的善事。其实这仅仅是种障眼法和形势所迫，只有剥去那华丽的外衣，顺着那常常被人忽视的管道向下深究，才会昭然若揭，发现秘密所在。

俏居绿水借清掩污。说到荷花，不能不说荷塘绿水，水是生命之源，人们对水总有无比深厚的感情，赞美之词可谓滔滔不绝，源远流长。尤其人在赏荷时，更会对荷塘之水浮想联翩，情有独钟。什么清澈如镜，波光粼粼，道道涟漪，碧叶倒影，娇花照水之类。能生长于绿水之中，不能不说是荷花的莫大荣幸，是水成就了荷花的名节和气质。然其奥妙在于荷花表象天生丽质，荷塘绿水映衬天生丽质，是绿水掩盖着荷花赖以生存的污泥。即便我们的先人早知水下为污泥，但还是为荷花外在风采、气质和荷塘绿水所动容，留下千古绝唱“出淤泥而不染”。不仅自我装扮，还能借景借物映衬和掩饰，不能不说是荷花又一独到之处。在现实生活中，也有这样的人，除自我装扮外，还善用心计，通过造势借物和移花接木等方式，将自我污浊深深隐藏起来，遮蔽人们视线，以干那些见不得人的勾当。所以，通过剖析荷花现象，进而延展透过社会现象看本质，无疑会有获益。

2006 年 8 月

简析“三个臭皮匠”与“三个和尚”现象

“三个臭皮匠，赛过诸葛亮”与“一个和尚挑水喝，两个和尚抬水喝，三个和尚没水喝”可谓脍炙人口，寓意深刻。前一句说明人多智慧广，后一句反映人之惰性，且两者效果截然不同。地方行政工作也是这样，有的工作遇到很大困难，但只要善于集中集体智慧，就一定能找到办法克难制胜。有的工作困难并不突出，操作也较简便，但就是部门之间、同事之间、内外之间老在那里扯皮打架，最终使简单问题复杂化，甚至矛盾尖锐，既影响事业发展，更影响行政形象。可见，“三个臭皮匠”与“三个和尚”现象值得认真研究与琢磨。

“三个臭皮匠”组合之所以产生智慧和力量，有其深刻道理，关键就在“臭”字和“匠”字。“臭”反映的是一线劳动者或干事创业工作人员，他们没有臭架子，不讲臭面子，具有克己奉公、忠于职守、吃苦耐劳、踏实肯干的精神和朴素真挚的感情。“匠”表示劳动者和工作人员所具有的战斗力，他们深入实际，重在实践，熟悉业务，积累了丰富的实战经验，具有一定专业技术水平，且善于发挥集体优势。故工作能够攻坚克难，游刃有余，事半功倍。

“三个和尚”组合较为复杂，作为和尚，本职工作是谈经论道，个人修为大多能达到一定境界，且具有相当知识和能力。其问题是只要触及实际工作，处理具体问题，为什么一个和尚挑水最好，两个和尚抬水尚可，三个和尚就无水喝呢？其因有三：一个和尚挑水喝系生存所需，利益所求，环境所迫，职责所定，人手所限，在工作面前无依无靠，没有退路。即便有这样或那样的惰性，也少了发作的条件，因而也就顾不上什么架子和面子了，只能硬着头皮上，其客观效果达到了责权利有机统一；两个和尚抬水喝，说明一人的活儿由两人干，要把活儿干好，至少每人出一半力量，除此再无依靠和推脱理由。否则，双方利益都会受损。在客观条件、利益和惰性作用下，使得双方责权利基本维持在一定水平线上，工作虽在进行，效益则下降了许多；三个和尚没水喝，情况就比较糟糕，糟就糟在人多事少，相互依赖，相互推诿，生怕好死了对方，亏死了自己，人之惰性发挥到了最大化，其结果不仅工作无法开展，利益均受损害。

臭皮匠的事实告诉人们，不论做何工作，都要放下架子，少要面子，莫为个人精打细算，凭借真情实感，真才实学，集体智慧，去深入实际，勇于实践，真抓实干，开创新局。同时，必须牢记“群众是真正的英雄”。注重在实际工作中，全心全意依靠广大群众，坚持走群众路线，千方百计调动群众的积极性和创造性，充分发挥其匠心独具作用。只有这样，才能获得智慧和力量，不断创造光辉业绩。

反思和尚喝水事实所得在于做工作和干事业固然要防止与克服人的惰性，但更要研究和解决结构优化和资源配置问题。一个和尚挑水喝说明人事相宜，结构良好，资源配置优化。两个和尚抬水喝说明人多事少，结构不优，资源配置存在浪费。三个和尚无水喝说明人浮于事，结构较差，资源配置问题严重。既然一个和尚挑水喝效果最好，那么治理两个和尚抬水喝与三个和尚没水喝的关键就在创造条件，创新机制，让每个和尚自己挑水喝；大力进行机构改革，拆庙减和尚；干工作要有战略眼光和长远打算，且坚持不懈狠抓落实。切不可囿于眼前打算和小团体利益，轻视结构优化和资源科学配置，人为造成机构臃肿，人员超职超编，看似眼前蒙混过关，实为可持续发展留下诸多隐患。

2006 年 8 月

看《水浒传》有感

《水浒传》是我国古文化瑰宝，也是末世农民起义的真实写照，其文学价值和史学价值自不言表。同时，对行政工作人员来讲，无疑堪称一本难得的教科书。

一、关于从聚义厅到忠义堂

聚义厅是梁山泊首领晁盖的议事大厅，也是起义军路线、方针和政策的象征，表明了起义军的性质和主攻方向，见证了事业由小到大、由弱到强的历程。忠义堂是宋江当梁山泊首领的议事大厅，由聚义厅改名而成，是宋江集团思想、方略的象征，见证了事业由强到弱、由兴到亡的历程。从聚义厅到忠义堂之变迁，已有高人定论，说明路线问题重要，路线对则事业兴，路线错则事业衰。这里要研究的倒是另一种情况，即在一个地方或一个单位领导更替后，换“招牌”的事是经常发生的，造成的客观社会效果却迥然不同。作为前任，在工作期间，一般都有自己的思路，构建有特定工作关系和工作氛围，既有成功经验，也有失败教训，对于后任的作为一般有三种心态：一是走了走了，一走百了，只管自己在任事，不问后任有何为；二是希望自己的思路和影响得以延续、构建的工作关系得以稳定，因而在意后任所作所为；三是对自己在任的经验教训进行深刻反思和总结，无私提供给后任借鉴，对后任工作不妄加评论和插手干预，需要支持则鼎力相助。作为后任，大多有自己的想法和行政风格，对前任一般也有三种心态：一是尽快超越或排除前任影响，树立自己的旗帜，确立自己权威，因而新官上任三把火，不是另起炉灶，就是拿前任的事或人做文章；二是埋头搞自己的事，对前任功过影响不予置评，让时间使其逐步冷却和退出；三是用否定之否定态度，认真汲取前任经验教训，创造性搞好工作。情况分析到此处，从聚义厅到忠义堂的变迁可以得到两点启示：其一，对领导变迁前后情况的判断，先要聚焦世界观、大原则和大道理。对前任而言，就是要看理想道德、党性观念、政治品质、服务宗旨、施政方略等是否正确科学。就后任而言，也要审视立场品行是否立党为公，执政为民，这是确保事业兴盛的基础。其二，对领导变迁前后情况的判断，还要聚焦方法论。事业如同一条长河，前任与后任的工作只是其中不同阶段。作为前任，对后任要给予更多信任、关心和支持，而不宜干预后任工作。作为后任，对前任要更多肯定贡献，认真学习经验，善于汲取教训，切实搞好工作。可见，从聚义厅到忠义堂之变换告诉人们，要想事业发展，长盛不衰，既要解决好思想问题，也要解决好方法问题，两者相得益彰，就能有效避免事业发展走弯路。

二、关于梁山泊英雄排座次

《水浒传》描述了一个十分有趣的现象，那就是大凡英雄被逼上梁山，按工作需要，总得安排一个座次。在宋江上山之前，由于山寨人数不多，基本是按能力、战功和先来后到自然排定。宋江之后则主要是文化人、旧官吏优先，按不同等级进行排列。之所以如此，过去的说法是不同阶级的组织制度和用人观使然。晁盖领导下的梁山泊，主要倡导举义反抗，大家心往一处想，劲往一处使，有福同享，有难同当，具有传统农民革命初始阶段的组织形态。换句话说，就是全力以赴反抗官军，没有刻意、也不可能按照封建等级制度建立较为完备的组织层级，这既是晁盖成功之处，也是失败之处。说成功是因为保持了农民革命性质，为梁山泊兴旺发达奠定了坚实基础。说失败是因为没能建立完善的与农民革命相适应的组织制度，使继任者轻而易举改变了农民革命方向。宋江领导下的梁山泊，围绕建立与封建等级制度相适应的组织层级采取了一系列措施，到梁山泊英雄最终座次排定，位居前列和主要岗位层次的已是封建制度的旧臣，农民阶层和无产者则被边缘化，作用已无足轻重，整个局势开始发生逆转。梁山泊英雄排座次还揭示了另一种现象，人们一般在创业时，常要面对千难万险，生死存亡，只能义无反顾、勇往直前应对，没有条件，也没有精力去思考和斤斤计较个人名次排位。当事业成功和发展到一定阶段，人的精神状态较之以艰难困苦条件下容易发生较大变化，不可避免地要出现和伴随着论功行赏、梁山泊英雄排座次之类问题。英雄固然应当排座次，但其出发点和标准值得重视，因为座次是一把“双刃剑”，既能褒奖英雄，鼓舞士气，也可令人自满，懈怠斗志，追名逐利，甚至导致相互间横攀竖比而内耗争斗。梁山泊英雄排座次可以说是走下坡路的重要转折，除了政治因素之外，各路英雄再也没有干出什么惊天动地的大事业，其英雄气概与本领已被座次给无情扼杀了。在现实生活中，建立一定等级制度是必要的，若出现等级森严、等级与职责不相适应、等级缺乏必要监督和约束则成问题。有的人没有座次争要座次，有了座次争往前排座次，在排位之初尚可依照战功排定，排上座次也会有一定激情和积极性。只是时间长了，方方面面因素复杂了，排座次标准就可能发生变异，搞关系等就可能成为时尚，座次过多过乱，上了座次不一定是英雄，甚至是某些腐败分子，就会衍生出风险，使座次成了无情的锁链，严重束缚人们干事业的手脚。成了巨大诱惑，误导人们追名逐利。成了惹是生非的导火索，造成工作效率低下，风气不良，降低了座次本身应有的价值。因此，排座次本身只是一种组织人事制度，只有冷静地、辩证地、正确地对待，才能扬长避短，发挥积极作用，减少消极影响。

三、关于上山前与上山后

说《水浒传》是一本奇书，不仅在于展示了农民起义兴衰历程，还在于展示了人才纵横驰骋、波澜壮阔、栩栩如生的画卷，以及人才成长使用的某些规律。梁山泊共有一百单八将，个个素质优良，技艺高超，都是难得人才。但是，如果动态地看，拿工作业绩衡量，各路英雄上山前与上山后表现则大多有天壤之别。不少人在上山之前，干了一番轰轰烈烈的事业，或有上乘表现，将聪明才智发挥得淋漓尽致。上山之后，有的大材小用，有的无所事事，有的则销声匿迹，真可谓英雄豪气难现，精良技艺难施，丰功伟绩难寻。因此，上山是各路英雄作为如何的一个重要分水岭，上之前兴，上之后衰，不能不令人深思。书中对各路英雄上山前的写照，大多反映的是时势造英雄，磨难出豪杰，拼搏成业绩。说明环境和条件使英雄有用武之地，个人才能得到了有效发挥。上山之后，各路英雄聚集在一起，为什么反而较之上山之前大为逊色呢？首先，梁山泊首领无论晁盖或宋江，其求贤若渴、招贤引士的精神难能可贵，这也是梁山泊能成大气候的重要原因，在引进人才、留住人才上确有独到之处。其次，梁山泊注重引进人才，但在使用人才上则缺乏一整套制度和办法措施，没有很好地创造条件，提供机会，让英雄有用武之地，如同千方百计得到宝物即锁入箱中，使宝物丧失了展示机会。同时，用人的目光较为偏狭，打仗出征、打马叫阵老在相对固定的少数人头上转来转去，以致大量人才不得不观阵或在家歇息。再次，作为一台高效运转的机器，除各个配件必须有质量保证外，还应有科学合理的结构，人才引进和使用也是这样。从书中展示的梁山泊情况看，人才引进注重了数量和质量，却忽视了结构，造成了同类人才的大量重复叠加，一旦与具体工作相结合，就显现出僧多粥少、人才浪费。时迁、燕青、朱贵等专才少，众多骑马打仗者当有林冲等五虎上将高精尖人才盖着的时候，这一类人才也就失去了机会和用武之地。最后，造成一些人才浪费固然有外在原因，却也反映出一些人才上山后，由于山寨兵强马壮，安全环境和生活条件大为改善，以前面对的风险排除，天塌下来总有高个儿顶着，因而有些安逸现状，不思进取，少了像李逵那样经常主动请缨、冲锋陷阵的精神。在现实生活中，有的地方和单位也是重视人才工作的，一方面加强培养造就，另一方面积极引进，这些都是对的。其问题在于有的重视和满足于数量、高学历和高技术职称，不大重视结构、创造良好工作条件、激发人才创新精神，最大限度挖掘和释放专业潜能，造成一些高素质人才聚集在那里，要么大材小用，要么改作他用，要么闲置不用。因此，梁山泊用人的经验教训值得时常反思和借鉴。

四、关于用银子打点

如果问《水浒传》描写最多的细节是什么，恐怕非使银子打点莫属，或者说使银子打点是小说中一条不大被关注的主线。其表现主要分两类：一类是仗义疏财，大凡英雄人物落难之时，总有如小旋风柴进等侠义之士慷慨解囊相助，进而让落难之人感激不尽，其实质多为行善举。或如宋江之类是一种政治谋略，目的是用小恩小惠笼络人心，为我所用，用较低成本换取高额回报，用眼前投入换取长远利益。另一类是针对上至官吏、下至差役，不论办什么事总得用银子打点、沟通，如同家常便饭，干歪事的是这样，干正事的也是这样，而且送者不吝啬、不汗颜，收者不眨眼、不翻船，你来我往，习以为常，在使银子上没有起什么波澜。如果说小说对主要英雄人物刻画得淋漓尽致、丰富多彩，那么使银子却是小说不动声色反映社会现象最深刻、最可怕之处，也是一个飘摇末世的真实写照。一个社会到了办什么事都要银子开路、行贿受贿成风时，危亡就在眼前了，这也不能不说是北宋末年农民运动风起云涌的一个重要因素。因为银子虽小，使用方式变化反映的不仅是经济领域的简单交换关系，已广泛渗透到社会生活各个领域和负面影响日盛。可见，使银子现象发展到什么程度，扩展到什么范围，是鉴别社会发展变化的试金石。在现实生活中，使银子的事也是时有发生的。对此，应从小说中所描写的现象引起深思，认真借鉴。银子作为货币，所直接影响的是商品交换，一般不应涉足和影响社会政治生活和道德领域，用银子买通一切，更不能成为社会时尚和风气。反之，应受到政治、法律和道德限制。要建设文明社会和清明政治，就要高度关注银子的两重性。首先，要防止宋江之类为了个人政治图谋，使银子收买人心，聚集势力和山头，不能让小恩小惠迷失了方向，看不清有的人的本来面目，而让人牵着鼻子走。其次，要畅通渠道，广开绿灯，加强监督，让办正事的人理直气壮，畅通无阻，不让使银子歪风成气候和困手脚。否则，即是黑白不分，是非颠倒，有损事业。再次，对于那些办歪事使银子的，要清醒认识到，这是搞歪门邪道之人的秉性所致，以及为了追求不法利益而经常采用的手段。对此，要露头就打，用严格的纪律和制度加以防范与纠正。如果任其发展和蔓延，小说所揭示的画面就可能重现，其后果不言而喻。最后，要打基础和建制度，做到警钟长鸣，常抓不懈，防患于未然。

2006 年 9 月

评老实人吃亏与吃亏在于不老实

中国文化博大精深，在做人、做事和做官等方面留下的至理名言更是不胜枚举，老实人吃亏与吃亏在于不老实就颇值得回味。

老实人吃亏可悲。在现实社会，无疑所倡导的是人人争当老实人，人人敬重老实人，人人学习老实人，做老实人光荣，做老实人骄傲，老实人的付出能得到公平回报。但是，有时则不尽然，较常见现象却是老实人吃亏。所谓老实人，一类是为人厚道、忠诚、质朴、做事踏实、认真负责。另一类是淡泊名利、顾全大局、克己奉公、迎难而上、埋头苦干、开拓创新、以造福社会为最大乐趣。所谓老实人吃亏，一方面表现在提拔任用、岗位配置、福利待遇、办公和生活条件改善低于同等条件和平均水平，或付出与回报倒挂。也就是说按常理应得到的东西却少得和不得，有些不具备条件的人却常得、多得和独得。另一方面表现在遇到麻烦事和矛盾旋涡，多由老实人为人挡风雨和背黑锅，有的责任人则溜之大吉或当评论员和裁判员，到论功行赏时却是后者坐享其成。可见，老实人吃亏，大多是外在有的品行不端，处事不公，欺负老实人。也有一些老实人为了大局主动自愿找亏吃。然则，不管怎样，在一个地方或单位，老实人吃亏不是一种好现象，值得人们深思。

吃亏在于不老实可辨。在现实社会中，有少数人利令智昏，胡作非为，撞上南墙，身败名裂。对此，不少人会说吃亏在于不老实，若细细想来似有些道理又不全在理。说有道理，是指有的人心术不正，胆大妄为，祸害事业，最终受到法律、纪律和舆论惩罚，如此说吃亏在于不老实倒是实情。说不全在理，是因为对不老实界定标准不一。诸如有规范理性标准，民间标准，个人标准等。用不同标准衡量人老不老实，其结果差异较大，直接或间接决定着不老实人是否吃亏、吃亏的程度和吃亏的早晚。说吃亏在于不老实，其实不老实吃亏的往往是少数，是不老实人中惹大祸和犯众怒的人，而其他不老实人则多占便宜，或吃小亏占大便宜。不然，古今中外不老实人何以不绝？与其说吃亏在于不老实揭示了做人的某种规律，或论证因果报应，倒不如说是切实克服老实人吃亏状况的心灵呼唤。

老实人得利与不老实人吃亏可行。老实人吃亏、不老实人得利，是社会的一种消极现象，危害不言而喻，关键是要坚持不懈加以防治。一是着力解决风气问题。在一个地方或单位，老实人付出能不能得到公平回报，与所具有的风气关系紧密。如果风气正、环境好，就不会有“又要马儿跑，又要马儿不吃草”的老实人吃亏现象。如果风气不正，投机钻营者就有了市场，老实人吃亏也就难免。因此，要大力倡导做老实人，干老实事，营造良好环境和氛围，让老实人扬眉吐气，让不老实人没有市场。二是着力解决制度问题。老实人是否吃亏，关键在制度建设和制度落实。不然，不老实人就有可乘之机捞取好处，推卸责任，老实人吃亏也就司空见惯。加强制度建设，就是要善于在体制内设置“高压线”，充上“高压电”，让心思歪门邪道的人望而却步，无机可乘，让老实人放心和安心。三是着力解决人的素质问题。其实老实人吃亏和不老实人得利现象背后，往往是人的素质高低所致。因此，必须进一步加强思想政治和公共道德建设，广泛深入学习科学理论，弘扬社会主义道德风尚，鞭挞各种不良风气，不断提高人们的思想政治觉悟和道德水准，着力培养高素质干部职工队伍。尤其作为领导者，一定要注重严格自律，强化政治意识、道德意识、责任意识，做到为人处世公正无私，一碗水端平，不受不良风气干扰，经得起各种考验。四是着力解决管理问题。管理重点在于堵塞漏洞，消除隐患，规范有序。管理到位，不老实人碰壁。管理缺位，老实人吃亏。抓管理，就是要建设严密的网络体系，不放过任何薄弱环节和漏洞，真正做到组织统管，领导严管，专人专管，群众监管，进而开通正道，堵死邪道。五是着力解决人际关系问题。从社会学角度看，大凡有人之地总会形成一定形形色色、良莠不齐的人际关系，反过来成为影响老实人和不老实人是否吃亏得利的条件。建设好的人际关系，就是要根据层次化要求，坚持政治道德关系统领，工作关系为主，同志关系相融，力戒庸俗关系渗透和影响。实践证明，防止和杜绝庸俗化倾向，是优化人际关系的当务之急和重中之重。

2007 年 4 月

谈企业家应建的“圈子”

企业发展水平如何，关键在企业家如何，要当出色的企业家，除了内在素质过硬以外，还应看在内部营造和活动于什么样的圈子，这在相当程度决定着企业的业绩和后劲。当然，这里所说的圈子不是宗派主义小圈子，也不是庸俗人际关系小圈子，而是企业家为自己营造的工作氛围、环境条件和要素结构。

一、建设参谋决策圈

俗话说：一个篱笆三个桩，一个好汉三个帮。企业家要把企业做大做强，仅靠自己是不可能包打天下的，需要的是众人拾柴火焰高，去实现既定目标。尤其在激烈的市场竞争中，要始终立于不败之地，更多要靠智慧或用脑。也就是俗话所说：兵不在多在于精，将不在勇在于谋。谋是企业长盛不衰，保持旺盛活力的灵魂所在，也是企业家的基本功。要实现多谋、深谋、专谋，建立运转灵活、精干高效的职业化决策圈也就势在必行。在决策圈中，企业家是龙头，主要是出题目，广泛听取谋士决策意见，最后作出决断。颇具才能的若干谋士是骨干，多为擅长理论的、擅长专业的、擅长技术的精干组合，主要是根据企业家所出题目和企业客观实际，广泛深入研究政策法律、市场形势、行业走势、技术发展趋势，以及企业内在结构、运行、效率等，及时为企业家决策提供各种情况、材料和对策建议。也就是说，一个企业一定要有一班人专门研究企业发展所涉及的重大问题，进而出思路、提办法，帮助企业家谋划企业发展大计。这对于开阔企业家视野，丰富企业家智慧，提高决策质量和效率大有好处。同时，也应清醒看到，随着社会发展，市场竞争激烈程度加大，仅在企业内部构建决策圈已难以适应形势需要，企业内部所建决策圈只能是基础。要更好适应和驾驭复杂的市场形势，现在许多企业家已将决策圈广泛延伸于社会多个方面，注重吸纳人才，建立多角度、专业协作性质的参谋决策体系。只有这个圈子建立起来并运转有效，企业发展才能耳聪目明，反应灵敏，牢牢把握自己命运。目前，有的企业家还认识不到这一点，甚至还在那里苦思冥想，单打独斗。即便有所感悟，所营造决策圈内谋士也还是初级的，不是自己的亲属家族，就是自己的哥们儿朋友等。其目的主要考虑的是放心，至于决策建议的先进性、前瞻性、科学性往往放在了次要位置。殊不知这些在企业发展初始阶段和一定程度是可行的。当企业进入规范化、市场竞争激烈时，再沿用旧的办法是不行的，企业要长久持续发展，就必须建立起结构合理、功能配套、优势互补、运转高效的决策圈。

二、建设监督管理圈

企业决策能否有效贯彻落实，主要在于产供销全过程和各个环节的监督管理。因此，企业家一般会将精力贯注于此，甚至事无巨细，样样都牢牢抓在手上。有的虽然也注重培养建设监督管理队伍，只不过多为三亲六眷和兄弟哥们儿，靠这样的人实施监督管理，尽管可让企业家放心，但也容易带有一些原始、落后的痕迹。可见，建设一个精干高效的生产经营监督管理圈势在必行。首先，要有好的结构，企业家重在把握宏观，抓主要矛盾，其他监督管理者要根据生产经营需要实施具体监督管理，做到能力不重复，不缺项，成龙配套，优势互补。其次，要有分工明确具体的责任制，以利于调动每个监督管理者的积极性和创造性，一步一个脚印抓落实。再次，要有严格、有序、快捷的监督管理程序，便于相互配合，协调联动。最后，要有超强的执行力，真正懂经营、善管理，能将决策同面对的实际问题结合起来，开展工作有思路、有针对性、有严肃认真的精神，能把问题解决在萌芽状态，能将决策要求落实到每个岗位和每个环节，能打硬仗和攻难关，能把过程控制做得更精细、更科学、更完美。

三、建设技术研发圈

现代社会科技发展突飞猛进，大凡办企业必须有科技支撑，建设技术研发圈，无疑是企业和企业家的大事。有的企业在发展初始阶段，因有一定技术支撑，能在市场占得一席之地，因而时常感觉良好，不思进取，舍不得投入，在引进留住人才、开发新技术上反应迟钝。有时即便注重，也多注重应用技术研发，忽视管理技术研发等。随着科技加速更新换代，市场竞争加剧，当时较为先进的技术，由此争得的一席之地，就可能很快丧失，甚至成为落伍者，这在茫茫商海可谓不胜枚举。企业要想长盛不衰，就必须有核心技术研发队伍，站在科技发展前沿，不断开发新技术、新产品、新标准、新管理软件等。建设技术研发圈，首先要求企业家要有全新的市场经济理念，视野开阔，目光敏锐，重视人才，舍得投人，创造条件，对研发队伍信任支持。其次要建立技术管理体系，对整个技术研发的规划、设计、实施等工作进行有效组织协调，提供强有力的管理支撑。再次要培养和引进技术研发人才。尤其要有领军人物，围绕企业的市场开发和竞争力的提高，具体担当生产技术、产品优化等方面的创新发展、技术攻关等。最后要注重广泛开展产学研合作，在加强和巩固基本研发队伍同时，还应按照市场经济办法，通过市场借脑借力，延伸和增强技术研发能力，始终保持领先水平，不断增强企业发展后劲。

四、建设公共交际圈

企业不是生活在真空之中，也不仅仅跟市场打交道，而是生活在大千世界，其内外交往协作都十分活跃，并在相当程度决定着企业所占市场、外在形象、建立有益关系、获取经济效益。可以说协作交往是企业争取和营造外部环境的重要工作，建立强有力的公共交际圈势在必行。建公共交际圈先要澄清两种误区，一种是把企业外部环境营造单纯寄托在政府身上，自己则埋头抓生产经营。即便对外发生交往，也大多局限在客户之间。这种想法在大面说得过去，只是许多具体工作却不会是理想状态。环境固然要靠政府创造，但更要自己创造，特别要把企业许多具体要求通过争取政府支持，转化为政府实际行动，营造好的发展环境。另一种是对外交往按照实用主义和庸俗人际关系潜规则，时常把目标对准少数有制约作用的部门，用灰色手段疏通关系。或平时不联系，临时抱佛脚。有的甚至豢养和仰仗某些带有黑社会性质的团伙，用走黑道的方式摆平一些事情。随着市场规范程度和社会法治建设水平提高，继续沿用这样的方式营造环境最终会死路一条。要营造良好的发展环境，就必须围绕建立公共交际圈，在企业家周围聚集这样一些人，他们善于同行政机关打交道，懂得行政机关法律法规和运作方式，同行政机关打交道不走弯路；他们善于同百姓打交道，知道百姓利益所在，熟悉百姓语言，擅长做百姓工作，能把企业与百姓，特别是周边百姓关系搞得比较融洽；他们善于同外来同行打交道，通过热情和细心周到服务，拉近彼此间感情，为企业广交朋友；他们善于处置企业突发事件，知道怎样控制事态，缓解矛盾，降低影响，顺利过渡，把方方面面矛盾化解掉；他们善于同社会闲杂人员打交道，懂得黑道人物习性特点，遇到此类事情，不仅能有效利用法律保护企业利益，也能巧妙利用其他方法，在不失大原则情况下，将一些麻烦摆平。如果企业家身边没有这样一个公共交际圈，即便三头六臂也不可能应对纷繁复杂的矛盾纠纷，搞不好不仅陷于其中不能自拔，还会直接影响企业发展大计。

五、建设人文关怀圈

从企业人员构成讲，管理者毕竟是少数，多数还是广大员工。须知员工不仅是企业的人，肩负着生产经营的具体岗位责任和工作重任；也是生活在大千世界的社会人，其行为无时无刻不受社会因素影响；更是实实在在的自然人，有着不同思想、性格、作风、习惯以及家庭等。在复杂环境条件下，作为企业员工，首先要求职生存，养家糊口，解决衣食住行、子女上学、生病就医和赡养老人等一系列民生问题；其次还要承担企业繁重的生产经营任务；最后还要参与社会公共事务，表达理念，反映心声。如此一来，其负担普遍较重，心理压力较大。正因为这样，企业家管理企业仅靠金钱和制度是不够的，还必须从以人为本，关爱员工入手，切实调动员工积极性和创造性，让每个员工融入企业大家庭，使企业的兴盛、员工价值的体现和生存发展相得益彰。有的企业家却不大重视这一点，一味视员工为雇佣关系和买卖关系，习惯用经济杠杆和严格制度管人，而不大关心员工工作环境改善、工作待遇提高和个人价值体现等。这样得到员工的力而得不到员工的心，企业是经不起风吹草动的。建设人文关怀圈，就要有一班人专注员工情况，善于与员工交朋友，积极为员工办实事，为企业和企业家消除矛盾，赢得人心，创造效益。首先，要注重改善员工工作条件，特别在安全生产和健康生产上，体察员工困难，注重解决问题，消除可能对员工身心造成不良影响的隐患。其次，要关注员工待遇，做到按劳取酬，维护员工合法权益。再次，要注重丰富员工文化生活，采用多种形式，提供多种平台，提高员工素质，展示员工才华，陶冶员工情操，增强员工对企业的认同感、归属感和自豪感。最后，要注重为员工排忧解难，人吃五谷杂粮难免生病，人成家立业难免会有困难，有的员工个人可以解决，有的则力所不及，若解决不好，就会影响员工身心健康和思想情绪。对此，凡是企业力所能及的，都应提供及时有效的帮助，让员工倍感大家庭温暖，而增强向心力。

2008 年 5 月

论实施品牌战略三阶段

加快经济发展步伐，离不开千千万万企业奋发有为。企业在激烈的市场竞争中始终保持旺盛生命力，离不开品牌战略的强力支撑。实施品牌战略不仅是企业发展的普遍规律，也是充满荆棘与艰辛的历程，具有明显的阶段性。正确认识和把握这种阶段性特征，对企业做大做强意义重大。

一、初级阶段实施产品品牌战略

一般企业的产生和发展，都是从生产和销售产品起步的，产品有销路、有市场，会引导和刺激企业进一步扩大再生产，产出更多产品，以适应市场需求。但是，激烈的市场竞争会使企业很快认识到，要想有效生存和持续发展，必须以产品为核心，实施品牌战略，集中一切资源，全力打造产品品牌，使之成为一流产品，以不断拓展市场，赢得消费者，取得更好的经济效益。在实施产品品牌战略上，不同企业尽管有不同做法，但大多比较注重产品技术含量，通过研发、引进和技改等办法，千方百计不断提高产品技术水平；比较注重产品质量的巩固和提高，倡导质量就是企业的生命和效益，建立健全较为严格的质量管控制度，在生产流程的各个环节完善质量保障体系；比较注重产品适用耐用，坚持以消费者需求、满意程度为导向，不断跟进开发系列产品服务消费者；比较注重产品市场的拓展、巩固，坚持以销定产，以产促销，建立以市场为风向标的产供销一条龙管理体系。可见，这时的企业品牌战略之所以称为初级阶段，是因为战略的立足点和切入点是围绕产品实物形态展开的，市场和消费者对品牌的认知也大多从产品开始的。比如，人们所认知的海尔，是从冰箱开始的。这种战略的实施，在市场经济建立和完善的初始阶段十分有效，使为数众多的企业迅速发展起来，有的产品迅速打开市场，取得了良好的经济效益；有的完成了原始积累，为新一轮的发展奠定了基础；有的抓住机遇，大力推进品牌战略，实现了企业跨越式发展。只是在企业发展过程中，人们也会很快发现，一些实施品牌战略较好、赢得过发展辉煌的企业，随后如同早熟的果子不甜，划过天空的流星闪亮一时，落入昙花一现的败局和陷入泥潭般的困局。其原因就在于实施以产品形态为核心的品牌战略本身没错，问题出在市场经济发展在加速，市场竞争在加剧，企业变革力度在加大，继续沿用产品品牌战略已不适应形势发展要求，必须在产品品牌战略基础上实施战略转型，促进企业在更高层次、更宽领域发展。

二、中级阶段实施企业品牌战略

随着市场经济深入发展，社会文明程度不断提高，企业在市场上拼搏进取、赖以生存和发展的基础也在发生空前而深刻的变化，继续走单纯的产品品牌战略发展之路，已被实践证明此路不通，或难以使企业步入蓬勃发展的康庄大道。适应和跟进社会发展变化的大趋势，以及在市场经济大发展阶段，就要全力打造和实施以产品品牌为基础，以综合能力建设为核心的企业品牌战略，使之成为一流企业，在市场竞争的大潮中乘风破浪，强劲发展。对企业而言，要做大做强，立于不败之地，不仅要具备应有的生存能力，更重要的是还必须培养和积聚发展能力，使企业真正在市场和消费者中叫得响的不再是产品，而是企业名号。如同海尔一样，对消费者的影响力已不在冰箱之类的产品，更主要的是企业名号，提起海尔，人们即会对其产品充满信任感。实施企业品牌战略，不断提升综合能力，首先，应体现在产品竞争力上，具体前面已有表述。其次，应体现在技术创新力上，做到紧跟前沿领域新技术潮流，建设攻坚能力强大的技术创新队伍，不断加大技术创新能力建设投入，强化技术研发的物质基础和手段，源源不断推出技术创新成果，始终保持技术创新特色和活力，为企业长盛不衰提供不竭能量。再次，应体现在团队执行力上，执行力从某种意义上说就是战斗力，一支有战斗力的队伍，不仅指挥员才能卓著，每个战斗员也是骁勇善战，且迎难而上，攻无不克，战无不胜。打造企业品牌，就是要围绕增强执行力，建设结构优化，素质精良，爱岗敬业，团结协作，业绩突出的优秀团队，确保企业发展战略、经营目标、社会责任创造性落实到位，使整个团队不仅在企业生产过程中是好样的，在社会上也是好样的。最后，应体现在文化影响力上，管理是企业永恒的主题，在市场经济加快发展的条件下，不少企业所习惯的靠金钱管理，干多少活儿给多少钱，以及靠刚性制度管理，违背多少就处罚多少已远远落后于形势。善于吸收先进文化、锤炼特色文化、借鉴群众文化，用文化统领企业管理，进而增强产品优势、凝聚企业人心、提升社会形象实乃大势所趋，这也是企业品牌建设最为关键的内容。在不少企业发展历程中，有相当的企业已进入实施企业品牌战略阶段，着力在市场上、社会上推介优良产品，展示人员素质，体现社会责任，弘扬企业文化，因而获得了巨大成功，有的企业在一个城市、一个地区和广大消费群体中就是一张闪亮的名片。

三、高级阶段实施企业家品牌战略

企业品牌树立起来是否意味着可以高枕无忧？答案是否定的。随着市场经济的建立和完善，经济发展和市场竞争已不再局限于一定区域和层面，而是更趋全球化，市场竞争国际化，商业互动信息化，企业发展空间更加广阔，市场容量更加扩展，竞争更加激烈，风险更加巨大。企业要在国际上与狼共舞，迎接挑战，生存发展，占一席之地，就必须在打造和实施品牌战略上更上一层楼，全力构建以产品品牌为基础，以企业品牌为构架，以企业家精神为核心的企业家品牌战略，将企业所具有的鲜明特色、先进文化和优秀品质高度浓缩聚集于企业家一身，使之成为一流的企业家，通过企业家的形象与声誉在经济发展大舞台上充分展示企业的实力和精华，进而为企业发展赢得市场，创造环境，增加动力。就如同提及比尔·盖茨，人们就会联想到微软的骄人业绩。提及张瑞敏，人们就会联想到海尔的光辉历程。可见，一个企业家的响亮名字就是企业的代名词、产品的代名词、市场的代名词和综合实力的代名词。当然，实施企业家品牌战略，不是要人为地去造神，一旦其光环破碎，对企业将是毁灭性的打击。企业家是企业的灵魂，当企业做大做强后，要保持其青春活力，可持续发展，企业家的修为和提高往往比开发一个新产品更为重要、更加紧迫，目的就是要尽快在企业家身上聚集起无形而强大的力量，且靠这种力量凝聚人心，指路导航，创大业，守基业，建伟业。

一是要聚集强大人格力量。作为一个企业家，其价值应远超自然人和法人代表的范畴，更多是要代表和体现企业精神和先进文化。诸如有理想，讲政治，遵章守法，诚实守信，认真负责，以人为本，乐于奉献，坚韧不拔，艰苦奋斗，勇往直前等。也就是说，企业家出现在哪里，就能感染和影响一大片。二是要聚集强大谋略力量。企业如同一台庞大、复杂、高速运转的机器，企业家是这一机器的操作者。正确驾驭这一机器，不仅要懂业务，善管理，闯市场，增效益，还必须加强修为，善于洞悉和把握政治走势、市场形势、文化态势，与企业的生产经营决策融为一体，成为企业的谋略大家，真正体现高超的决策指挥艺术。三是要聚集强大哲学力量。当企业家的最高境界是用科学辩证法等哲学思想统领企业发展大局，也就是说，打造企业家品牌战略的核心要素，就是将企业家打造成哲学家，做到把握全局，审时度势，深入实践，遵循规律，纲举目张，统筹兼顾，游刃有余。尤其要善于汲取集体智慧和群众智慧，不断提升其认识水平和实践能力，促进企业在先进哲学思想指导下健康发展。同时，实施企业家品牌战略，不是企业家一人的事，而是企业团队共同的事，企业家需要的是团队勤奋工作，勇于实践，不断检验企业决策思想，为丰富企业家思想，将更多的实践经验和感性认识上升到理性认识创造条件。打造和实施企业家品牌战略对企业来讲是一件大事，更是一件难事，但只要做出不懈努力，就一定会有所得和有所成。

2008 年 8 月

如何看民营企业管理三阶段

在民营企业发展中，管理始终是企业家的基本要务，直接关系到企业兴衰成败。通过对民营企业管理的积极探索和不懈努力，有相当多企业家因此成就了一番事业。但是，也有的面临一些困惑。特别是当企业发展到一定程度时，要想继续做大做强，常常会感到有一种无形障碍难以逾越，导致企业发展在一个水准线上长期徘徊，很难再有大的提升。导致这种现象的原因尽管多样，其一点就在于管理方式出现了问题，未能很好实现管理的阶段跨越和提升。

一、初级阶段——直接管理

民营企业发展由小到大和由弱到强是一个渐进发展与充满艰难曲折的过程，企业家管理水平如何举足轻重。在民营企业发展的初级阶段，许多企业兴起主要得力于企业家个人气魄和胆量，得力于企业家个人对市场形势有清醒认识和善于把握规律，得力于企业家个人占有和运用具有社会价值的专业技术与不断推出适销对路的产品投放市场，得力于企业家个人对企业的直接管理卓有成效。诸如有的企业家直接采购原材料，以最大限度降低成本；直接开拓市场，掌握客户，推销产品；直接管理监督生产一线各个岗位运转，及时发现和解决问题；直接决定企业员工进出、待遇和奖惩，以及岗位职责和变更；直接加强财务管理；直接和政府机构与社会打交道等。企业家对企业直接管理尽管辛苦，但非常有效，好就好在能够将自己的意图直接、有效和迅速地贯彻下去，少了许多中间环节羁绊。如果说企业家个人素质较好，能力较强，直接管理到位，那么企业在市场经济发展初始阶段，就会异军突起和发展迅速，在市场占得一席之地。在成功和发展的激励下，许多企业家会不断总结经验，不断提高直接管理水平，并在一定条件下，不断完善和强固直接管理，甚至成为企业根深蒂固的管理模式。企业的一切均取决于企业家的直接管理，不仅会在企业内部形成对企业家个人直接管理的依赖性，也会在企业管理上形成“一言堂”式的结构。当直接管理优势发挥到极致之时，企业发展多种指标就会在一定水准线上徘徊，竞争能力和抗风险能力较难进一步提升，似乎有一道无形障碍难以逾越。一旦市场形势急剧变化，各种竞争压力剧增，有的企业就可能陷入困境，或被淘汰出局。毕竟企业家直接管理具有局限性，分水岭就在于企业家个人能力和水平对企业能够直接掌控，权力得以直接涵盖。超越了这道界限，企业家直接管理就会鞭长莫及，企业就不可能在一言堂式的直接管理下继续发展，这种状况在某些中小企业进一步发展过程比较多见。把企业做大做强是企业家的基本追求，谁能不断实现新的跨越，关键就在谁能把握形势，与时俱进，不断创新，将与企业发展需要相适应的管理方式发挥得淋漓尽致。

二、中级阶段——过渡管理

民营企业要做大做强，仅靠企业家直接管理是不够的，要跨越直接管理方式，任何一个有作为的企业家应当认真研究解决间接管理问题。有的企业为什么发展到一定阶段就少有跨越或长期徘徊，不是企业家不想发展，而是管理方式未能及时随着企业发展需要而转型。就如家长用斥责方式教育小孩一样，在一定阶段是有用的。随孩子年龄增长，再沿用斥责方式就不切合实际了，家长必须越来越讲究说服教育、沟通对话、交流协商，其成效也是斥责所不可比拟的。对于企业家来说，从习惯直接管理，到学会间接管理，是一个较艰难的过程。之所以这样，首先取决于企业发展状况，也就是说，当企业发展到靠直接管理优势不再明显之时，间接管理才具备了导入条件；其次取决于企业家对核心利益把握和维护理念的更新，如果说企业家核心利益在哪里，恐怕毫无例外归于资产安全。为了确保资产安全，企业家不仅要高度防范市场竞争可能造成的亏空，也要防范内部人为对资产的侵蚀。正是在这种理念的支配下，许多企业家选择了大权独揽，直接掌控方式，或关键岗位交由亲属协助掌管方式。可见，对资产安全不放心，是有的企业家实施直接管理较深层的利益动机。虽说在一定程度具有可行性，但当直接管理与企业发展不相适应时，再不迅速调整思路，转换管理方式，企业发展就难免受阻。在对自身核心利益把握，用什么方式加以维护和发展上，企业家不仅要有战略眼光，也要审时度势，及时调整管理方式。从许多企业成功经验来看，当企业沿着做大做强路子发展到一定程度时，企业家在间接管理上，更多是要实施人才战略，将直接管理的某些权力下放，变相对单一的管理结构，为多层制度化有机衔接互动结构，较形象的说法就是企业管理的行政化。毕竟现代企业发展是几百年的事，行政对社会管理已是几千年的事，借鉴行政管理方式精华，有效防止官僚僵化运行弊端，保持企业管理机制灵活，即是企业家间接管理的精要所在。

实现由直接管理到间接管理的有效过渡，一般应抓好四件事。一是管决策。企业发展到较大规模以后，运行的复杂性和多样性会明显提升，那么在管理企业上，不要说企业家精力顾不过来，就是顾得过来也会在质量和水平上打折扣。这就需要企业家将更多精力集中于企业决策之上，确保决策科学精准。二是管制度。企业发展规模大了，各种生产要素聚集多了，要保持企业高效运转，就不能单纯靠企业家个人直接操作掌控，更多要转换到建立和完善科学配套的制度建设上来，靠制度无形之手调控企业庞大的运转机器，将各种科学决策贯彻执行到位。三是管结构。企业发展既要随市场变化而变化，还要根据内在要素布局状态而变化，目的是形成内外相宜，内在要素配置合理的结构，保企业即期发展和长远发展。注重观察、研究、监控和调整结构，是企业家实施间接管理的重要任务。四是管人才。人们常说：企业间的竞争，说到底是人才的竞争，谁占有人才优势，谁就能立于不败之地。当企业发展到一定规模以后，特别是在企业家直接管理力所不及之时，靠人才对企业实施管理就显得尤为重要。因此，作为企业家，应当在人才队伍建设上狠下功夫，注重优化决策层，提高技术层，强化管理层，夯实基层，进而实现众人拾柴火焰高。

三、高级阶段——文化管理

在有的人看来，衡量民营企业强弱，大多要根据资产规模而定，也就是说，比较偏重看硬实力。其实企业强弱不仅要看硬实力，也要看软实力，甚至软实力比硬实力更重要。说到软实力，又主要在于企业间接管理的文化实力。毕竟资本是企业发展的基础和血液，文化则是企业发展的导向和灵魂，靠文化管理企业，应是企业家孜孜不倦追求的良好境界。这种文化是自身实践经验的高度概括和总结，凝聚了整个团队的智慧和创造，学习和借鉴了人类社会文明成果，适应了时代发展大趋势，而且经过千锤百炼将各种要素内化于企业家素质之中，转化成了人格力量。如果说从靠金钱管理企业到靠制度管理企业，是许多企业家管理上的一种跨越，那么上升到文化管理则是一种从必然王国到自由王国的更大跨越。

一是运用哲学理念，科学统揽全局。企业发展所面对的市场形势和外部环境千变万化，各种复杂关系和众多矛盾交织交错，企业能否乘风破浪，勇往直前，创立、发展和巩固宏图大业，与企业家文化管理能力和水平息息相关，学会运用哲学理念统揽全局则是文化管理的龙头。它要求企业家具备超然的心胸、宏大的气魄、卓越的胆识和敏锐的洞察力，深刻认识把握事物本质和运动规律，对发展形势和未来趋势具有超强的预见能力与驾驭能力，善于处理各种生产要素间的辩证关系，在企业发展宏观层面和各个阶段，审时度势，谋势借势。在战略决策、重点工作和关键问题上，牢牢掌握发展的主动权。二是树立人本思想，不断优化队伍。企业管理核心在于管人，要打造素质精良、战斗力强盛的团队，最终还要看文化力量。在企业管理中，有的企业家开始习惯靠经济杠杆，以钱管人管事，员工也就看给多少钱干多少事，甚至形同商品和会说话的机器，其弊端较为明显。随着企业的发展，许多企业家开始注重制度管人，只不过有些制度制定的出发点在于约束和强制，因而显得严酷苛刻，严管重罚的结果不是员工心里对立，就是有锁链缠身之感。当企业做大做强时，要想进一步巩固和发展，不断增强员工的认同感和归属感，激发工作热情和创新意识，就成了关键所在。这就需要企业家牢固树立以人为本思想，总结和借鉴各种文明成果，从尊重人、理解人、关心人入手，创造必要条件，提供大显身手平台，不断激励和鞭策员工提高思想道德素质与业务技能，充分展示才华，实现自身价值。进而历练团队精神，提升团队战斗力，增强企业凝聚力，处处体现人性化管理的威力。三是强化品牌意识，大力拓展市场。市场是企业生存发展的舞台，品牌是企业占领市场的武器。因此，不断打造精品名牌，始终是企业家管理的基本要务。要千方百计不断强化员工品牌意识，并贯穿生产经营管理的各个环节，形成企业特有品牌文化，提升打造品牌的能力。要注重打造产品品牌，靠质量取胜，靠满足社会需求取胜，靠文化内涵取胜；注重打造企业品牌，充分展示企业精神、业绩、社会形象和文化底蕴；注重打造企业家品牌，不断提升企业家素质，对内是企业的灵魂所在和员工众望所归的领路人，对外是企业核心价值和社会地位的形象代言人。四是坚定创新意志，增强发展后劲。在企业发展中，往往缺乏的不是某一阶段少了畅销产品和领先技术，而是较难培养团队创新意志。毕竟创新意味着不断破除，意味着时刻顶着巨大竞争压力，意味着进行坚韧不拔的探索，意味着奋发努力永无止境，而能托起这一切的只能靠团队坚强意志，且意志力的锻造和提升又在于文化要素的集聚与熔铸。只有企业创新意志坚定不移，无论是技术研发、科学攻关，还是流程设计、品质提高等，才会有基本保证。五是弘扬奉献精神，积极回报社会。企业生产经营的直接目的是获取利润，企业家管理的原动力是增加财富。从事物二重性来讲，这种原动力能促使企业家创新拼搏，推动企业不断发展进步，客观上会对社会生产力发展和社会事业进步起重要作用。若不能把这种原动力导入良性发展轨道，就可能发生偏差，甚至行为违法违规，对外有碍社会文明进步，有损企业形象，对内也容易导致劳资关系紧张，让企业发展陷入被动。因此，大凡有远见的企业家，都应在内部着力塑造积极奉献和回报社会的精神，打造境界崇高和技能精良的企业团队，规范生产经营行为，不断创造佳绩，提升企业社会形象，始终走在时代发展的前列。

2009 年 4 月

亦说常在河边走

常在河边走，是社会生活的常见现象，其实际结果怎样，可谓仁者见仁，智者见智，值得研究和应对。

常在河边走，哪能不湿鞋。人生活在社会中，难免遇到纷繁复杂的矛盾。当如何应对？有的往往借景表达，“常在河边走，哪能不湿鞋”就属此类。其意思为河边是水和岸交接处，河水有涨有落，河风有大有小，河岸有湿有干，人的视力有好有坏，人的思维有对有错，人的步履有快有慢，加上其他一些不确定因素的出现，那么常在河边走就一定会湿鞋。其深层寓意是社会复杂多样，利益诱惑众多，人在险象环生的矛盾旋涡中生存，在各种扑朔迷离的人际关系中周旋，在竞争激烈的利益场中搏击，有点不登大雅之堂的问题实属正常，表现出思维行为方式的低端和对社会负面事物的附和。正因如此，现实生活中一些不良风气和表现总能折射出常在河边走，哪能不湿鞋的影子。诸如经常周旋于权力场，哪能不以权谋点私利；经常周旋于生意场，哪能不搞点不正当竞争；经常周旋于社交场，哪能不沾点吃喝玩乐；经常周旋于演艺场，哪能不追逐点名利；经常周旋于人情场，哪能不出点花边新闻等。以至于常在河边走，哪能不湿鞋成了少数人从事有悖法律、政策、道德、民心活动的借口与挡箭牌。可见，容忍、附和与推崇常在河边走，哪能不湿鞋十分有害，不仅是对违法违规行为的宽容，更是对人的精神境界、道德规范、价值标准、行为作风的扭曲，难免影响经济发展和社会文明程度提高，值得人们警醒和防范。

常在河边走，何以少湿鞋。在社会生活中，有的对常在河边走，哪能不湿鞋之消极处世态度较难苟同，感到人还得有点底线，不能一味工作向下看齐，享乐向上看齐，更不能违法乱纪坏了名声，损害既得利益。同时，也认为人非圣贤，孰能无过，况且社会复杂多样，善恶美丑汇集交织，平时只要不犯大错，有点小毛病、惹点小麻烦、贪点小便宜实属正常和在所难免，因而常在河边走，何以少湿鞋也就成了其处世哲学，经常琢磨的就是怎样“打擦边球”。诸如在工作上，不思进取，安于现状，敷衍应对，甘居中游，比上不足，比下有余。在利益上，随波逐流，不可不占、多占、乱占和贪占，“大错不犯，小错不断，公安不管，法院不判，纪委不办”，人生就这几十年，不必把自己搞得太风光而增大压力和风险，也不必把自己搞得太寒碜而愧对七情六欲。可见，常在河边走，何以少湿鞋较之常在河边走，哪能不湿鞋，思想境界和行为方式似有点进步，但比照高标准仍显低水平和庸俗化，易让人心安理得和自我麻痹，成为影响社会风气质量的重要变数。若教育引导得好，有助于社会风气质量提升。反之，就会下降。

常在河边走，怎样不湿鞋。如果说常在河边走，哪能不湿鞋是社会少数群体的处世哲学；常在河边走，何以少湿鞋是社会为数不少群体的处世哲学，那么常在河边走，怎样不湿鞋则是社会另类群体的处世哲学。显而易见，第一种境界低，第二种境界较低，第三种境界可称道。因为第三种境界对社会生活的复杂性和多样性有清醒认识，具有贡献社会和造福百姓的崇高理想，注重自身品行铸造和人格修养。在变幻莫测的世事面前，心地坦然，胸有成竹，坚持原则，行为规范，自警自律，为人师表，不因风险挑战而懈怠意志，不因利欲诱惑而丧失人格，不因吃苦吃亏而降低气节，不因世风变幻而迷失方向，真正努力做一个高尚的人，一个纯粹的人，一个脱离了低级趣味的人，一个有益于人民的人。尤其面对种种诱惑，深知常在河边走容易打湿鞋，因而在思想上高度警觉，在行动上时时处处加以防范，力求常在河边走就是不湿鞋。即便为情势所迫，或非主观故意形成的疏失偶尔打湿鞋，也能及早把问题控制在萌芽状态和初始阶段，并千方百计化解掉。可见，要做到常在河边走，怎样不湿鞋是相当不易的，但只要心里明镜高悬，品行千锤百炼，毅力坚韧不拔，处事规范有度，作风务实求实，就能谱写壮美的人生华章。

2009 年 6 月

企业转型发展与“三大革命”

企业是经济发展的基础，做大做强企业是走新型工业化道路的必然要求。企业发展正处在由计划经济向社会主义市场经济转型过渡时期，企业要适应新形势需要，实现跨越式发展，必须大力推进“三大革命”，打造和建设现代企业。否则，就会丧失发展机遇，甚至难以生存和立足。

一、大力推进体制机制革命

体制机制是企业发展的核心，实现由传统企业向现代企业转型，首先应在市场经济大背景下，通过革命性举措推进体制机制突破，建立和完善现代企业制度，为企业腾飞和发展奠定坚实基础。应该看到，经过多年改革开放，企业体制机制变革取得了长足进步，但发展不尽平衡，面临的任务还相当艰巨。

一是从地方国有企业看，国有企业曾经是地方经济发展的主力军，经过改革开放的洗礼，一般竞争性领域的国有企业大多已完成改制，实现了体制机制转换，通过与市场经济接轨，走上了健康发展道路。但是，有的地方国有企业还有一定比重，大多设备陈旧，产品落后，市场萎缩，债务沉重，人满为患，长期处于停产、半停产状态，职工下岗，生活困难，眼巴巴地期待政府这个老婆子解困，在一定程度上拖累了地方经济发展，影响了社会安定团结。还有的企业虽然具有一定行业优势，日子过得有滋有味，但发展水平远远没有达到应有状态等。究其原因，主要在于企业行政运作、产权不明、吃大锅饭等。二是从国有改制后企业看，随着改革开放的深入，许多地方对传统国有企业实施了民营化改革，其中有的企业一改就灵，成了真正的市场主体，实现了脱困和快速发展，关键就在于体制机制得到了实实在在的转换。有的虽然戴上了民营企业的帽子，却没有显现一改就灵，而是在困苦中徘徊。一方面在于体制机制改革不甚彻底；另一方面在于从国有身份转换过来的人员思维行为还没有与市场经济相适应，在一定程度上拖了企业发展的后腿。三是从一些土生土长的民营企业看，体制机制存在问题不单纯是国有企业，在一些地地道道的民营企业中，也同样不同程度地存在。其主要是在市场经济发展的初期，有的民营企业靠着企业家的胆量、技术和吃苦精神，很快占得了先机，实现了原始积累，使企业发展到了一定规模和水平。企业体制机制的建立，除了吸纳有市场经济有效成分外，也携带了一些封建的、落后的成分等。在市场经济日趋完善，市场竞争日益激烈的态势下，体制机制潜在的问题也就难免日见端倪，阻碍企业发展，甚至被无情淘汰出局。可见，体制机制落后不仅是传统国有企业容易出现的问题，也是有的民营企业必须解决好的问题。企业要在激烈的市场竞争中做大做强，立于不败之地，当以革命性举措彻底革除不良体制机制，任何小修小补往往无济于事。在体制方面，就是要按照市场经济要求，明晰产权关系，优化内在结构，增强市场化功能，建立和完善现代企业制度，让企业真正成为名副其实的市场主体。在机制方面，就是要围绕激活生产要素，最大限度发挥要素优势作用。尤其在激发人的积极性、创造性和自觉性上，必须坚定不移地建立和完善与市场经济、先进文化、人的能力优势发挥相适应的导向机制、激励机制与约束机制。因此，转型时期的企业也只有通过体制机制革命，建立和发展现代企业的根基才能更加强固。

二、大力推进信息技术革命

当今世界以互联网等信息技术为代表的科技进步日新月异，对经济发展的影响日益广泛和深刻。企业作为市场经济主体，紧跟科技进步的步伐，不仅是适应新形势和市场经济发展需要，更是造就和培植企业不竭发展动力需要。应该看到，转型时期企业所聚集的物质要素和所具备的发展能力往往是不平衡的，为数不少的企业仍不同程度地存在技术装备落后、研发能力不足、产品质量低端、生产经营粗放、维持简单再生产等问题。这些问题得不到及时有效的解决，不要说到国际上与狼共舞，就是业已获取的狭小市场空间也难以巩固和持久。必须围绕科技进步这个主题，充分利用现代信息技术，对企业的物质基础和能力实施广泛而深刻的变革。

一是用信息技术改造传统产业。在一些企业转型发展中，传统产业仍占有相当比重，尽管在支撑地方经济发展，保障社会充分就业等方面地位举足轻重，在市场经济发展初始阶段尚有一定生存空间。但是，技术落后、设备落后、产品落后、管理落后问题得不到及时有效解决，也就很难与日益发达和完备的市场经济相适应，企业发展也会更加困难。要从根本上改变这种状况，就必须用信息技术全面改造传统产业。从企业讲，就是要加大投入，加强产学研合作，加快技术改造步伐，尽快淘汰传统落后工艺和设备，提升企业技术装备水平和具有自主知识产权核心技术的研发能力，优化生产经营控制流程，夯实企业物质基础。从地方政府讲，就是要搞好产业发展规划，加大政策支持力度，创造和优化发展环境，鼓励、引导和扶持企业广泛运用信息技术，尽快实现硬件能力升级换代。二是用信息技术优化企业管理。管理是企业的永恒主题，在市场经济高度发达背景下，企业管理水平不断提升，既取决于管理者人脑发达程度，又取决于管理技术“电脑”运用程度，更取决于人脑“电脑”优势互补与互动程度。在企业转型过程中，仍有不少企业管理停留在人脑管理阶段，主要依赖企业家等关键人知识水平和经验积累，尚缺乏运用“电脑”推进人脑“电脑”互动意识，常使企业内在要素运行难以达到理想状态，外在难以应对复杂多变、竞争激烈的市场形势。要提升企业管理技术和管理水平，就应广泛运用信息技术，优化企业人事管理、安全管理和财务管理，大力推行电子商务，确保企业管理始终处在人脑“电脑”良性互动状态。三是用信息技术提升团队素质。企业发展离不开资金、技术等要素支撑，但最终起决定作用的还在于企业团队素质如何。团队素质在一定时点上是一种定量，但在一定条件下又是一种变量。作为企业，一个重要任务就是创造有利条件，促使团队素质变量向着好的方面扩张和提升。对此，除了要常规教育培训以外，还必须充分掌握和应用现代信息技术，促进创建学习型组织，让整个团队更多更广泛地涉猎和充实文化技术知识，不断增强对客观事物的认知能力；促进企业团队统筹、协调、组织好各种生产要素，不断增强驾驭、组合、设计能力；促进每个岗位人员改进工作方法和业务手段，不断增强实际执行和操作能力。只有这样，企业的发展方能充满勃勃生机。

三、大力推进企业文化革命

文化是企业的价值取向和价值追求，也是企业的灵魂所在，更是打基础、管长远统领全局的重要支撑，企业竞争最终是文化竞争。应该看到，在改革开放、建立和发展社会主义市场经济形势下，企业文化建设正在发生深刻变革，许多企业已逐步建立和发展了与市场经济相适应的企业文化。然而，相对于体制机制和信息化建设而言，有的企业文化建设仍较滞后，发展状态参差不齐。在企业转型过渡阶段，必须对企业文化实行革命性变革，真正建立起与经济高度发达和社会文明进步相适应的新文化。一方面要大力学习借鉴人类文明成果，创造、总结、升华企业自身文化，让文化潜移默化在企业环境建设、生产经营等各个环节。另一方面要全力推动观念革命，全面打造、提升、完善企业主体意识和主流意识，毕竟文化的核心是思想意识和价值观念。

一是要牢固树立法律意识。遵纪守法是企业的基本行为规则，尽管企业的直接行为是为谋利，但谋利一定要建立在遵纪守法和凭真本事基础上。做到坚定普法、懂法、守法、护法理念，力戒唯利是图，坑蒙拐骗消费者，与行政管理者搞权钱交易，生活消费奢侈享乐，注重企业在社会上的形象。二是要牢固树立开放意识。当今世界已进入经济全球化时代，各方联系更加紧密，市场形势变幻莫测，商机和风险交错交织，这一切都要求企业必须有更开阔的思路，更深邃的目光，自觉和坦然地面对开放的世界。而不能局部观念、小农意识当家，画地为牢，故步自封，过桃源般生活。有些企业之所以发展抓不住商机，跟不上形势，走不到市场经济前列，皆与企业文化中缺乏开放意识有关。三是要牢固树立创新意识。创新是企业不竭动力的源泉，也是企业精神精要所在。说到企业创新，一般有三种情况：为环境条件所迫，不得已被动创新突围，置之死地而后生。一旦环境和条件有所缓解，创新热情和力度就随之降低；企业兴盛和发展得益于一定机遇和奋斗，一旦风平浪静，即吃老本，小富即安，自我感觉良好；企业创新文化已根植于机体之中，居安思危，主动进取，引领创新发展新潮流。增强创新意识，就是要培养和保持昂扬的创业激情，良好的精神状态，超凡的勇气和毅力，浓烈的危机感和责任感。四是要牢固树立质量意识。质量是企业的生命，质量意识优劣决定着企业效益和地位。现在许多企业非常注重质量，但往往遇到质量与成本控制、质量与盈利商机、质量与劳动强度、质量与追求利益等发生矛盾时，有的就质量让位于降低成本，让位于盈利商机，让位于追求利益，让位于降低劳动强度，甚至搞假冒伪劣，坑害消费者。质量意识不仅是一种概念，更要体现在企业所有生产经营活动中，体现在所有员工具体行为上，质量为上应成为企业固有的文化特质。五是要牢固树立合作意识。竞争与合作是经济发展中一个问题的两个方面，竞争是市场经济的常态，合作则是对企业发展既重要又难做的事。在市场经济条件下，不少企业竞争意识空前增强，甚至有些走极端，在文化潜意识里，宁愿相互杀价，相互防范，相互拆台，相互玩儿完，便宜外人，也不愿合作共赢。即便有时合作，也是相互猜疑，互留一手，合作形式虽好，内容却苍白无力，这些都是企业文化缺乏合作意识的结果。其正确选择是深刻认识企业所长所短，让长者更长，短者更短或无短，既靠自身努力，更靠外在条件，善于合作就是在发现条件，利用条件，改进条件，创造条件，实现优势互补，协调发展。六是要牢固树立诚信意识。诚信是企业的基本品质，建立在为客户和消费者着想与服务的基础上。在企业生产经营活动中，要一切想客户和消费者之所想，急客户和消费者之所急，帮客户和消费者之所需，说到做到，主动做到，圆满做到。切忌将诚信建立在维护自身利益需要之上，有利的诚信好讲，不利的诚信难讲。七是要牢固树立责任意识。企业是市场主体，也是社会基本单元，服务社会，报效社会是企业的基本责任。特别是在利与义的选择上，要善于把握形势，学习政策，讲政治，识大体，顾大局，树立良好社会风尚，积极为社会多做贡献。总之，建设优质企业文化，是一项艰巨的硬仗和长期的任务，不断攀登企业文化建设的高峰，得益于企业家的良好修为和不懈追求，得益于整个企业团队自律、有为和创新，得益于整个社会构建良好的文化氛围。只有在文化建设上始终走在时代前列，企业发展才会所向无敌。

2010 年 2 月

店大欺客刍议

店大欺客是指生意兴隆和实力雄厚的店家，对一般顾客或客户不在意和无所谓，就如年三十打兔子，有它也过年，无它也过年。或生意的事不管正确也好，错误也罢，一切都得我说了算，照我的规矩办，别人高兴也得答应，不高兴也得答应。店大欺客是人们习以为常的普遍现象，谁居于店大地位，就容易欺客，具有某种野蛮性和劣根性。在这一关系组合中，店是平台、基础和地位，大是级别、标准、实力和优势，欺是动作行为，客是关系对象。作为现代社会的人们，尽管有的早已淡忘了店大欺客表象和历史发展轨迹，只不过一旦撞到被欺的倒霉事后或会幡然醒悟，甚至对祖辈发明店大欺客一词之精辟而感叹不已。

从自然角度讲，大自然进化演变的原始法则是丛林法则，旨在动物界经过大自然淘汰和选择，会在一定时空形成相对固定的动物圈和食物链。在圈内和链上各种动物之间形成的基本关系就是物竞天择，优胜劣汰，弱肉强食，适者生存。谁处于食物链顶端，谁就是动物界的主宰者，能肆无忌惮地奉行自然霸权主义。余下即是大鱼吃小鱼、小鱼吃虾米、虾米吃泥巴之类各取所需，而且越是处在食物链底层的生存风险也就越大。店大欺客在相当程度就是这种原始丛林法则演变和派生出来的。现实社会中的许多以大欺小、以强凌弱、以上压下、以内排外等现象，都能从原始丛林法则找到影子。毕竟人是大自然的产物，其属性首先是自然人，然后才是社会人。是自然人就具有生存需要和欲望满足等自然原始丛林动物属性，就要天然受到大自然规律和丛林法则影响。若有所不同，就要看人的社会属性在整个思维行为中所起作用大小罢了。因此，店大欺客之所以能发生在现实社会中，有些即是丛林法则使然和人类原始属性的必然反映。

从经济角度讲，人类主要活动是经济活动，店大欺客普遍存在当属经济领域。在各市场主体之间，以及市场主体和消费者之间，一般出于生产和生活需要，彼此难免要通过市场发生各种交易往来，以满足各自需要。出于人的原始本能需求，以及欲望膨胀的无限性，那么在市场供求矛盾中，当供大于求为买方市场，供求关系主导权在买方手中，卖方处于屈从和适应地位。当求大于供为卖方市场，供需关系主导权在卖方手中，买方处于屈从和适应地位。其最有代表性的还是那些居于垄断优势地位的市场主体，在产业发展关系链上和产供销涉外环节，往往容易凭借强大实力，挥舞标准、检测、价格、准入等大棒，以大压小，以势压人，强制依附者和关联者接受屈辱苛刻条件，毫不手软地实施盘剥，最大限度地挤压他人利益空间，靠损害他人正当利益扩展和保障自身利益，是一种典型的经济霸权主义。处于弱势地位一方，在一定范围内一般会忍气吞声，逆来顺受。一旦奉行霸权一方出现衰败和麻烦，弱势一方必然强力反戈一击，落井下石，群起攻之，加速其兵败如山倒，商界许多大企业的衰亡就是这样，也是其平时店大欺客所致。更可悲的是在这种游戏中，无论关系和角色怎样转换，宰人者依旧宰得自然，被宰者挨宰纯属正常，司空见惯，让市场竞争变得更加波谲云诡，残酷激烈。

从行政角度讲，历史唯物主义认为，人类社会是从原始状态进化演变而来，随着生产力的发展，逐步形成相应生产关系，并在生产关系基础上建立社会上层建筑，各级行政就是上层建筑的核心要素。鉴于经济基础决定上层建筑，那么人在自然状态下的丛林法则潜质和经济领域一些促成店大欺客的因素，也就难免影响上层建筑领域，导致有的行政思维行为存在店大欺客趋向。倘若社会法治尚不健全，道德建设相对滞后，政治文明建设不甚发达，行政队伍素质参差不齐等，问题就会更明显一些。行政领域店大欺客直接动因在于公权力强势和对社会作用巨大，而公权力行使又是通过具体行政机关和工作人员行为体现。如果其借助权力强势，对工作对象构成强势，店大欺客也就难免发生。比较常见的有两种情况：一种发生在服务者与被服务者之间，即行政机关和工作人员是为社会公众服务的，但因有的行政机关和工作人员小团体私利作祟，故常借公权力强势把自身打造成强势，其所谓服务难免店大欺客。官僚主义，玩忽职守，衙门作风，吃拿卡要等即是典型表现。另一种发生在上下级之间，即上级是为下级服务的，但由于上级握有下级生存发展大权，居于强势地位，若是个人素质欠缺，就容易对下级采用店大欺客式的以势压人，独断专行等。行政领域的店大欺客危害巨大，要从根本上加以清除，其难度不言而喻。

从国际角度讲，落后就要挨打，是当今世界铁律，纷繁复杂的国际关系是原始丛林法则和店大欺客展示最充分领域。主要是居于强势的国家或国家集团，在全球或区域范围，自身利益独大，专横跋扈，耀武扬威，我行我素，指鹿为马，推行国际霸权主义，欺辱、奴役和压制弱小民族与国家。表现在国际政治关系上，唯我独尊，强权政治，肆意粗暴干涉别国内政，培植豢养附庸势力，制衡、控制和颠覆别国政权。表现在国际经济关系上，凭借庞大经济实力和优势，疯狂掠夺各种资源，盘剥弱小国家财富，控制别国经济命脉，称霸世界市场，压制和摧毁潜在对手可能具备的经济发展优势，造就畸形经济附庸和经济保姆，以损众人而利己。表现在国际文化关系上，运用功能强大的宣传机器、教育机器、文艺机器等，强行推崇自身思想文化和价值观，诋毁和压制别国文化价值与传播发展，培植文化附庸和代言人，以全面深入实施精神控制。更严重的是在推行霸权主义过程中，若是遭到别国抵制和反抗，动辄进行封锁和制裁，甚至舞动军事大棒进行讹诈和威慑，直至发动战争，实行肉体消灭，以维护自身霸权地位。可以说近代中国百年史，就是在这种国际店大欺客氛围内用血泪书写的屈辱史和反抗史。

从对策角度讲，店大欺客是社会生活不尽公平、公正的表现，也是一种社会落后残渣余孽。随着社会文明进步步伐加快，店大欺客终将退出历史舞台。同时，也要清醒看到，消除店大欺客依旧任重道远，必须持之以恒攻坚克难。其总的要求应如国家倡导的和平共处五项原则那样，国家不分大小，民族不分强弱，一律平等，共同发展。首先要正确认识原始自然丛林法则，既要看到物竞天择，优胜劣汰，弱肉强食，适者生存规律的客观性和普遍性，也要看到文明社会人的主观能动性和创造性可以改造与战胜大自然，不能对彰显丛林法则的店大欺客持消极被动和顺其自然态度，在思想上深刻认识店大欺客的危害性和消除店大欺客的紧迫性。其次要在经济领域建立和完善法律法规，规范市场经济秩序，消除各种不公平和不正当竞争，不断提高企业家综合素质，在发展经济上牢固树立靠技术、质量和管理取胜理念，注重与客户发展平等互利合作良好关系，杜绝靠压制客户和盘剥客户陋习来维护自身优势。再次要在行政领域进一步强化宗旨教育，在思想上牢固树立服务意识，建立健全法律法规，强化对权力的约束。尤其要通过严格公开程序，对行政行为过程实施公开监督，大力提升行政店大欺客风险成本，加大责任追究力度，不给低素质人以可乘之机，使之望而却步。最后要在国际关系中加快经济建设，不断提高综合实力，增强抗击店大欺客的基础和能力。坚持互敬、互助、互利原则，努力构筑公平公正合理的国际关系秩序，相互间开展和平竞赛和公平竞争。对于店大欺客式霸权主义，坚持人不犯我，我不犯人，人若犯我，我必犯人，有理有利有节地进行坚决斗争，坚决抵制和遏制霸权主义泛滥成灾。

2010 年 4 月

三顾茅庐—三分天下—三国归晋

——关于《隆中对》的几点思考

大凡熟悉历史的都知道，从东汉末年到西晋立国，发生了许多惊天动地的大事，不仅演绎了合久必分、分久必合之社会发展变化的过程和规律，更对社会人才队伍建设提出了许多振聋发聩的重大问题。观察分析这些重大历史事件，就不能不提及一篇彪炳史册的杰作——《隆中对》。它是刘备三顾茅庐时，诸葛亮为之谋划争雄天下的重要战略，随后围绕实现该战略所展开的一系列历史画卷可谓波澜壮阔，跌宕起伏，变化无穷。同时，也折射出社会人才队伍建设一种内在的重要战略互动关系。因此，深入研究《隆中对》，善于借鉴《隆中对》，对人们不断开启思路，图谋发展，都具有重要意义。

一、何来《隆中对》

《隆中对》是诸葛亮智慧的集中体现，可谓妇孺皆知。但是，《隆中对》到底成于何时，史书并未详细记载，这里也不是做专业化考证，只是其出现和影响较为特殊。因此，发掘《隆中对》，获取其中智慧，成了后世众多立志施展理想抱负之英雄豪杰梦寐以求的目标。诚然，这一千古绝唱得以复制和延续的实属凤毛麟角，比较常见的倒是空有得《隆中对》之梦，难现得《隆中对》之实，甚至是冒得《隆中对》之名，实则为祸《隆中对》之行，这难道不值得深思吗？

《隆中对》深藏于民间。诸葛亮是才高八斗、潜心修身、远离官场、洞悉天下、把握大势、成竹在胸的民间隐士，最能体现其睿智和才能的代表作《隆中对》虽然早成卷册，但在躬耕隐居生涯中也只能束之高阁，待机而出，充其量成为名士交游茶余饭后的笑谈而已。这就提出了一个非常重要的问题，民间隐居和蛰伏着大量诸葛亮之类有识之士，是社会发展所需的真正人才；诸葛亮之类对于天下大事、风险挑战、学术专业等都有高超和独特的真知灼见——《隆中对》，是创大业、干大事难得的智库宝藏；大量潜藏于民间的《隆中对》

得以待机而出和得到运用往往是个别情况，也是时事、伯乐和人才较少相结合的产物。众多命运则如沙中之金、盒中瑰宝，最终在时间和历史长河中销声匿迹，永不见天日，造成社会智慧财富的巨大浪费和事业发展的种种波折。可见，大凡致力于创大业和干大事的仁人志士，要发掘和借力社会人才智慧宝藏，就要像刘备那样，不能仅看重自己的才智和身边人的才智，而要超越自我，跳出身边小圈子，把目光投向广袤大地，带着深情的渴望深入民间，去寻找和发掘人才智慧财富——《隆中对》，进而为创大业和干大事奠定坚实的人才智慧基础。

《隆中对》呈现于三顾。如果说诸葛亮之类人才决定《隆中对》的形成，那么刘备之类领导者则决定《隆中对》上升到社会运用的具体实施层面，这在古代也就是君臣互动运作的过程。在这一过程中，君是矛盾主要方面，臣是矛盾次要方面，在发掘和运用《隆中对》上，刘备的三顾为世人做出了典范，对有志于创大业和干大事的人来说具有重要借鉴意义。可以说没有三顾，就没有《隆中对》发挥社会影响力的可能。这里的“三”是个数量词，形容反复和多次。“顾”就是放下架子，亲自探望、拜访和请教。两者结合起来就是要经常深入基层，发现人才，虚心请教，汲取智慧。当然，要做到三顾也不是简单容易的事情，它所反映的是三顾之人的态度、感情和智慧。具体到刘备的三顾之行，实际上是建立在“三排”之上的智慧之举。首先是排己私。在出山之前，诸葛亮既不是跟刘备起家的人，更不是刘备所熟悉信任的人，充其量所了解的只是流传于民间雅士的一些传闻，可谓只闻其名，不察其智。但是，为获取真正人才，刘备独到之处就是先行自我超越，排除各种私心杂念，沉下心来去发现与挖掘人才。其次是排非议。对于人才的认知和接受往往有个过程，在过程中出现这样或那样的非议实属正常，主要源于人的认识水平和思想观念各异，以及对人才优良素质一时难以展现而不为所察，只是非议多了毕竟是人才脱颖而出的羁绊。所以，要获取《隆中对》，就得像刘备那样，力排非议，以免影响心智和决心。最后是排错为。大凡一个团体一般都有一定利益关系和利益圈子，当人才的到来，也就意味着原有利益关系和利益圈子有被打破与改变的可能，进而触及一些人的切身利益。为维护既得利益，有的人就会采取实际措施阻止和干扰人才的使用，甚至将人才拒之门外或扼杀在阵前。刘备的独到之处，就在于坚决果断阻止扼杀人才行为发生，及时纠正各种错误行径。

《隆中对》出自危难。东汉末年，朝纲破败，群雄并起，天下大乱，社会集聚着巨大风险和挑战，救亡图存，奋发图强，中原逐鹿，问鼎天下，成为许多政治团体和政治人物的目标。正是在这一背景下，要应对空前绝后的风险挑战，实现宏大而崇高的目标，仅靠政治人物个人和普通人的力量是力所不及的。必须求助于诸葛亮这样的顶级之才和《隆中对》这样的顶级谋略，进行有目标和有章法的打拼。这里值得深思的是：一方面刘备之类若是在和平环境和优越条件下，能否对诸葛亮求贤若渴，让《隆中对》横空出世？简言之不大容易。毕竟当一个人身居高位，歌舞升平，各项工作惯性运行，大量矛盾被掩盖和处在酝酿发展之中，非常容易让灯红酒绿给包围，让四面八方歌功颂德、恭维吹捧给包围，让形式主义假大空事物给包围，让多如牛毛的繁杂程序和礼节给包围，更主要的是容易被无休止内耗内斗和争权夺利给包围。在此情况下，就比较容易高估个人智慧和身边圈子智慧，对诸葛亮和《隆中对》既听不到与看不到，更想不到和做不到，这也是优越条件下难出诸葛亮和《隆中对》的重要原因。另一方面人才及其智慧是经实践历练而来，且越是艰苦卓绝的实践，越能历练出超凡卓绝的人才及其智慧。因而在和平环境下，人们少了激烈竞争和巨大风险挑战，较难激发竞争和创新意识，更难成就诸葛亮这样的大才和《隆中对》这样的力作。更何况人才共有特性还在于凤凰择高枝而栖，士为知己者死，就如同诸葛亮那样，不遇刘备三顾而不为之所驱使。即便有了《隆中对》这样的上策，但少了可为之驱使的明主，也只能束之高阁，终老林泉，这也是优越条件下难出诸葛亮和《隆中对》的另一重要原因。事实上，无论和平环境，还是战争环境，风险挑战都大量存在，只不过战争环境下人们更容易被迫感知和作为罢了。因此，社会要多出诸葛亮和《隆中对》，无论是用人者还是被任用者，都应居安思危，具有非常强烈的忧患意识，并将主要精力倾注于发现和终结社会显性与潜在风险挑战上，经过这一复杂过程历练，才能出现更多的诸葛亮和《隆中对》。

二、践行《隆中对》

人说获取《隆中对》是非常难的事，但要实施《隆中对》并取得好效果则难上加难。其难就难在《隆中对》谋划的是大战略，解决的是方向路线问题。若真正实施起来还必须将大战略与具体实际紧密结合，构建一系列具体环境和具体条件下的战术战法，进而形成一个十分庞大和复杂的《隆中对》体系；难就难在客观现实变幻莫测，复杂多样，新的矛盾不断涌现，导致具体实施《隆中对》风险倍增，过程坎坷。始终保持高度的机动灵活性和强大的攻坚克难能力，是实施《隆中对》必须切实解决好的重大课题；难就难在实施《隆中对》的团队人员素质参差不齐，若缺乏高素质人才时，容易在贯彻落实《隆中对》上打折扣和降标准。但是，从三顾茅庐到三分天下格局形成过程中可以看出，刘备团队在实施《隆中对》上所走过的历程是多么地跌宕起伏，艰苦卓绝，发人深省。

为帅者坚韧不拔。实施《隆中对》，离不开一个结构优化的团队，其中为帅者是精神支柱和终极决策人，地位举足轻重。但是，在实际行为取向上，则应有战略侧重，这就是决定和坚持大目标，围绕大目标识才、用才、驭才，刘备就是这方面的佼佼者。诸葛亮出山应该是实施《隆中对》的开端和里程碑，在整个实施过程中，刘备主要发挥两大关键性作用：一个是无论前进道路上怎样充满千难万险，局势怎样变化，只要看准了和决定了的——实施《隆中对》，就坚定不移抓下去，表现出了坚强的意志、毅力和韧性。为帅者坚定信念，把握方向，当好舵手，对于实施《隆中对》大局的稳定和发展起到了重要支撑作用。另一个是围绕实施《隆中对》主攻目标，坚决排除各种干扰，坚定不移地广泛挖掘和选拔人才，量体裁衣、扬长避短、科学使用，充分调动和发挥人才的积极性与创造性。善于驾驭各种人才，促其围绕实现《隆中对》既定目标而忠心耿耿和倾力相拼，足见刘备用人之道的高超和独到。不然，就是费尽周折获取了《隆中对》，也难尽其用或摆着好看罢了。即便是实施，也难以达到预期目的。

为臣者鞠躬尽瘁。刘备执行团队有众多优秀文臣，在实施《隆中对》上发挥着特殊而重要的作用，其代表人物就是诸葛亮。也正是在诸葛亮等文臣的具体谋划和指挥下，经过整个团队不懈努力，才打造出了一系列诸如出使东吴，火烧赤壁，夺取荆州，七擒孟获，六出祁山等蔚为壮观的大事件，逐步实现了三分天下战略目标。同时，也揭示了执行决策和落实决策的深刻道理，那就是为臣者必须殚精竭虑和全力以赴围绕实现战略目标出谋、出力、出彩。所谓出谋就是根据实现战略目标的需要和实现具体战术目标的需要，及时和有针对性地把握形势，抓住特点，遵循规律，细化思路，拟定对策，指导工作，成为具体计策和办法的策源地与智库。所谓出力就是必须采取实实在在的行动，抓紧安排部署，将具体计策和办法导入实际工作之中，及时协调督办落实中所遇各种矛盾，将具体工作尽可能做细、做深、做好。所谓出彩就是必须千方百计完成各项具体任务，实现阶段性的和具体性的目标，逐步积小胜为大胜，开创由点到线、由线到面、由面到立体状的新格局。

为将者奋勇拼搏。由三顾茅庐到三分天下展示的历史场景，主要是战争场景，军事斗争是刘备实施《隆中对》的主要手段。战场既是智慧的角力场，也是武将的生死场和建功立业场，更是诸如《隆中对》之类战略的实验场和实现场。能否最终夺取胜利，在相当程度上取决于有没有一不怕苦、二不怕死、冲锋陷阵、英勇顽强和特别能战斗的队伍，关羽、张飞、赵云就是这支队伍的经典人物。没有这些经典人物，哪会有《三国演义》过五关斩六将、长坂坡大战、单骑救主等惊心动魄的故事发生。为将者是实现《隆中对》的主要攻坚力量，处在实际工作一线和生死存亡前沿，根本任务就是拼志、拼力、拼勇和拼术。拼志，就是面对各种艰难险阻和风险挑战，壮志凌云，一身豪气，在战略上藐视一切困难。拼力，就是敢于肩挑千钧重担，向生理和心理的极限挑战。拼勇，就是应对硬骨头和拦路虎，以及打攻坚战和持久战，自古华山一条道，狭路相逢勇者胜，生命不息，战斗不止，一往无前。拼术，就是注重在战术战法上随机应变，机动灵活，独辟蹊径，对症下药，出奇制胜。

三、发展《隆中对》

刘备集团在《隆中对》战略指导下，经过不懈努力，终于圆了建立蜀国梦，成为三分天下重要一极。然而，历史往往残酷无情，刘备、诸葛亮等为之奋斗大半辈子所打下的江山基业，在其后不长时间里即化为乌有，落入司马氏囊中——三国归晋，实在是对刘备、诸葛亮之亡灵的莫大讽刺。历史发展演变有多种原因，寻踪三顾茅庐到三分天下再到三国归晋的轨迹，聚焦分析刘备集团和蜀国的兴败存亡，一个令人触目惊心的答案豁然在目，那就是刘备集团和蜀国之兴或之败，在相当程度可谓成也《隆中对》，败也《隆中对》。因为社会在发展，人类在前进，事业永无止境，靠精准战略引领永无止境，而且任何一个战略的形成都不是孤立的，它是发展过程系列战略的重要一环。那么，从三顾茅庐到三分天下历史阶段看，《隆中对》不失为该阶段好的发展战略。但是，问题在于《隆中对》只是一个阶段性的独角戏，而不是持续发展阶段的连续剧，正是少了后续发展的《隆中对》，使得蜀国缺乏长治久安和统一天下的战略保障。尽管后来也出台过有一定创意的决策，但较之于三顾茅庐时的《隆中对》则要逊色得多。要正确解决好近期发展与长远发展、跨越式发展和可持续发展的问题，当在发展《隆中对》上着力解决好三大问题。

牢固树立放眼天下、着力当前、立足长远、与时俱进的战略意识。刘备集团从三顾茅庐到三分天下之所以如愿以偿，最重要的一点就在于战略意识领先。因为无论是刘备也好，还是诸葛亮也好，思维导向就是围绕《隆中对》既定三分天下远大理想，着眼宏观大局，重点把当前事情做好，一步一个脚印前行，面对不断发展变化的形势，善于紧密结合实际，及时调整、丰富和完善阶段性发展战略，以实现系统战略的不断竞进提质。从三分天下到蜀国灭亡到三国归晋，则充分说明刘备集团后续团队战略意识的衰败。毕竟《隆中对》是三顾茅庐到三分天下历史阶段的经典战略，当该战略将要实现到完全实现时，刘备集团的战略意识较之从三顾茅庐到三分天下特定阶段要弱得多。尤其是在把握天下大势，及时跟进制定发展战略上差距就更加明显。追求强大是永恒的主题，但要实现、巩固和做到更加强大，牢固树立发展序列《隆中对》的战略意识，一时一刻也不能动摇。

坚持践行既定战略的提档升级和更新换代。战略是阶段性工作的行动指南，任何阶段并不孤立存在，而在不断发展变化，呈过去、现在和将来走势。这就决定了任何阶段性战略的制定和实施，都必须放在整个发展战略系列中加以布局和谋划。尤其在实施阶段性战略中出现新情况，以及各阶段性战略衔接过渡上，更应有深邃的思考和高超的运作。就如同企业发展战略一样，生产的产品一般有一定生命周期，为强化竞争力，赢得、巩固和拓展市场，就必须不断技术创新，提高质量，生产一代，研发一代，储存一代。如果仅有生产一代，少了研发一代、储存一代等战略谋划和过渡举措，尽管眼前市场红红火火，一旦行情有变，企业就会陷入被动，甚至有灭顶之灾。刘备集团的问题就在于实施《隆中对》的后期，少了前瞻性战略转型谋划。三分天下的实现即意味着《隆中对》历史使命的完成，在历史交替过渡新阶段，新的《隆中对》没能应运而生，也就为蜀国灭亡埋下了伏笔。反观我国新民主主义革命历程，以毛泽东同志为代表的中国共产党人，经过艰苦卓绝的斗争和探索，终于形成了建立农村根据地、走农村包围城市、最后夺取城市道路之“隆中对”。随着抗日战争爆发，党又不失时机对“隆中对”的若干战略进行调整，进而夺取了抗战胜利。当新中国即将诞生的前夜，党又及时召开七届二中全会，就新民主主义革命向社会主义革命和建设过渡制定了新的“隆中对”，从根本上保证了当新民主主义革命历史使命完成之后，迅速走上社会主义康庄大道，也为世人树立了在践行“隆中对”中发展“隆中对”的光辉典范。

注重优质结构型人才战略储备和能力发挥。人们常说世界的竞争，说到底是人才的竞争，人才的竞争不仅在数量，更在质量。不仅某些方面人才实力强大，更在布局结构优化。不仅人才集聚度高，更在人才创造力强。不仅人才有即期优势，更在人才有长远优势。如果说《隆中对》出现到画上圆满句号，真正在背后起作用的是人才结构优势明显，储备丰厚，能力发挥超常。如刘备理想远大，目标坚定，唯才是举，坚定不移。诸葛亮智慧超群，谋略过人，鞠躬尽瘁，死而后已。关羽、张飞、赵云武艺高强，能征善战，生死何惧，勇猛顽强。其他文臣武将恪尽职守，兢兢业业，默默无闻，奋力而为。如果说蜀国最终走向灭亡，真正在背后起作用的却是人才结构失衡、储备失衡和能力发挥失衡。诸如刘备之失在于用文臣武将唯才是举，谋划传位仍落入封建政治窠臼——以宗族论和以嫡子论，而非以才论。不仅让无能之辈刘禅当帅，彻底丢弃了自己求贤若渴，任人唯贤，注重人才储备和人才作用发挥的强项，更重要的是利用诸葛亮感恩忠君思想，以托孤压诸葛亮报效无能之辈。诸葛亮之失在于为兑现托孤辅幼，身不为帅而干帅事，身为丞相而事无巨细，身为带军统领而劳师远战，最终不仅自己出师未捷身先死，更主要的是影响了自己的主业和强项——及早谋划新的《隆中对》等。

综上所述，从三顾茅庐到三分天下到三国归晋，以及《隆中对》横空出世，已是旧事了。其之所以对后世影响源远流长，就在于这段历史发展风起云涌，就在于《隆中对》之类典范精彩纷呈，就在于对现阶段人们干事创业，以及实现理想抱负具有重要借鉴意义。尤其在何来《隆中对》、践行《隆中对》和发展《隆中对》上，难道不值得很好地深思吗？

2011 年 4 月

企业家兴业发展必须紧紧依靠五种人

将企业做大做强做精，是企业家兴业发展的基本目标，但实现目标的过程则充满巨大风险挑战。有的企业家即便在一定阶段实现了兴业发展，也当清醒看到，巩固和发展已有成果，前进道路依旧坎坷不平，困难重重。实践证明，企业家要朝着理想彼岸奋勇前进，持续发展，就必须赢得五种人。

一、高人指点

企业发展，首先要解决好理念和思路问题，主要源于对形势准确把握，对市场准确判断，对技术发展趋势准确认识，对环境氛围准确定位，对自身条件准确理解。而在这些方面，企业家责任重大。同时，企业家之所以称为企业家，说明在理念和思路上具有独到之处与相对优势。但是，要实现企业做大做强做精目标，并持久保持企业做大做强做精的发展态势，仅靠企业家所具有的独特之处和相对优势是远远不够的。要在理念思路上具备和保持领先优势与独特优势，关键就是要能够经常得到高人指点。脍炙人口的千古绝唱三顾茅庐，讲的就是刘备得到诸葛亮这样的高人指点，方能茅塞顿开，柳暗花明。历史上的文王得姜尚，刘邦得张良等也都属于此类。

既然高人指点对企业做大做强做精有重要作用，那么企业家就应该有求贤若渴的胸怀，放下身段和用心用力去发现高人，恭请高人，求教高人，通过借高人之眼光和智慧，指点迷津，开启思路，丰富自己，为我所用。值得企业家发现、恭请和求教的高人尽管很多，但大致有五类：第一类是同行或同类中的智者。企业发展是有阶段性的，企业家也是有层次性的。那些处在领先发展阶段的企业和居于较高层次的企业家就是一面镜子与一部教科书，一般都有独特的战略眼光和厚重的智慧积淀，值得有的企业家经常去拜师求教。即便居于较高层次的企业家之间，也有相互交流学习问题，不至于陷入同行是冤家的窠臼。因此，经常就企业发展重大问题求教于同行或同类智者，不仅有共同语言，也容易获取真经，或激发创新灵感。第二类是专家。所谓专家，往往是某一领域或某一专业的有识之士或权威人士，专业技术或学术理论造诣颇深，经常就企业发展的重大问题求教于专家，无疑是事半功倍的事情。第三类是职工中的有心人。职工队伍有高人，这是有的企业家比较容易忽视的，要论对企业和企业家熟知，一般莫过于职工，毕竟他们工作在生产一线，如同企业家演戏，职工看戏，旁观者清。职工中的有心人，一般是群体中的佼佼者，其优势在于对企业局部和微观问题认识深刻，经常就企业发展的重大问题求教企业中的有心人，往往能取得借用显微镜看问题的效果。第四类是优秀行政领导。行政资源是企业做大做强做精的重要资源，在相当程度决定企业的兴衰成败。行政领导是行政资源的实际掌控者和实际运用者，在对宏观形势的把握，以及对政策法律法规的熟知等方面，具有得天独厚优势。经常就企业发展的重大问题求教于优秀行政领导，往往会获益匪浅。第五类是社会贤达。企业不仅是市场经济主体，也是实实在在的社会组织，无时无刻不与社会方方面面打交道。要不断丰富和优化企业内在功能，与社会发展相适应，同样需要从社会上借智引智。社会是藏龙卧虎之地，冷眼观世界、明眼看社会、慧眼看企业的贤达比比皆是，经常就企业发展的重大问题求教于他们，对于丰富和完善企业思想文化皆有好处。

二、贵人相助

过去人们常说，要做好一些比较难办的事情，需要得到贵人相助，旨在处置纷繁复杂事务离不开有能力之人帮助和支持。众所周知，做大做强做精企业尽管首先要解决思路和决策问题，但主要的还是如何应对生产经营过程中各种复杂多样的实际工作，将思路和决策落到实处，并取得实实在在理想效果。要做到这一点，也就必须得到实干精神强，落实能力强，攻坚能力强的“贵人”相助，就如同刘邦得张良解决了思路和谋略问题，得萧何与韩信则解决了落实和执行问题。否则，再好的思路和决策都会流于形式。

企业所需贵人相助尽管较多，但大致有三类：第一类是管理团队。这是企业的重要执行力，主要负责管控企业生产经营的重要环节和运转流程，目的是将企业决策思路贯彻落实到生产经营的各个岗位和节点，具体转化为合格产品和企业盈利。管理是企业的永恒主题，也是企业最复杂的事，胜任这样的工作，非执行落实能力超强一类莫属。企业有这样的贵人相助，生产经营就有了坚实基础。第二类是技术团队。这是企业的重要保障，主要负责企业技术研发、技术创新、技术改造和技术升级等专业工作，目的是将企业决策思路，通过技术要素集聚，技术水平提高，技术能力转化，保障企业生产经营正常运行和产出高质量的、有竞争力的产品，进而占领市场和赢得消费者。技术团队是专业精湛和创新能力超强一类，一般来自企业自身技术骨干和用市场手段与外在进行有效合作互动的技术人才。企业有这样的贵人相助，生产经营就有了强力支撑。第三类是行政服务团队。这是企业的重要依靠力量，主要负责为企业发展营造环境和排忧解难，目的是从外部推动企业思路和决策的贯彻落实，实现“企业发财，地方发展”互利双赢。这是因为企业发展过程充满艰难险阻，有些需企业自己克服，有些企业自身能力有限时，难免要行政提供及时有效的帮助和支持，特别是那些与企业常打交道的市场管理部门和执法监督部门。当然，要得到行政团队相助，除了企业要主动争取之外，重要的是行政团队要从根本上转变观念，将工作主动转到为企业服务上来，实实在在为企业办实事。甚至从某种意义上说，有的企业竞争力和地方竞争力往往就表现在企业是否更多和更有效得到了行政团队自觉有力的帮助支持。企业有这样的贵人相助，就有了良好的发展环境。

三、众人拾柴

一般来说，企业内在结构也是一种宝塔式，其顶层是决策层，中层是管理层，底层则是具体操作层，是由众多岗位员工构成。企业大量和具体的外在联系主要涉及产业链上的客户和企业所在地社区成员。如果说企业的发展要靠高人指点和贵人相助，但高人和贵人毕竟是少数，所要帮助解决的主要是企业的思路和决策，以及管理、技术和行政资源配置问题，还有大量十分具体的和日常事务则要靠员工、客户和社区成员众星捧月，这对企业来说也至关重要。

从员工角度讲，员工是企业产品和财富的具体创造者，也是企业团队的主力军和基础。不断提高员工素质，充分调动员工积极性，最大限度发挥员工作用，将员工像干柴那样聚集起来，用企业思路和决策火花燃起冲天大火，始终是企业和企业家必须解决的重大问题。因此，作为一个有作为的企业家，一定要当一个拾柴高手、聚柴高手和燃柴高手，只有员工的认同感和归属感增强了，企业发展才会充满生机活力。从客户角度讲，企业发展要有比较好的产业链，并与链上的各方有着良好协作互动关系，确保原材料供应有诚信、稳定和坚实的基础，成品和半成品生产与配套有良好的伙伴，资金往来流转渠道畅通有力。一句话，企业发展离不开一大批优质客户的具体支持和协作。建立众多优质客户为我所用，可谓企业发展的一条重要生命线。从社区成员角度讲，企业在社会上除了要与行政打交道之外，重要的还要与所在地社区成员打交道，这对于企业发展较为重要，也是容易被有的企业家所忽视的。俗话说，有个好亲戚不如有个好邻居。邻居关系和睦，有助于企业优化周边小环境，有助于企业得到社区成员的关注、关心和支持，而不至于小环境差了影响企业发展。

四、“敌人”进逼

人们常说商场如战场，之所以称为战场，是因为有众多竞争对手或“敌人”存在，有众多战斗激烈进行，时常演绎百姓所说的“大鱼吃小鱼，小鱼吃虾米，虾米吃泥巴”等优胜劣汰大戏。因此，在市场经济条件下，强敌环伺，高手如云，竞争激烈，忧患丛生，这些始终是企业家夜不能寐的事情，甚至稍有不慎就可能前功尽弃，被逐出历史舞台。但是，事物也有二重性，强敌环伺，高手如云，竞争激烈，此消彼长，固然令企业家食寝难安，无时无刻不挤压企业生存发展空间。若换个角度讲，有“敌人”近逼也是令企业家十分高兴的事情，毕竟人是有惰性的，事业兴起和成功诸多是被逼出来的。“敌人”环伺，大兵压境，让人没了退路，去了惰性，绷紧了神经，得以将显能和潜能发挥到极致，进而击退“敌人”，打败“敌人”，战胜“敌人”。可见，许多成功的企业家都应当感谢竞争对手或“敌人”，欢迎“敌人”近逼，依靠“敌人”近逼是福不是祸。

企业所面对的市场竞争压力，说白了主要来自两个方面：一个是行业竞争对手。这主要在于彼此产业趋同，面对的市场容量趋同，产品的消费者趋同。尤其在供大于求时，同行之间的竞争就更加惨烈。这些尽管会给企业和企业家以巨大压力，但也正是这些压力存在，迫使企业家从认真面对竞争对手压力入手，激发强烈的生存发展意识，全力以赴去拼搏进取，不断壮大自己，在林立高手中占得一席之地。另一个是消费者。消费者是企业的上帝和衣食父母，企业要生存发展就得自觉适应消费者，服务消费者，其道理非常简单。但是，消费者又是一种非常特殊的“敌人”，其特殊就特殊在消费者是竞争对手争取的对象，消费者选择了竞争对手，客观上即意味着壮大了竞争对手的实力。加之消费者需求千变万化，多种多样，千万双眼睛盯着企业，人言可畏。企业若是不适应和不能满足消费者需要，或所作所为开罪了消费者，随时都可能丢掉饭碗和遭到灭顶之灾。鉴于消费者这种特殊“敌人”存在，迫使企业和企业家必须学会与消费者打交道，在适应消费者和服务消费者过程中，更好地引导消费者、掌握消费者和利用消费者。因此，企业要善于发现“敌人”，利用“敌人”营造的逆境，变压力为动力，以在市场竞争中巩固提高，百炼成钢。

五、个人努力

外因是变化的条件，内因是变化的根据，外因通过内因而起作用。对企业家而言，高人、贵人、众人和“敌人”都是外在条件，还得有内在条件，也就是得靠企业家自身努力。只不过这种努力不仅是企业家想努力，关键是企业家会努力和不懈努力。

企业家是企业团队领军人物，要做的事情尽管很多，但主要有七项：一是加强学习，努力充实与运用市场经济知识和行业专业知识，以及相关政治理论和法律知识，成为理论知识的高手。二是洞悉市场，努力掌握行业发展态势，技术发展走势，消费需求形势，成为跟进和驾驭市场的高手。三是顶住压力，努力应对发展过程中的风险挑战，坚韧不拔，开拓进取，成为英勇无畏，克难奋进的高手。四是凝聚人心，努力调动一切可调动的力量，充分发挥各方面积极性，成为聚才用才，聚力用力的高手。五是科学决策，努力把握大局，遵循规律，注重条件，知彼知己，缜密思考，当机立断，成为出点子、出思路、出智慧的高手。六是强化管理，努力优化结构，理顺关系，做好要素资源配置，加强生产经营过程控制，成为当家理财、出效率和出成果的高手。七是打造文化，努力学习借鉴人类社会文明成果，注重实践经验总结，善于汲取职工思想火花，着力培植有自身特色的文化氛围，成为构筑企业先进思想高地和文化阵地的高手。

2012年2月

评社会六种人

大千世界，复杂多变，芸芸众生，形形色色。但是，凡事总有是非曲直和衡量标准，涉及社会成员更是如此。说到社会成员，其实也就是好人、能人、常人、庸人、坏人和敌人的集合。在一定环境和条件下，六种人既是绝对的，又是相对的，有的还可相互转化。认识和把握六种人和所处环境与条件，对于发展经济和管理社会大有裨益。

一、尊崇好人

好人是社会成员中的佼佼者，以及学习楷模。一是政治道德优良。主要是理想抱负远大，思想境界崇高，理论功底深厚，道德素养过硬，工作作风扎实，不为名利诱惑，不为是非困扰，不为艰险吓倒，不为成功陶醉，始终以放眼天下，报效国家，服务社会为己任，先天下之忧而忧，后天下之乐而乐，经得起复杂环境考验和历史检验。二是业务能力超强。好人是在社会实践和破解纷繁复杂矛盾中崭露头角与大显身手的，具有坚韧不拔、攻坚克难、游刃有余、战无不胜的业务本领，在一定条件下和相比较中或显全能，或显多能，或显专能，堪称社会所需，为发展所用，为同类领先。三是工作业绩突出。人有思想和能力只能说具备了创造业绩的条件，关键要看与实践相结合所产生的客观社会效果。对于好人来讲，往往不在条件优越和处于顺境中创造业绩，重在条件艰苦和处于逆境的作为，通过纵比横比皆居于领先地位，就是对好人的最好诠释。

好人不是天生就有，关键在后天培养和磨炼。培养主要是组织行为，磨炼则属个人努力。从个人角度讲，必先明晰好人是社会成员中政治道德、业务能力和工作业绩的代表人物，如果不把磨炼好人之苦、之难、之忧、之痛、之乐想清楚和看明白，仅凭主观愿望想当好人是当不了的，就算一时一事具有好人某些特征也难以持久。一是好人多灾多难。社会发展进步无疑会遇到各种各样艰难险阻、风险挑战、疑难杂症、大仗硬仗，而这些硬骨头和拦路虎天生就是给好人准备的。因为硬骨头和拦路虎能够磨炼好人素质，好人素质超强能够攻克硬骨头和拦路虎，组织与百姓信任期待好人攻克硬骨头和拦路虎。实际攻克硬骨头和拦路虎无疑困难重重，系意志、决心和能力的大比拼，好人也只有不断为社会消灾解难，才能成就好人壮美人生。二是好人活学活用。为不断适应新形势和新任务，以更好报效国家和服务社会，好人非常注重密切联系实际，实事求是，殚精竭虑和孜孜不倦学以致用，用中好学，在学用结合中忘却了自我，忘却了尘世的烦扰和是非恩怨，一生都在知识的海洋中遨游，在拼搏的氛围里前进。三是好人轻名轻利。面对商品社会讲等价交换，市场经济追求利益最大化，拜金主义思潮流行等客观现实，好人表现出的则是心中有义有节，不随波逐流，不为名利诱惑所动，价值取向在于无私奉献和事业成功。四是好人担责担过。好人的注意力在于履责和做事，形象表述如承载和化解社会矛盾的筐，源源不断落入筐中就是数不清的急难险重和疑难杂症。如此，好人不仅责任和负荷巨大，在履职过程“洗的碗多，打破碗的概率就高”，或为了大局更要时常主动承担各种过错。加之对于攻克急难险重和疑难杂症谁都可以裁判与评价，唯有好人再苦再难也只是打碎了牙往肚里吞。五是好人亏己亏家。好人最了不起的在于贡献与所取严重倒挂，支撑其贡献不仅来自劳心劳力和挑战生理心理极限，更来自所承接的压力和苦衷不足以外言而只能向家庭传导，让家庭付出外人不察的代价，为事业常常牺牲小家为大家。六是好人孤独孤寂。社会人际关系非常复杂，一般社会成员情况千差万别。相形之下，好人因其居于思想政治道德高地，承载繁重社会责任，注重各方面作出表率，故常远离各种关系网、关系链和关系人的活动，显得不食人间烟火和曲高和寡。因此，好人如好钢，需要社会千锤百炼方能成就。要当好人，就要耐得住清贫，耐得住寂寞，耐得住误解，耐得住重压，耐得住冲击，耐得住逆境，在耐得住中其乐无穷，在拼搏进取中其乐无穷，在战胜自我和艰难险阻中其乐无穷。从组织角度讲，重中之重是要认识好人、敬仰好人、保护好人、支持好人和优待好人。毕竟好人境况如何，往往反映的是社会文明进步程度如何。

二、善用能人

所谓能人，虽非社会思想政治道德楷模，但相比普通社会成员则知识水平更高一些，专业能力更强一些，引领和带动作用更大一些，对社会贡献更多一些。同时，也预示着能人要承接众多困难和压力，付出超常人的努力和代价，以千方百计占领工作、技能和学术高地，全力以赴巩固和发展领先优势，力求在事业发展上开花结果。可见，社会发展进步需要能人唱戏，需要能人打头阵，需要能人支撑，需要能人奉献。

能人是才，能人是宝。但是，从古今中外能人发展轨迹看，能人一般多磨难。诸如有的头戴紧箍咒，有的巧妇难为无米之炊，有的出头的椽子先烂等。能人有用武之地和出佳绩是因其所长，能人被困和难为则因有所短。只要同好人比较就会发现有的就短在思想政治道德素质和做人的工作上，以及自恃才高，一能百好，不大注重自我修养和处理各方关系，甚至表现出业务高能和思想政治道德不足，不服管或不好管，时有是非，招人非议等。此外，能人形同拳击场上重量级拳击手，鉴于利益蛋糕有限，角逐者众多，能人在业务能力居于领先优势情况下，如果思想政治道德出现不平衡和短板，其优势就可能被弱化。加之素质不高的竞争对手利用不法、不轨手段算计使绊，有的能人也就难免命运多舛。

能人多少是一个地方和单位实力的体现，是否有用武之地，则事关工作业绩和发展水平。从能人角度讲，就是要以好人为标杆，做到德才兼备，全面发展。尤其要注重解决业务能力与思想政治道德不平衡问题，在抓好业务工作的同时，注重讲政治，加强自身道德修养，高调做事，低调做人，谦虚谨慎，善于处理各种矛盾和社会关系，力争成为强者，步入好人行列。从组织和领导角度讲，必须认识和把握能人特点，对于综合能力上的不平衡，要善于驾驭和调控，做到扬长避短，尽其所能。一是尊重能人。能人是人才和专业技术发展水平的代表，有此地位是其奋斗努力的结果，理当钦佩和尊重，且将充分发挥能人积极性和创造性摆在组织与领导工作的重要议事日程，注重从战略高度加以谋划。二是重用能人。能人强项在专业技术和理论水平，众多社会矛盾化解和疑难杂症解决都需要能人发挥聪明才智，攻坚克难，创新创造。因此，对于能人要放手使用，重在压担子，放权力，搭平台，显身手。三是宽容能人。俗话说，金无足赤，人无完人。能人也是如此，甚至有两头冒尖情况，其正向作用要高于一般人的同时，反向作用也一般较大。对此，各级组织和领导在理念上对能人应大度，做到不因小过裁大将。具体操作则要注重具体问题具体分析，将性格问题与品格问题区别开来，将方法问题与认识问题区别开来，将主观愿望与主观故意区别开来，将正向影响与反向影响区别开来，注重发挥长处，矫正错处，弥补短处。四是支持能人。为鼓励能人干事业，在充分发挥主观能动作用的同时，也要注重资源配置向能人倾斜，提供强有力的人力保障、财力保障和物力保障。五是驾驭能人。用能人是好事，也是难事，能人之所以能，是因为才智要高于一般社会成员，甚至要高于某些领导，要让能人服人是不容易的，这也是一般能人特质所在。对此，作为组织和领导，在对能人管理和使用上，除了在思想感情上尊重和持开明态度以外，更需注重方式方法，既要给舞台、给任务、给面子、给实惠，也要用制度管，用标准管，用领导集体力量管，用民意和社会舆论管，做到该放的放开，该给的给足，该管的管住，该纠的纠正。

三、促进常人

对于广大社会成员来说，若用普通社会行为标准衡量大致可分两类，即达标和基本达标的，基本不达标和不达标的，前者是主流，后者是支流。常人就属前者，群体数量庞大。表现在政治道德上，具有一定政治理论水平和是非鉴别能力，遵纪守法，有公平正义感，道德风尚良好，思想情感朴素，为人处世坦诚等。但是，也有的理想抱负不够远大，理论功底不够深厚，宏观视野不够开阔，思维行为不够敏捷，比较注重眼前身边事物和既得利益，遵章守纪、道德作风、风俗习惯存在一定瑕疵等；表现在业务能力上，具备相应文化知识和专业知识，积累一定实践经验，精通某些操作技能，有认识问题、分析问题和解决问题能力，一般都能胜任工作岗位等。只不过也有的对专业技术缺少钻研学习，比较习惯常态化、重复性、低标准工作，精益求精和尽职尽责不够，攻坚克难打硬仗比较欠缺等；表现在工作业绩上，一般能完成岗位职责范围内工作任务，有时还能搞些小发明和小创造，甚至在岗位业务之外有所拓展和斩获等。然则，也有的工作习惯应付，缺乏创新和亮点，甚至时常出现某些不作为、少作为、慢作为等。

常人既有明显优势，也有很大潜力，是社会人力资源的富矿、好人与能人的“后备干部”和“梯级财源”，以及创业发展的主力军。正因如此，在促进常人发展、竞进提质、发挥优势和多做贡献上，就必须高点定位，统筹谋划，强化举措，注重牵引，强力推动，促进有为，进而形成蓬勃向上和万马奔腾局面。一是加强教育培训。主要是抓好政治理论和专业知识学习，不断拓展视野，开阔思路，丰富学识，解放思想，更新观念，提高素养。二是注重深入实践。鼓励引导其爱岗敬业，钻研业务，精益求精，强化积累，掌握运用更多更新现代技术，按照更高更严标准学习提升各种岗位技能，不断在实践中得到锻炼提高。三是多压千斤重担。人才是锻炼出来的，更是压出来的，重提可以促其从胸无大志、缺乏激情和笃信宿命的羁绊中解放出来，从办公室空中楼阁中解放出来，从普通简单重复劳动中解放出来，从轻轻松松、按部就班、吃太平饭氛围中解放出来，进而在困境逆境和风险挑战的倒逼作用下，消除陋习，去掉惰性，改变低能，振作精神，鼓舞斗志，奋力拼搏，攻坚克难，成为强者。四是健全竞争机制。要集聚组织优势资源，营造优胜劣汰氛围，资源配置向急难险重工作和争创优质高效业绩倾斜，制度约束和责任追究向不作为、少作为、慢作为倾斜，做到优胜劣汰。五是强化严格自律。要有针对性地建立完善各项规章制度和纪律，做到从我做起，从小事做起，自觉防微杜渐，抵御各种不良风气袭扰和诱惑，不断增强定力和韧性。

此外，常人向上发展方向是进入能人方阵，直至进入好人方阵。但是，受复杂条件和个人素质等不确定因素影响，有的常人也会越过普通社会行为标准红线而走下坡路。要做到防患于未然，还必须在好与坏的临界点与边界线构筑制度隔离区，舆论警示区，问题监控区，纠偏诊疗区，严把各个关口，确保常人发展向好和正面影响增加。千万不能掉以轻心，放松警惕，缺乏研判，抓而不紧。毕竟事物是有两重性的，矛盾也是可以转化的，促成矛盾向好的方面转化，防止矛盾向坏的方面转化，对于促进常人发展进步显得尤为重要。

四、改造庸人

1958年，英国历史学家西里尔·诺斯古德·帕金森出版了《帕金森定律》一书，对行政管理中的庸人当道现象进行了深入剖析，因而被社会广泛关注。庸人是社会成员中较为特殊的群体，一般为优点缺点旗鼓相当，基本在普通社会行为标准上下区间小幅波动。其一，表现在政治道德上，具有一定政治常识和理论知识，有某些目标追求，熟悉社会人情世故，对社会问题有一定见解和看法等。只是一般无理想抱负或少理想抱负，缺乏较好理论功底和视野，看问题少有深度、广度和高度，心理比较灰暗，为人比较圆滑，道德品行比较低端。其二，表现在业务能力上，有一定工作经验，能在一般岗位工作，掌握一些技术技能。只是一般缺乏工作思路、胜任业务本领和攻坚能力，大多解决不了复杂问题和突出问题。其三，表现在工作业绩上，一般能将常态工作和简单重复劳动做到位，有时在某些方面也能达到行业平均水平。只是在改革创新、攻坚克难和抢前进位上难有建树，甚至常常拖后腿与帮倒忙。

庸人看似平庸，实则不可觑，就如同一年四季那样，在不同气候条件下，遇到帕金森所说的环境时，庸人也是非同小可的人物。有的不仅飞黄腾达，风光无限，享受荣华富贵，而且可以快速繁殖，成团成伙，成队成阵，成片成网，常将一个地方和单位发展水平牢牢定格在粗放型、简单化、低层次、欠发达不说，也多让好人和能人水土不服，或被牢牢困在平庸无为的氛围里。在社会生活中，帕金森现象和帕金森生态比较常见，一方面有助于庸人成长、倍增和得利。反过来又会误导更多常人融入帕金森生态，加重帕金森现象。另一方面如按社会普通行为标准衡量庸人无疑显庸，毕竟标准是置于阳光之下和摆在桌面。若按阳光阴影里和桌面下通行的潜规则衡量，庸人也就不庸了，多为践行潜规则的高手。相形之下，倒是好人和能人显得窘态百出，成了“庸人”。

改造庸人是各级组织的大事和难事，也是不断提高国民素质和促进社会文明进步的重要举措。一是挤。庸人存在说明社会有生存发展空间，要减少和改造庸人，就必须下决心持之以恒挤压庸人生存发展空间。尤其在社会氛围营造上，一定要深刻透辟分析和彰显庸之形、庸之实、庸之弊、庸之治，让全社会都来关注和参与斥庸、治庸、防庸，进而让庸人汗颜、自省、纠偏、上进。二是拆。庸人之所以生存发展，一般有三大支撑，即有领导用庸人，有权位坐庸人，有标准随庸人。对庸人实施有效改造，就必须实施釜底抽薪。领导用庸人是组织问题，是庸人得以生存发展的要害，必须通过优化组织制度机制，规范领导行为，以杜绝和防止领导私心作怪用庸人。同时，庸人掌握权力资源皆不可能大有作为，甚至还会压制人才脱颖而出。因此，大凡庸人掌权没有业绩和在同行业不具领先水平的，就要毫不犹豫对其权位和资源进行剥离，防止权力资源浪费和乱用。庸人所作所为一般经不起组织和社会普通标准衡量，更不要说用组织和社会高标准衡量。改造庸人必须改用组织和社会高标准衡量，倒逼庸人在高标准面前不是奋发有为，就是卷铺盖走人。三是拉。庸人是相对于好人和能人而言的，说明素质差距明显，需要不断提升。这除了靠自身努力外，关键在组织教育引导，多拉上一把，以提高思想认识，不断增强上进心。四是推。俗话说，人是有惰性的。要更好地促使庸人取长补短和扬长避短，主要在于深入实践。作为组织要善于量体裁衣和量身定做，用适合改造庸人的工作，特别是急难险重工作，推着庸人上战场，甚至上也得上，不上也得上，帮助支持其打大仗和打硬仗，须知大仗和硬仗是最好的治庸之道。五是罚。庸人之庸，具有顽固性，要去掉顽固性，教育和压担子也不是万能的，必要时还必须依靠纪律手段，善于抓住庸之要害和庸之恶果，严厉问责，猛击一掌，促其改过自新。

五、整治坏人

坏人可谓能人的翻版，形象说法叫有才无德，主要坏在政治道德，坏在贪婪谋利，坏在善要权术，坏在精于潜规则，坏在玩忽职守，坏在违法乱纪。坏人正因为能力强德性差，是社会上危害较大和比较难对付的一类。坏人尽管本质相同，但表现基本为两种，且形式截然不同。一种是以伪善面孔，正统包装，华丽辞藻，登大雅之堂举止出现，早晚在社会台面演正人君子，道德楷模，真理化身，智慧之神。一旦转入台下幕后，就贪污腐败大显身手，纵欲乱交乐此不疲，游山玩水逍遥自在，内耗恶斗精神焕发，坑蒙拐骗出神入化，山头帮派玩于股掌，权谋诡计烂熟于心等，最终给社会和事业带来灾难。另一种是自恃所能，关系强硬，根基深厚，帮派势众，权威显赫；或腰缠万贯，财大气粗，手眼通天，使鬼推磨；或光腚撵狼，一不要脸，二不要命，打赤脚不怕穿鞋的等，常常公开无法无天，胆大妄为，作恶肆无忌惮，谋利贪得无厌，玩权随心所欲，享乐奢侈透顶，仗势欺压百姓，造孽疯狂至极。

坏人是阶级社会的产物，从历史发展角度看，社会坏人多与少、影响大与小，首先，与执政党的建设密切相关。执政党思想理论先进，理想抱负远大，路线方针正确，干部素质优良，工作作风扎实，廉洁自律严格，攻坚克难力强，就能从根本上强化对坏人的防范和治理，将坏人牢牢关在潘多拉盒子中。其次，与法治治理水平密切相关。如果说执政党是社会的纲，那么法治就是社会的网，只有法治天网恢恢，疏而不漏，公民法治意识不断增强，坚持有法必依，执法必严，违法必究，才能在更大范围和更深层次让坏人寸步难行，或受到惩戒。再次，与社会风气密切相关。社会风气形同植物生长所需的气候与土壤，关键是内含成分优劣与否。实践证明，坏人出现，说明社会风气有问题；坏人多多，则说明社会风气问题成堆。最后，与公民素质高低密切相关。坏人也不是天生就有，而是极少数不注重学习、锻炼和提高，素质相对低下和不断下滑的公民逐步转化而来，防范和治理公民中极少数坏人，对社会安定团结具有重要意义。

人们讲社会纷繁复杂，一个重要原因就在坏人出现和当道，以及坏人释放巨大能量，导致某些时候或某些方面黑白颠倒，轻者让事业受损，重者让社会倒退。要把坏人整治好，并彻底有效铲除滋生坏人的土壤和条件，就必须针对不同领域，持之以恒抓好专项整治。一是整治的基础在思想文化。思想文化是一种无形力量，也是影响人们思维行为的先导，防止社会出现坏人，依靠社会力量整治坏人，就必须筑牢思想文化防线，加强共产主义理想信念、先进思想理论、社会主义道德风尚教育，牢牢占领思想文化阵地，旗帜鲜明地抵御和清除各种腐朽落后意识形态。二是整治的核心在行政权力。政坛历来是某些坏人出没、翻手为云覆手为雨、行为作乱的场所，其原因就在于行政权力对资源具有巨大配置作用，对社会具有巨大制约作用，对人的野心和欲望满足具有巨大促进作用。要有效整治坏人，当把政坛作为攻坚克难的主战场。主要是坚持权力职责法定，切实将权力关进法律和制度的笼子；坚持运行公开透明，做到权力晒在台面，置于阳光之下；坚持优化制度机制，搞好干部选拔任用和业绩考核，更多让社会和群众作出评判；坚持严格执行纪律，形成纵向到底、横向到边的约束体系；坚持上下监督到位，既注重上级组织自上而下的日常监督，更注重人民群众自下而上的民主监督；坚持加高风险成本，一手高悬法律、纪律、舆论利剑，让坏人心存畏惧，望而却步。一手加大对胆大妄为者严惩力度，让其一次使坏，必遭重罚。三是整治的重点在市场秩序。坏人之所以能在社会上使坏，还在于个人欲望恶性膨胀与物质金钱和行政权力结合，居多通过市场交换进行。可见，要防范和整治坏人，必须在物质金钱与行政权力之间设立强固的法律、制度和纪律防火墙，绝对不能形成权钱交易市场让坏人兴风作浪；必须严格规范市场行为，防止和杜绝一切不正当竞争，不给坏人以可乘之机；必须严厉打击各种市场不法行为，使之老鼠过街，人人喊打。四是整治的关键在社会治安。治安是社会稳定发展的基础，以其点多、面广、事多、人杂、难控而著称，历来是坏人作恶多端之地。加强社会治安防控，有效实施综合治理也就显得格外重要。对于社会黑恶势力，必须坚决果断，重拳出击，依法严惩。通过举一反三，彻底斩断伸向行政领域和经济领域的触角与通道，打掉保护伞，消除关系链，扎死钱口袋，绝对不能让其成长为祸害社会的毒瘤；

对于形形色色的流氓犯罪团伙，要加强社会面控制，在依法打击违法犯罪行为同时，也要组织动员社会各方力量，实施行为帮教转化，想方设法在生活上给出路，以祛除社会病灶；对于各种低素质社会闲杂人员，则要社会各方努力，重在教育管理，帮助解决生存发展的实际问题，使其彻底抛弃“大错不犯，小错不断，公安不抓，法院不判，社会不安”的污名，在可能走向违法犯罪的初始阶段将其拉回正道。

六、斗倒敌人

敌人是坏人的特殊一类，也是危害最大的一类。此类出于阶级本能，具有非常险恶的政治目的，手段狡诈残酷。即颠覆国家政权，破坏社会主义制度，推翻共产党领导。有的削尖脑袋钻进共产党队伍，借共产党的名，用共产党的权，干破坏共产党的事；有的得社会主义好，发社会主义财，挖社会主义墙脚；有的拿国家的钱，用国家的工具，从事唱衰和伤害国家的勾当；有的投敌叛国，充当汉奸，专门在国内发展敌对势力，向各关键领域和要害部门渗透，千方百计从事颠覆破坏活动；有的处心积虑利用国内发展中的矛盾、群众所面临的困难、复杂多样的民族宗教关系和社会消极腐败现象，肆意丑化和恶毒攻击共产党的领导与社会主义制度，借以蛊惑人心，动摇国家稳定发展基础等。可见，敌人始终是国家民族、社会主义制度和共产党执政的大患。

在现实社会中，有敌人很正常，最大价值是做反面教材，最大危害是既要社会得病，更要社会亡命。应该看到，在市场经济条件下，在发财致富氛围里，在香风习习之中，有的人敌人概念、忧患意识早已淡出和淡化，表现出一门心思为金钱物质利益而奔波，为物质精神享受而忙碌，为个人极端民主自由而努力，为名声面子而战斗，甚至咬敌钓钩而不意，被敌利用而不觉，为敌办事而不明，与敌作恶而不耻。如此发展下去，不要说国家兴旺发达，一旦到了像苏联那样亡党亡国和民族四分五裂时，皆悔之晚矣。中华民族已到伟大复兴的关键时期，所面对的国内外环境极其复杂，发展任务十分艰巨繁重，各种各样的敌人破坏活动也会更加猖獗。进一步增强对敌斗争意识，优化对敌斗争策略，加大对敌斗争力度，夺取对敌斗争胜利，实乃确保国家长治久安的基本要务。

与敌人斗争和战胜敌人，是我们党的优良传统。在新的历史条件下，加强和完善对敌斗争，一是要察敌之情。与敌斗争，不知道敌人在哪里和干什么，是危险的事，历史的诸多经验教训往往就在这里。因此，我们一定不能一味忙于经济发展的具体事务，也不能为眼前成功和胜利所陶醉，更不能自感天下太平而高枕无忧。而是要在增强风险忧患意识基础上，善于观察分析复杂多变形势，精准把握国内外敌人的特点，做到有的放矢，对症下药。二是要断敌来路。在我国建设发展过程中，国内外敌人破坏活动尽管各种各样，但其路径主要集中在两个方面：利用各种文化工具，传播封建腐朽意识形态和西方腐朽意识形态，以期占领思想文化阵地，让国民成为封建文化和西方文化的附庸；通过经济技术和资本运作，向社会经济领域渗透，以期从根本上改变社会主义经济结构，控制涉及国计民生的重要产业，左右国家经济发展政策走向，动摇社会主义经济基础。俗话说，打蛇打七寸。一方面要紧抓笔杆子，用社会主义意识形态牢牢占领阵地，不给敌人可乘之机。另一方面要加强对经济领域的监控和调整，注重优化经济结构，构建良好社会经济秩序，严防资本负面作用发挥。三是要制敌破坏。敌人因其本质决定，一定要进行各种各样破坏活动。这就要求我们在加强防范的同时，还必须坚持高压态势，善于运用法治手段、政策手段、经济手段和舆论手段，坚决给予迎头痛击。四是要促敌转化。敌人既是绝对的，也是相对的，内部也非铁板一块。对敌斗争既要坚持刚性应对一手硬，也要善于根据具体问题和不同对象，注重有力有礼有节，做深入细致分化瓦解和改造工作，促进矛盾向好的方面发展。五是要封敌口实。敌人得以妖言惑众或一时得逞，往往就在于很会利用社会发展过程中的各种问题和困难，以其之矛，攻其之盾。对此，必须加强正面主动出击，也要从完善自我和强化自我角度，注重向内使劲，全力以赴把自己的事情做好，教育和引导广大群众，不断扩大和增强对敌斗争力量。

2015年2月

浅析旧的思维行为方式

思维方式是人认识客观实际的方式，行为方式是人应对和改造客观实际的方式。从历史和现实角度看，对事业发展具有负面影响的无疑是旧的思维行为方式。对此，理当重视、改进和提高，以在促进事业发展上发挥特殊功效。

一、表象

（一）变革中的守旧

人的思维行为方式一旦形成，不仅具有稳定性，有时还具有排他性。若在落后事物面前稳定与排他值得称道，若在新生事物和先进事物面前稳定与排他就是因循守旧。因此，每当社会发生大的变革，或工作上的改革创新，也就难免遇到某些人的不理解、不赞成与不支持，他们一味抱着老本经不放，固守落后的东西，甚至将落后的东西当成科学与真理来尊崇。

教条不能动。人都有所遵循的条条框框，或包含真理，或包含谬误，即便真理也具有绝对属性和相对属性。因此，人在现实生活中要遵循条条框框，但在形势发生变化和出现变革走势时，就不能简单固守条条框框，或将条条框框绝对化，而要根据形势发展变化和社会变革的需要打破条条框框，促进创新发展。打破条条框框说起来容易，实施起来则较难，难就难在有的人教条主义观念强固，一味简单笃信和迷信于名人说的、书上写的和自己认的，不察所信奉条条框框是否适应形势发展和社会变革需要，以及客观规律要求。凡符合条条框框的就支持，不符合的就抵制，甚至为维护条条框框尊严而争论不休。

习惯不能改。人的思维行为方式固化，还体现在为人处世所形成的习惯，甚至在有些情况下成为一种下意识应对之举。习惯包括好习惯和坏习惯，好习惯要发扬光大，坏习惯就应当改进。习惯一般一成不变和惯性运行，客观世界则千变万化，复杂异常。要适应形势发展和社会变革，就必须及时改变旧的不良习惯，在改变中有所作为。然则，在形势发展和社会变革时期，如果说有的人观念障碍是源头，那么比较常见的不适应就是旧的不良习惯难改，应对新事物显得格格不入。

常规不能破。事物联系互动皆有规则，或是历史经验总结，或是运行过程约定俗成。在一般情况下，众人皆照单抓药，循规蹈矩，按部就班，保持相互间动态平衡。但是，对立统一规律告诉人们，统一是相对的，对立是绝对的，事物要发展进步，就不会长久停留在一个水平线上。这样一来，在原有基础上维系各方联系互动的常规就会被打破，通过建立新的运行规则，以促进事物竞进提质。这就是常说的破与立的关系，不破不立，破是手段，立是目的。要打破常规，无疑如打乱了有的人固定调节好的顺其自然、简单重复的生物钟那样，激起各种反弹。不是妄加评论，就是戴上有色眼镜专挑毛病。不是我行我素，抱残守缺，就是对新规则加以抵制和被动作为，表现出明显的水土不服。

利益不能丢。人的思维行为方式形成，在相当程度上是由利益决定的。形势发展和社会变革是大势所趋，其因在于影响和阻碍社会进步的因素存在，仅靠常规方式已不足以解决问题时，就必须进行大刀阔斧的变革，主要指向就是旧的体制机制和背后的各种利益。因此，大凡推进变革也就不难发现，许多改革创新举措之所以较难达到理论设计预期目标，就在于触及了某些人的利益，难免唱衰变革和抵制变革，让变革之路充满艰辛，不得不付出相应代价和成本。

（二）开放中的撤防

世界是普遍联系的，无论是国与国之间、团体与团体之间、人与人之间，还是发展经济、改善民生、建设文明，都必须加强和维系联系互动，以达到发展自我和提高自我目的。要加强联系互动，就必须以开放的心态和举措，主动融入世界普遍联系的大势中去，通过大开放来实现大发展。同时，世界毕竟复杂多变，各方面发展不平衡，进而决定了对外联系互动与开放必须是有针对性的和有原则的。开放的过程，既是激活各种生产要素的过程，也是滋生某些问题的过程，彰显跷跷板效应，背后往往就是旧的思维行为方式在起作用。

对外夜不闭户。就党外而言，党的组织要坚强有力和当好火车头，就应当对社会持开放态度和包容胸怀，以利调动各方面积极性和创造性。然则，对社会开放和包容也是有原则的，若按旧的思维行为方式行事，搞无原则的开放和包容，无疑容易走向良好主观愿望的反面。诸如有的言及对社会开放和包容，就少讲和不讲主义与理想，缺乏政治站位和政治敏锐，对一些错误思潮和不良风气缺乏警惕，导致某些思想理论阵地丢失，笔杆子不在自己手中掌握，进而有损党组织的凝聚力和战斗力。就国外而言，当今世界正处在经济全球化时代，我国要发展和复兴，就必须更多地面向世界，深化开放。但是，当今世界仍是西方资本主义占主导地位，国际政治秩序、经济秩序和文化秩序严重不合理。这一切都决定对外开放是充满自信的开放，必须有气魄和胆识，不怕与狼共舞；是有利于自我发展和提高的开放，而不是弱化自我；是有原则的开放，根据国情，坚持党的领导和走社会主义道路；是斗争中的开放，开放就意味着窗户打开以后，苍蝇也会飞进来，要防止苍蝇飞进来或飞进来后得以及早清除，就必须提高警惕，注重防范，不能让其趁开放之机影响发展；是胸有成竹和有的放矢的开放，要搞好顶层设计，发挥自我优势，始终保持清醒头脑。然则，有的对外开放思维行为方式却时常表现为无原则退让，不问青红皂白撤防或不予设防，进而引发诸多复杂问题。

对内信马由缰。按照社会价值标准衡量，现实中的各种事情一般分为好事和坏事。人无论是做好事，还是做坏事，一个重要前提就是必须有相应条件。因此，当人在做好事遇到条件不具备时，就必须用开放的思维去想问题，用开放的举措去借用、改变和创造条件，以成就要做的好事。常见做法就是对原有和现实一些不良约束予以松绑，为成就好事降低各种门槛。反过来，对坏事则必须严加约束，特别要在条件上加以限制。但是，有的受旧的思维行为方式支配，主观愿望是做好事，一旦具体操作起来则是非不辨和发生偏转，不仅将该取消的限制取消，而且将不该取消的限制也一并取消，出现不看对象与不思后果的“一风吹”和“一刀切”。更有甚者，在开放旗帜下，盲目攀比谁放得更多、更开、更彻底，还美其名曰是思想解放和工作创举。殊不知在对好事全面开放的同时，对坏事该管的不管而“放鸭子”，或是随意突破规矩，乱开口子，跨越红线，难免导致开放的结果可能是好事没有好起来，坏事却成了气候，让社会付出代价。

对己放纵欲望。人都有欲望，积极作用得以促使人去追求和创造，消极作用在缺乏社会制约条件下，也可促使人违法乱纪，胡作非为。在人类社会中，为发展和保持正常社会秩序，就必须用法律、制度、纪律、道德和舆论等对人的欲望加以界定与限制，借以给欲望烈马戴上笼头。同时，社会倡导开放，针对的是思想上的、体制内的和工作中的与形势发展不相适应及对新生事物起阻碍约束的东西。通过开放引入新理念、新文化和新生产要素，来解决现实问题。反观有的受旧的思维行为方式影响，思考和实施的开放却是借开放之名与营造的开放环境及气候，以去掉法律、制度、纪律、道德和舆论的约束，放纵个人欲望膨胀，无限制在社会上谋利滋事，导致问题多发，法不责众，开放也多易背上污名。

（三）常态中的跟风

日常工作和生活是一般人生存发展的基本要素，也是通过在宏观背景下和若干微观环境中同社会复杂人际关系网与关系链发生联系互动过程实现的。久而久之，有的也就难免形成较为固定和落后的思维行为方式，跟风就是较常见的一类。

从众心理。人跟风思维行为方式的形成，首先来自简单从众心理。毕竟社会生活充满艰难曲折和风险挑战，以及新情况和新问题层出不穷，相形之下人的智慧和能力有限。要保证工作和生活安全、平稳与正常，较简捷的办法就是随大溜，表现为一种缺乏是非鉴别能力的心理下注和脆弱平衡。路走对了和占便宜了是自己万幸，既省心又省力。路走错了和吃亏了，环顾四周有人垫底作陪，也不至于心理落差太大而难以承受。这种简单从众心理看似有一定合理性，但也有副作用。诸如容易使人缺乏独立思考和个人主见，进而看不清形势，把握不了规律，左右不了自己命运；容易在一些错误思潮和伪科学面前随波逐流，信谣传谣，以讹传讹；容易思想走偏，干了错事还心安理得，不以为然。

喜要面子。人与人习惯攀比是正常现象，正向作用在于通过对比发现差距，明确方向，激发动力，奋起直追，更多更好地创新发展。反向作用在于通过对比发现差距，容易心不平和气不顺，感到面子过不去。为了面子，有时也就不论是非，及时动作，先跟风再说，免得别人说抠门，舍得花钱为在场面不掉价；免得别人说老土，时常在过洋节和用洋货之类赶时髦；免得别人说犯傻，为求少劳累多安逸，想方设法及时行乐；免得别人说格外，吃喝打牌也就常随大溜等。

投机取巧。人在社会总要工作和做事，并按既定标准与要求而为，不论环境和条件怎样变化，都必须坚持职业操守，尽可能把工作和事情做好。然则，社会毕竟复杂，有时难免出现与职业操守相悖的不良风气，干什么都想不负责任、少付出与多获取就是突出表现。诸如说假话脸不红，心不跳；遇到好事抢前争先，遇到麻烦设法脚踩西瓜皮开溜，嫁接出去，一拖再拖；做日常工作低标准，敷衍应付，丢三落四，漏洞百出；热衷搞关系，谋私利，捞名声。

法不责众。现代社会是法治社会，讲究的是公民和法人行为必须纳入法治轨道，自觉遵守法律法规和公共道德，以构建良好的社会公共秩序。但是，在复杂社会生活中，有时难免会有人目无法纪，我行我素，常用不法手段获取利益和得到便利，进而在社会上起着一种不良导向，诱导和带动一些人去随风跟进，形成法不责众状况。诸如城市管理常见的车辆乱停乱靠、行人乱行乱闯、随地吐痰和乱丢杂物等现象之所以普遍与难纠，皆因在某些人看来，反正不守规矩的人不少，自己守规矩也好不到哪儿去，不守规矩也坏不到哪儿去，还是先跟风方便自己再说。

（四）落实中的走偏

在现实社会各种组织中，都有相对固定的管理构架，宏观层面重在决策，微观层面重在贯彻落实，以求在实践中结出硕果。由此可以看出，决策固然重要，难点则是通过自上而下运行真正贯彻落实到位，关键在于执行操作者具备良好的思维行为方式。只不过有的并不尽如人意，那就是决策本来不错，一旦进入贯彻落实阶段却产生了某些与决策初衷相悖的结果。导致这种情况除客观条件复杂多样和落实过程不确定因素众多以外，要害就在于执行操作者的思维行为方式出了问题。

所作所为往极限推。制定和出台决策，往往是在认真分析实际情况基础上按程序决定的。同时，贯彻落实决策也是有条件的。即必须遵循规律，把握好度数，进而充分发挥人的主观能动性，着力争取获得最佳客观社会效果。但是，有的落实却不注重辩证而为，而是出于某种动机或认识偏差，表面看来是站在思想政治道德的高地顺势而为，实则是违背客观条件沿貌似正确的方向走极端，将本来正确的东西搞过了头，难免让正确决策背过。

所作所为往反向推。一般而论，组织决策出台都有良好主观愿望与心理预期，但真正贯彻落实时却走向了主观愿望和心理预期的反面，决策实施没能取得正面效果不说，还要尴尬地出台新的决策去纠正与弥补原来决策执行中的过错。其因何在？主要是有的对于组织决策不是研究如何贯彻落实好，而是琢磨怎样将决策期待的良好效果推到反面，以置组织和决策于不义，这也是社会复杂多样的表现。诸如大力推进项目建设，有的就用实用主义和利己主义思维行为方式往反向推，不是造成项目建设违法违规、影响群众利益和成为半拉子工程，就是通过不法操控使财富流进私人腰包，给发展经济和项目建设抹黑。

所作所为往畸形推。如同春播秋收是组织决策追求的目标，关键在于执行操作者思维行为方式正确和能力提升，搞好贯彻落实过程的资源配置和条件创造，及时应对新情况和新问题，助推决策向预期目标转化。然则，常见问题却是决策一经贯彻落实就发生了变异，要么搞一些花架子，模糊和转移了决策主攻方向；要么借贯彻落实决策的东风，搬出私货搭顺风车；要么对决策掐头去尾，避重就轻，缩水瘦身，进行碎片化处理，进而化有形于无形；要么将决策当成筐，什么货都往里面装，随意稀释决策，用决策当另搞一套的挡箭牌等。

所作所为往利己推。决策所调整的往往是利益关系，既发展和保障人的合法利益，也限制和剥夺人的不合法利益。加之社会普遍联系，各种利益交织交错，成链成网，这就为决策调整各种利益关系增添了某些不确定性。作为被调整对象，无疑容易对影响既得利益的决策产生抵触。作为决策执行操作者，因素质参差不齐，与社会各种关系网和关系链有着千丝万缕联系，也容易变换手法，抵消和降低决策对自身利益的影响。诸如有的贯彻落实决策常搬出各种条条框框，对其进行屏蔽和曲解，影响决策的贯彻落实。

二、成因

（一）自然因素

俗话说：一方水土养一方人。人是大自然的产物，其思维行为方式的形成无疑要受大自然的影响，要么促使人深刻认识大自然，形成正确的思维行为方式，在改造大自然上得以有所作为；要么促使人为大自然优越条件所陶醉，或为恶劣条件所束缚，形成错误的思维行为方式，在改造大自然上难有作为。旧的思维行为方式的存在，某种程度上就是对大自然缺乏正确认识所致。

（二）人性因素

思维行为方式是人的机能，主要受人性及其基础——原始欲望所左右。人的原始欲望一般有物欲、权欲、乐欲、性欲。物欲，即更多更好地占有和消费各种实物；权欲，即更多更好地占有地盘和统领族群；性欲，即更多更好地传宗接代和满足生理需求；乐欲，即更多更好地放松和玩耍。欲望有积极作用，能促使人在社会一定发展阶段和制度文化框架下去创造，在满足自我和实现自我价值的同时，促进社会发展进步。欲望也有消极作用，特别在思维行为方式形成上，欲望一旦被绝对化或在思想意识中占据主导地位，就会形成欲望主导型思维行为方式，所作所为也就难免突破社会行为规范和自我控制能力，成为社会发展进步的阻力。如果欲望主导型思维行为方式再与权力和金钱等条件相结合，欲望就会恶性膨胀，思维行为方式就会恶性扭曲，对社会负面作用就会恶性增长。

（三）封建因素

我国历经两千多年的封建社会，封建意识形态根深蒂固。虽说社会业已步入现代文明，但只要有适宜条件和气候，封建意识形态遗毒依然会滋生蔓延，影响人的思维行为方式，进而危害社会发展进步。即小生产痼疾，常使有的人目光短浅，故步自封，因循守旧，打小算盘，贪图小利，行为极端；官场潜规则，常使有的人投机取巧，建关系网，搞小圈子，内耗内斗，权钱交易；庸俗化陋习，常使有的人迷信落后，愚昧低下，信谣传谣等。

（四）西化因素

如果说旧的思维行为方式易含某些封建意识形态遗毒，那么资本主义腐朽意识形态流毒就是促其畸形发展的激素。诸如容易导致人的思维行为方式以我为核心，价值取向崇尚个人主义和自由主义，常把自我摆在绝对化位置，并按自我优先原则应对社会事物；思维行为方式一切向钱看，成为拜金主义的俘虏；思维行为方式唯利是图，无序竞争，不择手段。

（五）认识因素

世界是客观存在的，也是纷繁复杂的，更是发展变化的。各种客观事物具体作用发挥，必然引起人的生理和心理反应，并通过大脑机能进行加工处理，形成思想认识，反过来应对和作用于客观事物。应对和作用于客观事物的过程，既包括原有认识对应对和作用于客观事物的指导，更包括对应对和作用于客观事物的再认识，如此循环往复，人的思维行为方式就是在该过程中形成和发展变化的。从自然属性讲，人的大脑机能存在先天优势或不足，一定程度决定人的思维行为方式优劣。从社会属性讲，人的大脑机能更多会出现后天发展变化，主要决定人的思维行为方式优劣。在人的思维行为方式中，认识是核心和根本所在，旧的思维行为方式普遍存在，既表明一些人的认识对客观事物反映失真，也表明认识客观事物方法失当，更表明认识指导实践失衡。

三、对策

（一）学理论

思想是行动的先导，旧的思维行为方式之所以多见，往往在于有的人不是出现思想理论真空，就是被错误思想理论误导。不是对科学思想理论缺乏深入学习研究，就是对科学思想理论持实用主义、虚无主义和教条主义态度等。思想理论是思维行为方式的统领，要实现旧的思维行为方式向科学辩证思维行为方式转变，前提是在学习科学思想理论上狠下功夫。一是要有鲜明态度。在任何复杂多变条件下，必须坚持学习科学思想理论不动摇，注重从普遍联系角度、创新发展角度和深入实践角度切题入题，目的在于弄懂弄通，掌握精髓，真正在学习科学思想理论上有正确思想定位。二是要深入学习马列主义和中国化的马列主义。该思想理论体系是被中国革命和社会主义建设发展实践所证明的真理，也是解决中国建设发展问题的金钥匙。因此，必须坚定不移地排除各种干扰，注重学习贯彻，并作为必须始终坚持的主体思想理论体系以指导实践和发扬光大。三是要借鉴世界思想理论文明成果。坚持以开放和海纳百川的胸襟面对历史与世界，大力汲取各种思想理论精华，做到古为今用，洋为中用，推陈出新，进而在全社会培养学习科学思想理论新风，让学习科学思想理论成为国人的文明习惯和文明时尚。

（二）接地气

科学思想理论来自科学实践，科学实践又主要来自人民群众的辛勤劳动和伟大创举。人民群众处在社会基层和建设发展一线，对客观实际最明了，对社会发展变化规律最明了，对各种思想理论价值最明了，对解决众多建设发展问题措施最明了。善于从人民群众中汲取智慧和力量，是转变旧的思维行为方式，确立科学辩证思维行为方式的关键。反观旧的思维行为方式之所以存在，往往就在于有的脱离人民群众，接不上地气而陷于误区。一是在思想上尊崇人民群众和拜人民群众为师。能否接地气，首先要讲群众观点，人民群众是历史的创造者，蕴藏着取之不尽、用之不竭的智慧和力量，理当受到社会尊崇和拥戴。确立科学辩证思维行为方式，就必须从内心深处敬仰人民群众，心甘情愿拜人民群众为师，这既是感情问题，更是政治问题。二是同人民群众打成一片。社会大课堂在经济建设一线，那里是人民群众的主战场。通过更多接地气来促进旧的思维行为方式转变，就必须尽快从空中楼阁空降下来，从闭门造车的书斋解脱出来，从坐而论道的神坛转型过来，从唯利享乐氛围调头出来，真正深入人民群众的具体实践中去察民情，听民声，知民意，懂民心，将思想行为深深根植于人民群众之中，成为人民群众的贴心人。三是善于汲取人民群众的丰富经验和智慧结晶。人民群众实践遍及社会各方面，所积累的丰富经验和智慧结晶往往不是以思想理论形态集约展现，而主要以广覆盖、分散化、具体性和单要素的方式分布与存在。要接地气，不仅要拿“望远镜”和“显微镜”去寻找发现丰富经验与智慧结晶，还应像吸铁石那样去集聚丰富经验和智慧结晶，更重要的是要善于对各种丰富经验和智慧结晶进行归纳加工，进而将各种闪光要素整理成一定的感性认识，再经过反复锤炼打磨上升到理性认识，最后用于指导实践。

（三）重实践

实践是人改造客观实际的行为，决定人的思维行为方式如何。思维行为方式一旦形成，又会反作用于人改造客观实际的行为。然则，社会毕竟复杂多变，导致人的实践具有正反之分，正可形成正确思维行为方式，反可形成错误思维行为方式。要实现旧的思维行为方式向科学辩证思维行为方式转变，不仅要强调实践本源地位，更要加强正向实践，消除反向实践。一是坚持实践高标准。即实践活动必须用社会政治标准、道德标准和专业标准衡量，以提高实践价值定位。二是打好实践攻坚战。人的实践活动尽管多种多样，其最有价值和最难践行的莫过于打好改造客观实际的各种攻坚战。攻坚战所指为社会发展进步过程的拦路虎，或能否“山重水复疑无路，柳暗花明又一村”的症结所在，以及能否始终走在时代发展前列的决定因素。大凡行之有效的实践，都是要最大限度挖掘和释放人的智慧潜能，集聚各种优势资源要素，去打好建设发展中的大仗和硬仗，在攻坚克难中使人的思维行为方式得到锤炼和升华。三是注重实践理性化。从实践到理论再到实践是一个有机链条和理性操作的过程，人在实践中不断改造客观实际固然重要，但仅限于此也是不够的。更重要的是还必须对实践过程和成果不断进行分析研究，总结掌握事物发展变化规律，并上升到科学理论高度，以进一步指导和优化实践，始终保持有机链条的完整和流畅，进而将实践作用发挥始终保持在良好状态。

（四）除积弊

实现旧的思维行为方式向科学辩证思维行为方式转变，还应有针对性地坚持纠偏差、堵漏洞、清源头，尽最大努力压缩旧的思维行为方式活动空间，铲除其赖以生存发展的土壤。一是正确运用理论武器。主要是针对旧的思维行为方式之源头——各种错误意识形态，高举马列主义锐利武器，与之进行坚决斗争，并在社会营造强大的舆论氛围，牢固占领意识形态阵地。二是进行专项整治。旧的思维行为方式的存在，遇到适宜气候和条件，很容易在社会上造成不良后果。那么，转变旧的思维行为方式，也就必须坚持问题导向，扭住矛盾要害不放，科学运用政治、法律、纪律、经济等综合手段，集中优势兵力，坚决果断地将问题发展蔓延势头遏制住和打下去。三是不断完善管控机制。既然旧的思维行为方式弊端较多，形成发展既有相应条件，也有一定过程，因而从治本和长治久安上讲，就是要在建立健全社会管控机制上改革创新，狠抓落实。尤其注重法治管控，增强人的法律意识，规范人的法律行为，提高人的法律素质；注重纪律管控，严格要求党员干部，始终保持旺盛斗志，优良作风，领先优势，强大战力；注重社会管控，充分发挥人民群众的公开监督作用，紧紧依靠媒体舆论监督，进而在全社会营造协调联动的恢恢天网。

（五）善统驭

思维行为方式，最终涉及哲学，在明晰旧的思维行为方式之弊后，当在科学辩证思维行为方式确立和作用发挥上积极作为，使之成为建设发展的重要支撑。一是要明“善”之义。与外国文字相比，我国文字独到之处既在字形优美，更在思想文化或哲学内涵丰富，系中华民族智慧的结晶。“善”作为名词，指先进事物，诸如常说的真善美；作为动词，指很好操作，诸如善后；作为形容词，指事物状态，诸如善举。由此联系到科学辩证思维行为方式确立，“善”

理当视之为魂。从“善”字名词角度讲，要构建和始终保持先进思想理念。从“善”字动词角度讲，就是在先进思想理念指引下，用实际行动真抓实干。从“善”字形容词角度讲，人的实践结果应是成功的和完美的。归结一下“善”字，就是要提高思想认识，学会全面看问题，深入看问题，历史看问题，动态看问题，以形成良好的和管总的思维构架，科学有效地应对复杂事物。二是要明“统”之要。“统”字讲的是总括和关联，诸如统帅和系统，体现的是对客观实际如何适应和全方位、系统化应对，其精要在于从实践到认识阶段要形成科学思维，就必须全面系统地掌握客观实际，尽可能多地从纵向到底和横向到边占有资料。从认识到实践阶段，要将科学思维用于指导和融入具体实践，也必须沿纵向和横向尽可能全面系统展开，以发挥指导作用和检验作用。可见，“统”字是思维行为方式联系作用于客观实际的纽带，“统”字不长入思维行为方式，运转也就辩证不了。三是要明“驭”之道。“驭”讲的是驾驶和控制，如果“统”字揭示的主要是对客观实际的涵盖和熟知，那么“驭”字则主要揭示的是如何按先进思想理念和决策部署，有的放矢和对症下药作用于客观实际。“驭”不仅是能否取得实际成效的关键，更是人处理复杂多变事物能力和艺术的体现，也是常说的具体抓落实的过程和最复杂的过程。市面流行“不缺理论家和设计师，缺执行者”讲的就是这个道理。确立科学的辩证思维行为方式，无疑需有高超驾驭艺术。即执行者必须思想观念先进，道德品格高尚，意志立场坚定，业务能力超强，工作作风扎实，抓得住要害，把得住重点，善于配置资源，强力排除干扰，快速应对新问题，牢牢控制局面，朝着既定目标不断推进，并经常通过回头看和回马枪严防问题死灰复燃等。总之，只要真正把握了善统驭科学内涵，正确处理相互关系，科学辩证思维行为方式就会不断丰富完善，进入新的境界，在实际工作上发挥不可估量的作用。

2015 年 4 月

看现实问题要有历史眼光

当今世界复杂多变，各种问题层出不穷，面临着巨大风险挑战。要正确应对风险挑战，最终战胜风险挑战，首先在于头脑要清晰和冷静，不仅善于用横向联系的眼光和唯物辩证的眼光看现实问题，更善于把现实问题放到历史背景下审视，进而以史为鉴，科学把握事物发展变化的脉络、走势和规律，从中获得破解现实问题的真经。因为历史源远流长，滔滔不绝，而人的生存发展具有阶段性和生命周期，前人即期探索拼搏的经验教训一般要积淀和尘封于历史，后人所从事的事业与面对的风险挑战较之于前人则大多具有相似性、关联性和周期性。所以，大凡应对当前所面临的风险挑战，且能把现实问题看深和看透，必须学会用历史的眼光审视而获益，以免走前人走过的弯路，或重蹈前人的覆辙。

一、大纵深看世界

看现实问题，往往需要有开阔的国际视野。毕竟世界正在发生巨大而深刻的变革，我国建设发展已广泛深度融入经济全球化进程，各种不确定因素倍增，竞争博弈异常激烈，无不影响着国内事务的进程和走势。其要害就是善用历史的“显微镜”“望远镜”“透视镜”沿四条主线纵览天下，以在认识和把握现实问题上“山重水复疑无路，柳暗花明又一村”。一是马列。马列主义是人类近代以来最伟大的思想理论成果，它深刻揭示了社会发展变化的规律，开天辟地催生了世界社会主义和共产主义的成功实践，谱写了人类历史发展的光辉篇章。故洞悉现实问题和世界风云变幻，必须善于寻踪马列主义诞生和发展的历史，着力学习运用马列主义解惑释疑，这样方能耳聪目明，胸有成竹。有的之所以面对现实问题和世界格局、迷局、乱局而迷茫或迷失，就在于缺乏从马列主义发展历史中找答案，缺乏运用马列主义锐利武器解答题，甚至对马列主义持怀疑、丢弃、否定和反对态度。二是资本。当今世界仍是资本主义占主导地位，既表现为经济发展领先，科技实力雄厚，文化话语权独大，军事能力超强，是世界风云变幻的主要推手，更表现为给世界造成了空前灾难，且强大外表难掩走衰之势。有的之所以面对现实问题和世界格局、迷局、乱局而迷茫或迷失，还在于对资本主义发展历史不甚了解，对资本本质缺乏认识，对国际垄断资本作用不知所以然，易被貌似强大的外表所震慑，被物质财富和经济繁荣所迷惑，被西化意识形态所洗脑，导致认识上的盲目崇拜和行为上的盲从而为。三是宗教。世界形势纷繁复杂，诸多乃文明冲突所致，各种宗教主义发展变化即是重要动因，甚至众神之战和教派争斗异常激烈，连绵千年不绝。有的之所以面对现实问题和世界格局、迷局、乱局而迷茫或迷失，多在于对世界各主要宗教发展变化历史研究不够，对其所具有的特殊影响力认识不清。四是种族。世界是多种族或多民族的综合体，种族意识和文化根深蒂固，其矛盾运动时常激起种族间纷争不断或战端频仍，在相当程度上决定了世界风云变幻。有的之所以面对现实问题和世界格局、迷局、乱局而迷茫或迷失，即在于缺乏寻踪种族主义发展变迁的历史，明晰其发挥作用的机理。诚然，善于在世界大背景下透视现实问题绝非容易之事，关键要树立世界意识，清除小国寡民思想，多从地缘政治角度看问题，切莫身为桃园人，不知魏晋事；要丰富世界知识，多研究世界历史，多学世界理论，多关注世界大事，不断加强知识积累；要培养世界辨识，善于透过现象看本质，重在认识把握世界风云变幻的来龙去脉和规律；要具有世界谋识，做到思考应对现实问题常放射性置于世界大背景下大浪淘沙，再聚焦性置于具体背景下比较反复打磨，力求思维行为更具世界水准。

二、溯源流看党史

众所周知，中华文明历史悠久，博大精深，在世界享有崇高地位，理当发扬光大，世代传承。尤其从中国共产党成立，到新民主主义革命胜利和社会主义中国建设发展至今，是中华文明最艰苦卓绝、最波澜壮阔和最成就辉煌的历史阶段。可以非常自豪地讲，中共党史就是一部活生生的教科书和蕴藏丰富的无价之宝。因此，面对各种现实问题，只要善于按四大阶段回望追寻党史源流，就能豁然开朗，淘得真金。一是救亡。中国共产党诞生于半殖民地半封建社会，到新民主主义革命胜利之前，整个国家民族深受三座大山压迫，党主要处在被屠杀、被“围剿”、被打压的危亡境地，面对的风险挑战空前绝后，纷繁复杂，一应俱全。诸如西方帝国主义国家长期侵略、奴役和压榨；封建主义地主军阀势力实施残酷剥削和掠夺，割据混战不止，各种愚昧、落后、野蛮等腐朽意识形态根深蒂固；官僚资本主义利益集团对外投降，对内残暴统治和宰割；匪患猖獗，盗寇并起，吸毒普遍，嫖赌成风，社会丑恶现象肆虐；国人一盘散沙，彰显厚重的劣根性等。正是在这种生死存亡的高危背景下，中国共产党历尽千难万险和奋力打拼，终于冲出了危亡境地，战胜了风险和挑战，夺取了新民主主义革命胜利，获得的经验教训极其弥足珍贵。二是脱困。社会主义新中国成立在一穷二白和百废待兴基础之上，外部又遭遇帝国主义长期封锁、威胁和捣乱，建设发展无疑步履维艰和难上加难。正是在这种困难重压和风险挑战面前，党领导人民自力更生，艰苦奋斗，勒紧腰带，砥砺前行，实现了经济腾飞、社会清明，创造了革命和建设人间奇迹，获得的经验教训极其难能可贵。三是致富。在党的领导下，突破了经济一穷二白和外部重重封锁的社会主义中国，大步走上了改革开放、建立和发展社会主义市场经济康庄大道，举国创新发展活力空前高涨，综合实力不断提升，逐步实现了人民富裕，国家富强，辉煌业绩举世瞩目，国际影响力日益增强，获得的经验教训极其至尊至贵。四是鼎兴。经过胜利跨越救亡、脱困、致富三大历史阶段，以党的十九大召开为重要标志，我国步入了实现中华民族伟大复兴和建成世界强国的新时代，面对的形势更加复杂多变，风险和挑战更加严峻突出。作为新时代的见证者和建设者，因生命周期规律作用，经历救亡、脱困、致富历史阶段的人们会呈递减趋势，不曾经历救亡、脱困、致富历史阶段与充分享受和平年代美好生活的人们会呈递增趋势。因此，在新时代能否抵御和战胜外在风险和挑战，克服和平年代富裕生活条件下容易产生的懈怠、享乐、腐败等内生问题，继续保持旺盛的创新活力，坚强的战斗意志，强劲的发展势头，实乃人们必过和难过的重大关口。尤其面对各种风险和挑战以及复杂现实问题茫然无措时，不妨认真审视救亡阶段，明晰怎样识别、应对和斗倒敌人，怎样荡涤和扫除一切社会丑恶，怎样反思、战胜和提高自我。不妨认真审视脱困阶段，明晰怎样克服基础弱、条件差和环境劣，怎样自力更生、艰苦奋斗、万众一心和集中力量办大事，怎样保持革命战争时期的拼搏进取精神。不妨认真审视致富阶段，明晰怎样解放思想、实事求是和改革创新，怎样搞建设、闯市场和走世界，怎样与时俱进和竞进提质等。如此，就不会被各种对党史污名化和历史虚无主义的思潮所毒害，被各种拜金主义、享乐主义和利己主义的东西所迷惑，被各种风险和挑战以及复杂矛盾所吓倒，进而认真学习借鉴救亡、脱困和致富历史阶段的丰富经验，汲取相应教训，坚信马列主义，坚信党的领导，坚信共产主义理想，坚信社会主义制度，紧密结合实际，迎难而上，凝心聚力，咬定青山不放松，就一定能乘风破浪，胜利前进。可见，应对复杂现实问题，做明白的人，智慧的人，有为的人，当认真学习、深入学习和反复学习红色历史，既知其然，更知其所以然；当认真学习、深入学习和反复学习红色理论，把握精髓，用足用好锐利武器；当认真学习、深入学习和反复学习红色领袖，培养驾驭全局、理论联系实际、攻坚克难的智慧和能力；当认真学习、深入学习和反复学习红色业绩，坚定信心，鼓舞斗志，与时俱进，再创辉煌。

三、全链条看主业

在社会职场和职业生涯，大到一定区域，中到一些单位，小到一个公民，在不同历史阶段都有所从事的主业。诸如有的做工，有的务农，有的当兵；青少年学习为主，青壮年工作为主，中老年学休为主等。但是，不论怎样都需经历由量变到质变的过程，彰显发展链条的丰富性、传承性、复杂性和持续性。同时，现实问题毕竟主要和大量表现在具体时间与空间，无不考验着人们的智能和水平。实践证明，只要紧紧抓住影响主业发展变化全链条的四大要素研究剖析，就能“会当凌绝顶，一览众山小”。一是何来。在实际工作中，常会遇到各种问题让人不察，或疑惑，或焦虑，或错判。其因往往在于就事论事，就眼前看眼前，缺乏刨根问底，不知或少知主业是怎么来的。事实上凡事起源皆有内因和外因，折射的是基因和土壤，而善于打破砂锅问到底，多能从自然原生态角度看到问题本质所在。诸如促进地方工业经济发展，不了解其兴起的内因和外因，尽管有时主观愿望良好，实际所作所为却容易水土不服而打折扣或走样。二是何变。主业运动轨迹一般是由低级向高级发展变化，但运动过程有时也会出现停滞或倒退。其实许多现实问题的背后即潜藏着这种发展变化的动因，因而需要时常带着问题，由源头及今看主业是怎样发展变化的，重在厘清发展变化阶段、形态和特点。诸如大力发展地方工业经济，就要善于看从起步阶段至今的规模、技术、管理、质量、结构、市场和效益等是何种状态，以及怎样发展变化。否则，发展就容易断流和改道，缺乏关联性和成长性。三是何故。主业由生而长，成功也好，曲折也罢，都有其因，内含许多经验教训，甚至是治理经典或血的代价。故应对主业现实问题，当明晰由源头及今发展变化过程的成功或失败背后各种硬实力和软实力在如何发挥作用，这也是全链条看主业的重中之重。诸如有的地方工业经济发展又好又快，就在于思想解放、眼界开阔、反应灵敏和抢抓机遇，在于顶层设计好和坚持不懈贯彻执行，在于善于认识、利用和创造条件，在于注重生态、安全和发展协调联动，在于洞悉市场、勇闯市场、打拼市场和驾驭市场，在于有效吸纳、集聚、利用和调控资本，在于坚持科技创新、加强科学管理和发挥人才优势，在于经济环境、法治环境和人文环境优良等。四是何为。人们打拼职场，专攻主业，创造佳绩，既是生存发展需要，更是价值追求和价值体现。实际打拼、专攻和创造的过程却充满艰难险阻，以及众多现实问题。要想大有作为，就应在用历史眼光审视主业何来、何变与何故基础上，着力聚焦现实问题，进行反复比对和研究，及时从中汲取经验教训，谋划攻坚克难举措，且坚定不移地贯彻落实，这才是全链条看主业的归宿。诸如发展地方工业经济，必须以历史的、发展的眼光发扬光大原有优势，避免犯前人犯过的错误，进而夯实基础，集聚资源，优化结构，完善体制，畅通渠道，提档升级等。可见，要切实做好“四何”工作，必须紧扣主业强化审视全链条意识，具有强烈的事业心和责任感；培养审视全链条能力，加强业务学习，掌握业务理论，深入业务实践，总结业务经验，把握业务规律；掌握审视全链条方法，多用比较法，拿过去发展变化过程的经验教训对比现实。多用换位法，假设自己置身前人的位置和环境该怎样应对问题，前人获得的经验教训对处置现阶段环境条件下的问题有何启示。多用两分法，重在明晰事物的优劣、关系、结构和转换，以更好地扬长避短，牢牢掌握主动权等；消化审视全链条成果。回望审视过去，是为了得到启迪，以指导具体实践，取得实效。这就需要把握真谛，注重融入现实，实现成果的转化和放大，而非束之高阁，或机械教条落实。

2017 年 12 月

浅析老实人

论及地方干部工作，比较流行的莫过于说老实话，办老实事，做老实人，不能让老实人吃亏和不老实人得利，其核心在于做老实人。正如习近平同志指出的那样，老实做人、做老实人，是共产党员先进性的内在要求，是领导干部“官德”的外在表现，也是我们党的一贯主张。如此，干部工作方能导向正确，队伍精良，风清气正，成就事业。但是，现实中的某些情况却不尽然，老实人吃亏和不老实人得利仍时有发生，应值得警醒、深思与防治。

欺老实人是风气不正。老实人被欺或老实人吃亏，是种历史现象，纷繁复杂，根深蒂固，对后世影响较大。因此，干部工作要有效解决或根除老实人被欺或老实人吃亏并非易事。而且在历史和现实复杂因素叠加作用下，有的地方和单位仍会出现老实人被欺或老实人吃亏在大面上被口诛笔伐，但在大面下却问题难禁的情况。其客观在于行政集聚公共权力和配置公共资源，作用、诱惑和风险较大，对从政者如“双刃剑”。主观则在于从政者既是自然人，又是社会人，还是特殊岗位权力人，人的原始本能之弊、社会条件局限所造就的个性特征不良和素质参差不齐，都会通过从政者思维行为反映出来。加之有的地方和单位制度机制不健全，风气环境不优良，以及老实人思维行为方式习惯对事不对人、对公不对私、对理不对情和对正不对邪等。这一切交织交错，交互作用，也就难免让老实人被欺或老实人吃亏有了可能，对事业发展不利影响较大。其表现就是有的坏人庸人当道，对老实人政治上设防，不让接近和占据权力岗位，区隔在权力之外，甚至打击诬陷；工作上设套，任何地方和单位都会有各种疑难杂症、急难险重和得罪人之类的麻烦，老实人因品行和能力所致，也就容易被坏人庸人算计，将其职责所定而必须承担的艰巨任务，千方百计转移或嫁接到老实人身上，让老实人费时费工费力冲在前面，自己则跟在后面当督战队和评论员，常让老实人身心疲惫或遍体鳞伤；名利设卡，在坏人庸人看来，老实人的功效就在于种树，真正摘果子则须让贤，不能让其在社会集聚人气和得到经济利益等。可见，要杜绝老实人被欺或老实人吃亏，当先从正风气着力。

做老实人是从政基础。行政所言老实人属政治概念，也是从政者最起码的要求。但是，在不同环境和不同人心中，对老实人的理解往往不尽相同，甚至不乏偏见或谬误。即有的认为老实人就是在组织和领导面前听话，在工作面前认真负责，在名利面前不争不吵不闹，在人际关系面前不惹是非，在规矩纪律面前谨小慎微，属干部队伍中比较实在和老实巴交的一类。也有的认为老实人就是为人正统，脸皮较薄，胆小怕事，能耐不大，上不了台面，玩不转关系，捞不到实惠的傻瓜。这也是为什么有的人习惯将做老实人当面上口头禅，而实际则小瞧老实人和贬低老实人，以及自己做不了老实人之故。其问题就出在不善于从政治高度看问题，而是习惯戴着世俗、官场潜规则和封建江湖变色镜看问题。其实，要求干部做老实人看似简单，实则难上加难，关键在于政治站位要高，对党和国家无比忠诚，自觉在政治上保持高度一致；对共产主义理想坚定不移，为之奋斗终生；对人民群众视为上帝，全心全意搞好服务；对事业殚精竭虑，奋发有为，无私奉献，成绩突出；对邪恶坚持真理和公平正义，与之进行坚决斗争；对名利淡泊明志，宁静致远，先天下之忧而忧，后天下之乐而乐，常在吃苦吃亏中自我解压，自行疗伤，自得其乐。实践证明，做老实人是从政基础，基础不牢，当不要从政，即便从政难免会遇到曲折，甚至摔跟头。既然要从政，就必须坚持不懈和始终一贯地夯实做老实人这个基础。

尊老实人是时代要求。现今社会正进入一个崭新时代，既充满建设发展的重大机遇，也面临许多严峻挑战。从干部队伍建设角度讲，要有效应对挑战，就必须大力倡导做老实人和尊崇老实人的新风尚。毕竟现在是市场经济，通行法则就是交换，付出所求是回报。现在是财富时代，人的社会价值标准多以财富论，难免金钱至上和利益导向颇有市场。现在是民主社会，人们易想不受约束或少受约束，想有更多言论和行为自由。现在是享受生活时代，潇洒温馨过小日子成了有的人孜孜不倦的追求与向往等。这些不仅会对社会主义思想政治道德和优良传统美德建设造成一定干扰，也让社会氛围和土壤中充斥某些不良因素，易令有的干部思想品质和道德风尚出问题，甚至让某些坏人庸人有了兴风作浪和谋私得利的可能，进而让老实人被欺或老实人吃亏。可见，时代在不断进步和发展，需要与呼唤干部队伍老实人辈出，以担当使命和引领时代。之所以如此，皆因老实人除思想政治过硬之外，老实人讲法纪，思维行为将法纪挺在前面，始终成为法纪的维护者和践行者；老实人讲敬业，做事认真负责，精益求精，彰显个人价值实现在于奉献社会；老实人讲诚信，为人处世光明磊落，朴实无华，言必信，行必果；老实人讲文明，具有良好道德品行修养和作风等，是社会进步发展的主力军。因此，干部工作要尊崇老实人，必须强化决策定位，使之成为各级组织始终不变和一以贯之的思维理念与行为举措；强化工作导向，旗帜鲜明地宣传老实人，关爱老实人，使用老实人，服务老实人；强化资源配置，不断让老实人政治上进步，岗位上择优，经济上得利，社会上留名；强化环境整治，着力堵塞各种投机取巧之人的行为漏洞，着力抵挡不轨之人射向老实人的明枪暗箭，着力教育提升品行缺失之人的素质。

育老实人是组织重任。既然干部队伍不同程度存在着老实人被欺或老实人吃亏问题，做老实人是从政基础，尊老实人是时代要求，那么培养造就千千万万老实人，充分发挥老实人作用和功效，消除老实人被欺或老实人吃亏的历史痼疾和现实问题，让老实人有作为、有价值和有尊严，作为地方行政组织无疑任务艰巨，责任重大，必须坚定不移地打好攻坚战和持久战。即高点定位，坚持从讲政治，顾大局，谋发展高度，强化培育老实人、重用老实人、关心老实人和保护老实人意识，着力把握方向和精准定位；刨根问底，加大力度和深入持久查出老实人被欺或老实人吃亏的病根与症结。尤其要善于深挖人的原始本能之短、封建官场潜规则之弊、资本主义腐朽意识形态之害、干部管理之失等因素，确保干部思想政治道德建设有的放矢，对症下药；领导带头，领导干部是老实人队伍建设兴利除弊的第一责任人或主体责任人，理当从率先强化自身素质入手，从立党为公和事业兴盛高度履职尽责，从防止和克服以我看人、情感选人、关系用人、嗜利近人着力，真正当好老实人的伯乐和不老实人的包公；深化改革，就是要增强选拔任用老实人的组织性，坚持民主集中制原则和集体决定，力戒个人说了算和关系说了算。就是要增强选拔任用老实人的实战化，少在形式上做文章，多在实际和实战上下功夫，用实战成果来检验老实人的能力素质。就是要增强选拔任用老实人的透明度，丰富和完善人民群众的知情权、参与权、监督权和决定权等，将老实人请进来，将不老实人逐出去；健全机制，注重岗位权力资源配置向老实人倾斜，激励老实人干事创业。同时，要不断完善纠偏纠错机制，避免岗位权力资源被不老实人占用，以及老实人利益被不老实人用不轨手段挤占；营造氛围，组织动员各方力量，大力宣传老实人先进事迹，鞭挞不老实人劣迹，引导社会舆论深刻认识和研究现实深层次问题，进而统一思想，达成共识，凝心聚力，为老实人鸣锣开道，让不老实人寸步难行。

2018 年 6 月

要构建和谐共生的银企关系

银企关系不够协调，特别是银行与中小企业关系不够协调，是地方经济工作常见问题，在一定程度影响了地方经济发展，值得重视和改进。

银行与企业实际都是企业，但银行是特殊企业，其他则是普通企业。普通企业是经济发展基础，银行是经济发展的“血站”，普通企业依靠银行注入血液发展，银行依靠普通企业发展回报生存，两者相辅相成，相得益彰。

企业发展，特别是中小企业发展，无疑与银行关联度高，联系互动过程会时常感到有的银行嫌贫爱富，不把中小企业放在眼里，有时求银行贷款难上加难，而且不仅在事难办本身，甚至还不乏那种高高在上、财大气粗和违规搭车加价的不良风气，个别的甚至以贷谋私，不给好处不办事。更让不少中小企业受不了的是，市场稍有风吹草动，有的银行即一味规避自身风险，不管企业死活和情况如何，强势抽贷或压贷，让企业叫苦不迭，诸多企业的高利贷就是该背景下的产物。

银行也多抱怨不是不贷款和不支持企业发展，多因市场竞争激烈，中小企业实力较差，发展水平不高，放贷或债权面临诸多风险。尤其在资金环境趋紧情况下，有的中小企业主素质低下，不讲诚信，恶意逃废金融债权和当老赖，常让银行背黑锅，吃闷亏，甚至有的工作人员个人被严厉追责，葬送前程。

企业所言都是事实，看问题容易集中在银行的不是，思维方式难免有些片面。企业既然要参与市场竞争，基础就在于强身健体，对外联系交往必须讲规矩和讲诚信。若是自身体质柔弱，与银行打交道不讲规矩和诚信，也就不能一味埋怨银行，而要多从自身找原因，多体谅银行难处。不讲规矩和诚信，不要说银行，到哪儿都会被惩罚。

银行所言尽管也有合理成分，但思维方式同样多聚焦于企业问题上，工作立足于防范和惩戒多。银行的钱主要是存款人的，保障存款人的合法权益不仅是经济问题，更是政治问题，其唯一出路就是借助于放贷回报来实现，以及保证自身发展，而企业就是银行的衣食父母。既然是衣食父母，银行就应该服务至上，而不能单纯保自身利益和安全。否则，也会受企业“断粮”惩罚。况且看企业，乃至中小企业，无疑要看问题，以加强安全防范，但也不能不面对这样一种规律和现实，即大企业和优势企业基本是从中小企业发展起来的，看中小企业仅聚焦问题，就会越看越一无是处，进而放弃潜在市场和社会责任。其实最关键的是要善于看中小企业的成长性。要把握成长性，就得牢固树立真心实意为企业服务思想，以及少亏减亏思想，毕竟银行作为企业哪有只赚不亏的。在此基础上，要认真研究观察企业家、技术、产品等是否内含良好成长性。大凡看准了的就应大胆支持，夯实和扩展银行业务基础，并在激烈竞争中胜出。

银企关系不够协调，既是银行与企业的事，也是地方行政的事，不能简单以为有没有钱是市场和企业自己的事，银行放贷收贷是垂直系统的事，地方行政必须一手托两家，竭诚搞好服务和管理。即营造环境，加强信用生态环境建设和社会诚信体系建设，鼓励银行多服务和多支持企业发展，企业加强诚信自律和创新发展多予银行回报，以促进两者关系更加和谐；当好红娘，广泛深入了解企业和银行情况，并结合地方经济发展实际，多提供场合、搭建平台和沟通信息，加强银企互动对接，推动各种银行金融产品满足企业需求；政策导向，地方行政要坚持政策引领，匹配更多优势资源，以更好地撬动银行对企业多服务与多支持，以及企业多努力创造和多严加自律，支持银行健康发展。

2018 年 7 月

读史要善看五类人物

中国历史浩如烟海，博大精深，源远流长，是世界文明的重要代表。学习研究借鉴历史，注重从中汲取智慧营养，不仅是社会不断传承发展的需要，更是国人不断提高素质和奉献社会的基本功。历史是一个由低级向高级发展的过程，跌宕起伏，纷繁复杂，既沉积有光辉灿烂的文明，也潜藏着某些糟粕。这就为后人学习借鉴历史增加了难度，但只要善于从观察历史人物角度切入，重在辩证分析五类人物，就能在一定程度上把握历史发展脉搏，揭开历史发展的神秘面纱，从中淘得真金，以在现实工作和生活中，耳聪目明，胸有成竹，有所作为，成就事业。

一、伟人

在中国不同历史发展阶段能成伟人的无疑是少数，或为社会改朝换代前后的领袖人物，或是一个朝代中推动社会中兴的领袖人物。一是人生经历坎坷。即在成长为伟人之前，不是生活艰辛，就是创业吃尽千辛万苦，面临众多生死存亡的严酷考验，甚至要肩挑匡扶社稷的历史重担，与各种强大敌对势力进行交锋。如此，也就印证了孟子所言："天将降大任于是人也，必先苦其心志，劳其筋骨，饿其体肤，空乏其身，行拂乱其所为，所以动心忍性，曾益其所不能。"二是地缘政治大家。人们常说伟人眼界高，往往是指善于看世界和把握大势。尤其独到的是深谙地缘政治，善于将本地或本国放到天下地缘政治大背景下观察思考，可谓高屋建瓴和一览众山小。诸如世界最大地缘政治版图是欧亚板块，中国处在欧亚板块东面。在秦始皇统一中国之前为碎片化状态，中华民族尚不具备地缘政治优势。秦始皇的最大历史功绩就在于统一中国，消除了地缘碎片化，为中国在欧亚板块东面复兴发展乃至为今后成为影响世界的大国奠定了坚实基础。汉武帝之所以着力拓展西域，也是从地缘政治高度解决现实问题的样板。三是善于治国理政。主要是胸怀天下，总揽全局，谋势运势，奋发图强，励精图治，辩证而为，既实现了经济发展，社会安定，人民安居乐业，也让敌人甘拜下风。四是影响千秋万代。伟人奋斗一生，所历练的思想、构建的制度、形成的格局等，不仅即期改变了国运，创造了辉煌，也在相当程度上改变了世界，对后世有着深刻而长远的影响。诸如秦始皇统一文字、度量衡、货币、驿道，所创建的郡县制等皆影响至今。五是思想文化巨擘。历史上作为伟人的支撑主要表现在打天下或治天下的业绩名垂史册。但是，还有的伟人除此之外，其在思想理论与文化艺术等方面也取得了巨大成就。

历史上的伟人虽贵为少数，但其智慧和伟业非常值得后人认真学习借鉴和发扬光大。一是崇敬伟人。伟人是时代的产物，更是社会千难万险所锻造出来的领军人物，以及代表当世社会先进思想文化和建设发展成果的集大成者，中华民族历史所具有的灿烂辉煌，有的即凝聚着伟人的智慧和心血。故必须敬仰历史上的伟人，做到吃水不忘挖井人。二是效法伟人。伟人是不同历史阶段的巅峰人物，也是一部内涵丰富多彩的教科书，理当从中汲取智慧营养。诸如学伟人放眼世界，抱负远大，把握大势和规律，勇立时代发展潮头；学伟人思维辩证，深谋远虑，纲举目张；学伟人紧密联系实际，抓主要矛盾，善于“弹钢琴”，具有高超的驾驭艺术能力；学伟人坚定不移，坚韧不拔，坚持不懈，不达目的不罢休等。三是善解伟人。伟人虽为一定时代的杰出代表，但伟人是人不是神。因此，对待伟人要秉持辩证唯物主义和历史唯物主义态度，按照当时大背景、即期条件和社会标准去衡量。做到既善看其占主导地位的大智慧和大贡献，又能实事求是和客观公正地看待某种历史的局限性。

二、强人

在历史各个朝代或时期，都有众多影响广泛的人物。诸如打天下的文臣武将，坐天下有作为的封疆大吏等。一是能力出类拔萃。历史上所出现的强人，除有相应天赋外，有的是打出来的，经历了战火硝烟和死亡之神的历练；有的是干出来的，面对各种风险和挑战，艰苦创业，奋力拼搏，最终打开了局面；有的是学出来的，善于在具体实践中刻苦钻研业务和专业知识，积累了丰厚的专业理论；有的则兼而有之，具有一定的综合优势。二是业绩青史有名。既然强人是在特定历史条件下成长起来的，在能力素质上都有强项，大多在打天下或坐天下过程中建立了突出业绩，在历史上留下了浓墨重彩的一笔，有的思想艺术和技能精华也多影响后世，可谓历史上了不起的人物。三是结局酸甜苦辣。历史上的强人大都经历了三个发展阶段，即开始的艰辛打拼，登上发展顶峰，陷于复杂矛盾旋涡而结局各异。

学习历史，研究强人现象，重要的一点就是要善于从一个层面切入把握社会人才史的某种规律。既然强人都是打出来的，干出来的，学出来的，那么任何立志成才的都必须深入实践去学、去干、去拼搏，培养过硬本领。经过艰苦创业取得了骄人业绩值得骄傲，应该得到社会尊重，且应更好地发挥才智。但是，问题的复杂性是有的强人最终结局为什么并非理想化？一是环境变了。强人之强，无疑来自艰苦环境的倒逼和磨炼，因人生没有退路，又面临生死存亡考验，要改变不利局面，出路只有一拼，进而在拼搏中逐渐成为强者，并取得了成功，具有一定历史影响。随之而来的即是前期成长环境消失，在相当程度上有了名利地位。加之社会上的捧场和诱惑众多，这就为强人思维行为方式变化埋下了伏笔。二是追求变了。强人起初发展目的多是为改变不利和恶劣境况，思维行为方式即着力于干和拼，而恶劣环境也容不得和顾不上考虑与满足人的欲望。当个人奋斗成功，恶劣环境消失，先前所历练成就的本事之作用对象改变，其追求也就容易聚焦到名利地位上。三是关系变了。在强人成长过程中，因环境恶劣，往往靠个人努力是无能为力的，唯一途径就是团结同类，一致对外，其矛盾关系主要是内外关系。当恶劣环境消失，内外关系不再是主要矛盾关系时，内在关系就会成为主要矛盾关系，进而延展变异出了内在关系的内外关系化，促成原关系的分化和复杂化，为强人生存发展埋下了隐患。诸如赵匡胤与文臣武将，打天下和坐天下的关系变化就是如此。四是工作变了。强人之强和成名之作诸多是靠会打仗之类专业强项获得。一旦环境变了，打仗之类的专业较少有用武之地，主业成了执政和管理社会时，则非专业所长和未经过艰苦历练，再加上强人原有能力之强，功名之盛，影响之大，以及有的为伍者与之不平衡等。这些交织交融在一起，就会出现比较复杂的情况。

强人作用发挥和能否有好的发展轨迹，是历史留下的一个困局，延展开来也是人才工作的一个难题，需要深刻汲取历史经验教训，进而去破题解局，促进事业发展。一是重用强人。强人之强的最大特点是在实战和艰苦环境磨炼中获得能力优势，那么从一般意义讲，社会建设发展很大程度上应寄希望于更多的强人去担重任，扛大梁。二是教育强人。强人不好驾驭比较常见，皆因有的通过对比上下左右而自感优势明显，容易在内心看高自己，较难与人为伍合拍。须知产生看高自己心理是正常的，但也是易出偏差的，差就差在对比和聚焦的多为个体，而非组织、制度和事业。可见，对于强人，也当教育辩证看待自身优势，在实际工作中，善于对事业不对人，对制度不对人，对组织不对人，让思想境界和处置关系相容性与能力配套。三是规范强人。重用强人和用好强人，必须做到两手抓和两手硬。一方面在于创造条件，放手使用，这是针对强人能力优势而言的。另一方面在于正确引导，注重规范，这是针对强人用强不当产生的不良影响较大而言的。所谓规范不是消极应对，捆绑手脚，限制行为，而是重在法治规范，制度规范，组织规范，群众规范，使之扬长避短，轻装上阵，多做贡献。

三、文人

如果说中国历史文化丰富多彩，各个历史阶段的文人无疑做出了巨大贡献，既创造文化，又传承文化，非常了不起。细读历史会发现，文人比较特殊，颇值得研究。一是面对的文化发展历程特殊。以春秋战国至前清时期为例，春秋战国时期是社会发展大变革时期，各国的国君均着力聚焦国运兴衰存亡，那么该时期研究治国理政的诸子百家即迅速崛起，形成了百花齐放、百家争鸣的宏大局面；秦始皇统一后焚书坑儒，使有的文人遭到灭顶之灾；经汉武帝推行罢黜百家，独尊儒术之后，则基本为崇尚儒学的文人提供了发展舞台，其他方面文人发展则较次之。二是文人构成特殊。历史上的文人主要奉行的是学而优则仕，且文化素养大都较高，因而其主体是从政；只有少数一开始就远离官场，做闲云野鹤，归隐山林做学问；另有个别则悉心钻研自然科学，颇有成就，如《黄帝内经》之类。三是社会关系特殊。受儒家思想影响，历代文人主要是与官场打交道，较少与社会实践和人民群众打交道，所取得的科技成果和反映人民群众心声的成果较少。四是命运特殊。主要是进入官场的不少文人，往往不得通其道，不是被打击排挤，就是被迫退隐江湖，转而搞文学创作，抒发情怀，成果斐然，得以在文化传承上留下美名，历史上的许多著名诗词歌赋就是官场被贬或退隐江湖文人的大作。

历史上的文人虽说文化成果颇丰，但有的却命运多舛，若从文人角度讲，主要涉及三个问题。一是思想政治问题。文人一般都有自我思想政治见解和独特个性，比较容易与权威政治、官场潜规则、坏人庸人等发生冲突。其间既有外在因素，也有文人自身问题。二是深入生产实践问题。看历史文化成果，有一现象比较明显，即思想政治、军事、文学艺术成果积淀深厚，科学技术成果相对较少，说明文人受学而优则仕影响，较少深入社会生产实践，更不用说创新创造科学技术成果。三是服务人民群众问题。脱离人民群众，是历史上一些文人的通病，尽管也有少数具有某些民本思想，为民请愿，讴歌庶民的人和事，但在整体上没有形成气候和氛围。

社会要发展进步，需要充分发挥文人的重要作用，用现在的话讲就是要重视知识分子，重用知识分子。一是尊重文人。文人是知识的代表，从一定意义讲，尊重文人，就是尊重知识。实践证明，社会的建设发展需要文人去担当重任，要让文人有效发挥作用，就必须在全社会培育浓厚的尊重知识和尊重人才的氛围，这也是社会文明程度的表现。二是支持文人。文人端的是知识饭碗，要充分发挥文人作用，就必须将社会资源要素向文人倾斜，有条件的给条件，少条件和无条件的创造条件，让文人得以有效奉献聪明才智，造福社会。三是感召文人。文人的优势在知识技能，但也不是一好百好，难免存在不足。这就需要对文人予以理解和宽容，也要善于做文人的思想工作，注重以心换心，讨论交流，以理服人，事实说话，求同存异，不断提高，彰显高超的政治智慧和艺术水平。

四、庶人

在学习历史时，有种常见现象就是对于庶人（百姓）的记载较少。即便有记载也多是正史中的重大历史事件，或在文艺创作中讲述百姓故事。一是劳作智慧勤奋。在传统历史观中，创造历史的往往是英雄人物，对百姓的历史地位和历史作用少有科学界定。其实，读史过程可间接感悟到百姓非常勤劳智慧。诸如在特定时代所出现的农业、手工业、医药等先进技术，都是百姓创造的。二是生活苦难深重。百姓生活在社会底层，在历史发展的各个阶段，社会战乱和动荡较多，国泰民安盛世较少，底层百姓遭受的困苦可谓极其深重，甚至在世界少有。三是根基小生产化。传统社会属于农业社会，农民占据人口绝大多数，过着日出而作，日落而息，鸡犬相闻，老死不相往来的生活，形同一盘散沙。四是绝境水常覆舟。百姓是少有的耐压耐苦耐困群体，往往不到身陷绝境，一般皆咬牙挺过去。但是，给逼到了绝境，则会迅速积聚和爆发出极其强大的反抗之力。历史上的农民起义和改朝换代，就是靠百姓揭竿而起实现的。

故孔子曰："君者，舟也；庶人者，水也。水则载舟，水则覆舟，君以此思危，则危将焉而不至矣？"

纵观历史发展进程，贯穿其间的主要还是英雄史观，即便个别政治人物和学者对人民史观有所认识，但其出发点是为了维护统治集团利益，而非让人民群众当家作主。可见，学习历史的放矢之的还在于树立和践行正确的人民史观。一是服务人民。关于学习历史，从中抽象出正确的人民观，为我们做出光辉榜样的是以毛泽东同志为代表的共产党人。面对主导中国几千年历史的英雄史观，只有共产党人第一次反其道而行之，发出了人民；只有人民才是创造历史的真正历史最强音，并将全心全意为人民服务作为共产党的根本宗旨，牢固树立了人民群众的主人翁地位。随着时代的发展变迁，践行宗旨和服务人民只能加强，不能动摇。二是依靠人民。人民群众占人口绝大多数，且战斗在生产建设发展一线，具有博大精深的智慧和力量。故国家要兴旺发达，党要有效执政，都必须充分调动广大人民群众的积极性和创造性，将人民群众紧密团结起来，去实现伟大复兴目标。三是引导人民。鉴于社会复杂多样，不同程度地存在某些错误思潮和不良意识形态，要紧密团结人民群众，还必须满腔热忱地做耐心细致的教育引导工作，进而不断提高素质，更好地投身经济建设。

五、坏人

回顾历史上的坏人，主要有以下几个特征。一是种类繁多。主要包括统治集团的诸多皇亲国戚、士大夫阶层、割据的诸侯军阀，地方土匪强盗、宗族恶势力、帮派邪教组织，社会盛行的黄赌毒之类。其中还有两种特殊现象，一种是有的在闹革命阶段尚能代表进步力量，吃苦耐劳。一旦革命成功或掌握相应权力，即迅速封建化，走上人民对立面，呈现系统性和体制性问题。另一种是在众多坏人中有的并非天生就坏，而是由一定条件促成，甚至个别曾做过对社会和人民有益的事情而后来变质作恶。二是行为祸国殃民。坏人作用在于破坏，常见的有三类。即山头林立，宫廷恶斗，朝纲破败；贪污腐化，官官相护，草菅人命，欺压百姓；争雄割据，军阀混战，分裂和出卖国家。严重的甚至造成社会旷日持久的大动荡、大战乱、大分裂、大倒退，让中华民族付出了极其沉重的历史代价。三是结局两头冒尖。坏人特点在于作恶多端，极度膨胀的私欲一般都得到了极大满足，许多玩权力到了极致，抖威风到了极致，侵吞财富到了极致，吃喝玩乐到了极致，少有戛然而止和被即期制裁的，只有少数罪大恶极或撞到点子的受到了即期惩罚。

历史上的坏人，坏的程度皆与权力大小和财富多少相关，而社会对人的原始欲望进行规范引导不易。具体做法有三：一是防范坏人。历史上坏人之所以防不胜防，往往同一定条件和土壤关系密切。也就是说，具有不良私心私欲的人因有了一定条件和土壤而私心私欲恶性膨胀，进而反过来依仗条件和土壤祸患社会。因此，要从历史中得到启发，有效治理坏人作乱，关键就要防范在先，大力优化条件和改良土壤。诸如强化制度治权、重典治吏、着力治潜规则，阻断拜金主义、市场交换法则、复杂人际关系渗透上层建筑领域，对坏人滋生和作恶实施釜底抽薪。二是斗倒坏人。坏人之坏，主要坏在根上，乱在面上，伤在公和民上。有的是以思想政治对立为目的，有的是以敛财为目的，有的是以奢侈享乐为目的，有的是以兼而有之为目的。如果说历史上出现清明社会，往往在于对坏人作乱出手快，出手重，出手狠，坚决果断予以惩戒和铲除。出现乱世之秋，在于坏人不受节制，信马由缰，成了气候。故汲取历史教训，整治坏人必须政治的、法治的、经济的、舆论的等各种手段一起上，始终保持高压态势，露头就打，除恶务尽。三是改造坏人。辩证法告诉人们，好的东西可向坏的方面转化，坏的东西也可向好的方面转化。坏人不是天生就有，也不是一成不变，关键要尽可能促使坏人向好的方面转化，以确保社会长治久安。改造坏人，必须有好的制度、好的队伍、好的方法、好的业绩，进而教育转化大多数，孤立打击极少数。

2018 年 8 月

重视反面教员，善于克难制胜

提及经济社会发展和人类成长进步，往往离不开各种教员教育启迪。然则，教员是有本质区别的，一类是正面教员，另一类是反面教员。社会应重视发挥正面教员作用自不言表，倒是对于反面教员该如何正确认识、把握和应对，则是应解决好的大问题。

什么是反面教员？社会界定正面教员和反面教员是有标准的，主要是思想政治道德标准，科学文化标准，社会公众标准。符合标准的，即是正面教员。否则，就是反面教员。反面教员，可以是现实的人和事，也可以是历史上的人和事；可以是本国的人和事，也可以是外国的人和事等。现实常见反面教员尽管多样，但基本为三种：一是针对党和国家制度体制、思想政治、发展道路、经济运行、地缘安全等进行各种捣乱破坏的人和事，主要涉及国内外敌对势力。二是错看形势和违背规律，遭受惩罚的人和事，主要涉及主观愿望良好、思维行为方式错误的人，以及搞唯心主义、形而上学、主观主义、教条主义的人。三是违反法律法规和纪律的人和事，主要涉及不法的官员、商人、公民。客观地讲，有的人对于反面教员认识是不足的，问题在于不善于从反面教员身上得到警示，吃了亏还不知所以然；或重视贪污腐化和玩忽职守之类反面教员多，重视错看形势和违背规律之类反面教员少，自觉不自觉常蹈后者覆辙；或不仅没有高度警惕和重视敌对势力反面教员，严重的反被其洗脑和误导，进而上当受骗，走向歧途；或实践中也感知反面教员所在，实际应对不是头痛医头，脚痛医脚，被动应付，就是临时性，少章法，没力度，较难打开工作局面。可见，在新的形势和条件下，要迎接中华民族伟大复兴的大考，交上一份圆满的历史答卷，当善于聚焦和研究各种反面教员所作所为，以开启思路，增强智慧和力量。

怎么看反面教员？反面教员是变化的，也是复杂的，更是有害的，要辩证观察分析，在其面前要成为智者，主要在于三看。第一，现实地看。社会常出反面教员，是不以人的意志为转移的。皆因社会形势复杂多变，利益纷争层出不穷，人的素质参差不齐，现实基础强弱不等。因此，要正确认识反面教员，防范反面教员，整治反面教员。第二，历史地看。中国共产党和社会主义中国发展壮大，其中一个原因是重视研究反面教员。其间又以“四大反面教员”警示作用尤甚。一是帝国主义。其为我党和我国最大反面教员。既让我们懂得了落后就要挨打，又让我们懂得了在中华民族最危险的时候，怎样坚持党的领导，建立民族统一战线，大打人民战争和持久战，更让我们懂得了怎样在政治、经济、军事、文化等方面全方位、多层次、各系统开展反“围剿”、反侵略、反颠覆、反渗透、反封锁、反和平演变，坚持从严治党，坚定走社会主义道路，不断增强综合实力，实现中华民族伟大复兴。正如毛泽东同志所讲：帝国主义是我们最好的反面教员。二是封建主义。中国有两千多年的封建社会，小生产和意识形态根深蒂固，旧中国落后、愚昧、腐败和挨打大多源于此。同时，新民主主义革命和社会主义建设发展之所以能够创造人间奇迹，在相当程度上也是重视研究封建主义反面教员的结果。三是官僚资本主义。党在新民主主义革命时期主要同以国民党四大家族为代表的官僚资本主义作斗争。尤其蒋介石更是不可多得的反面教员，迫使我党从“四一二”大屠杀到一系列围追堵截的艰难险阻中浴火重生，越来越走向成熟和强大。四是苏联大国沙文主义。中国共产党从起家到新中国相当长时期，都是以苏联为正面教员，而对其大国沙文主义、体制弊端等反面教员则一度缺乏认识，以至于在经历种种曲折之后，终于从其反面教员身上得到了深刻启示，依靠独立自主、自力更生，深化改革，扩大开放等，逐步走上了具有中国特色的社会主义康庄大道。历史是面镜子，有各种反面教员表演和相逼，学会或善于洞悉其本质和所变，就是最好的清醒剂、最好的机遇期、最好的推动力。善于以反面教员为师，进而战胜或超越反面教员，业已成为党的优良传统和特有的政治优势。第三，辩证地看。事物具有二重性，反面教员首先是祸，但看透了则可变祸为福。认清敌对势力反面教员，坏事变好事在于让严酷现实扯掉其遮羞布，暴露其本质，进而倒逼人们擦亮眼睛，丢掉幻想，免被误导，激发危机感和创造拼搏潜能，面对艰难险阻奋发有为，狭路相逢勇者胜。认清被形势和规律惩罚的反面教员，坏事变好事在于发人深省，注重深入实际，调查研究，科学决策，狠抓落实，力戒不辨发展形势和违背规律而走弯路。认清腐败反面教员，坏事变好事在于给人们敲响警钟，引以为戒，进而重拳出击，大力整治，强化监督，注重建设，保持防治违法乱纪高压态势，常抓不懈，维护政治清明和社会安定。

怎么对反面教员？社会发展不断有各种反面教员制造困局和乱局，既是巨大风险挑战，更是强身健体和奋力打拼的主战场。一是打破砂锅问到底。俗话说：知彼知己，百战不殆。应对反面教员，不仅涉及概念和理论问题，关键要从实战角度出发，首先，洞悉西方反面教员各种损招，毕竟实现中华民族伟大复兴，无疑将深刻改变世界格局，西方反面教员绝不会善罢甘休，万变不离其宗，就是政治上污名、孤立、打压，经济上封锁、制裁、倾销，军事上围堵、威慑、颠覆，文化上渗透、覆盖、演变等，目的是破坏和延迟中华民族伟大复兴。西方反面教员存在和作恶是由其本质决定的，能倒逼人们免被优越条件和胜利成果所羁绊而幻想、懈怠、享乐、退化。进而清醒头脑，振奋精神，攥紧拳头，见招拆招，英勇战斗。其次，洞悉政敌反面教员各种损招，因国内情况纷繁复杂，难免存在一定公开和隐蔽的敌人，主要是配合西方敌对势力，在政治上污蔑红色历史，丑化人民领袖，攻击马列理论，诋毁党的伟业。在经济上为私有制和资本摇旗呐喊，以期在经济结构强化私有制和资本权重，争得更多主导权和话语权。在文化上极力推广西方腐朽意识形态，宣扬所谓民主自由，贬低传统优秀文化，企图为人洗脑，涣散人心。谋求从根本上取消党的领导、社会主义制度和人民当家作主，搞私有化和三权分立，造成国家民族分裂，成为西方资本主义附庸，这也是其本质决定的。对此，决不能麻痹麻木，忘却了堡垒易从内部攻破。最后，洞悉腐败反面教员各种损招，腐败是阶级社会的顽症，轻者败坏风气，重者亡党亡国。其主观在于欲望膨胀，素质低下，客观在于具备权力、金钱和物资条件，管理监督有缝隙。表现方式虽复杂多变，但常见损招就是权力谋钱，凭借权力任性攫取财富。金钱谋权，凭借金钱任性影响权力。权钱谋欲，凭借权钱任性满足奢侈享乐。二是磨刀不误砍柴工。应对反面教员，可谓实力和智慧的较量，前提是打铁还须自身硬，把自己的事情办好。首先，加强党建。高举马列主义旗帜，树立共产主义理想，践行服务宗旨，着力功能优化，提高党员素质，深入反腐倡廉，充分发挥党的核心领导作用。其次，发展经济。坚持改革开放和经济建设，加快转换发展方式，加大科技创新力度，振兴各项社会事业，真正实现经济大而强。再次，健全法治。坚持有法必依，执法必严，违法必究，护法必实，全面提升法治水平。最后，培育新风。加强社会道德建设，弘扬优良文化传统，打造浓厚的精神文明氛围。三是打蛇打七寸。既然反面教员具有巨大反作用和破坏力，实际应对就必须在战略上藐视它，在战术上重视它，掌握主动，精准施策，讲斗争艺术。首先，讲识战。对反面教员保持高度警惕，既知其长，也知其短，更知其玩法和伎俩。其次，讲能战。充分发挥自身优势，组织动员各种力量，及早夯实基础和弥补短板，不打无准备之仗。再次，讲善战。本着敌变我变，集中优势兵力，打好阻击战，坚决抵御正面进攻和渗透。打好阵地战，坚决铸牢思想文化阵地。打好攻坚战，坚决收复被反面教员占领的失地，扫除反面教员各种影响。打好持久战，始终保持旺盛战斗力。最后，讲胜战。应对反面教员不会毕其功于一役，更不能得胜一时一事就骄傲自满和高枕无忧，关键在于全面、深入和持续由小到大，由近到远，由浅到深，由单一到综合，由数量到质量，不断夺取新胜利，促进中华民族伟大复兴早日实现。

2019 年 5 月

高唱国歌，奋勇前进

我国国歌本源是1935年诞生的《义勇军进行曲》，可谓大气磅礴、壮怀激烈、慷慨豪迈、振聋发聩，令无数国人热血沸腾、赴汤蹈火、奋力拼搏、英勇驱敌，既向世界宣示了中华民族不屈不挠救亡图存的斗争精神，更激励着一代又一代国人在党的领导下，为实现国家翻身解放和民族复兴的宏伟目标而不惜抛头颅、洒热血，谱写着数不尽的壮丽华章。随着时光飞逝，转眼80多年过去了，中华民族一路高唱《义勇军进行曲》，不仅胜利跨越了国家独立，建设社会主义新中国，改革开放、建立和发展社会主义市场经济历史阶段，而且正行进在越来越接近中华民族伟大复兴的康庄大道。诚然，说到国歌，可谓妇孺皆知，耳熟能详，时常高唱。但是，面对不同历史发展阶段和纷繁复杂的形势，到底该怎样在心里唱好国歌，又怎样从国歌中汲取智慧和力量，去不断创造人间奇迹，则绝非易事。其关键要经常围绕国歌深思联想，把握精髓，获得启迪，以更好指导实践。

国歌是旗帜。高唱国歌，汲取国歌的智慧和力量，必先深刻寻踪中华民族百年屈辱历史。在三座大山的压迫下和民族危亡的紧要关头，当怎样打破国破家亡的厄运和屡战屡败的魔咒，《义勇军进行曲》无疑成了激励国人奋起抗争的一面旗帜。所要把握的关键词是："不愿做奴隶的人们"，说明不能做亡国的奴隶；"中华民族到了最危险的时候"，说明旧中国到了亡国的边缘，劳苦大众被逼入了绝境；"起来！我们万众一心"，说明在生死存亡面前，只有全民族紧密团结起来奋起抗争，方有起死回生的可能和突出重围的希望；"冒着敌人的炮火，前进！"说明团结抗争必须明晰敌人是谁，炮火又是什么，进而勇往直前。敌人就是帝国主义、封建主义和官僚资本主义，炮火就是敌人穷凶极恶的侵略、杀戮、奴役、剥削和殖民。故新民主主义革命之所以取得伟大胜利，一雪百年之耻，就在于根据中华民族到了最危险的时候这一客观实际，找到了全民族大团结争取独立解放的道路，向着敌人高举的屠刀和隆隆炮火奋勇前进，狭路相逢勇者胜。

国歌是动力。高唱国歌，汲取国歌的智慧和力量，必须认真解读社会主义新中国革命和建设的曲折历史。明晰英勇的中国人民到底靠什么力量，实现了革命和建设的突飞猛进，基本建成了较为完整的工业体系，成为世界大三角格局的重要一极。联想延伸所要把握的关键词是："不愿做奴隶的人们"，说明不能做艰难险阻的奴隶；"中华民族到了最危险的时候"，已过渡到立国创业最困难的时候，说明国家虽战胜了亡国最危险的时候，中国人民从此站起来了，但立国基础却一穷二白、一贫如洗，生存发展面临巨大风险挑战；"起来！我们万众一心"，说明在各种艰难险阻和巨大风险挑战面前，只有全民族紧密团结，继续发扬革命战争时期一不怕苦、二不怕死的革命精神，自力更生，艰苦奋斗，方能夺取革命和建设的一个又一个新胜利；"冒着敌人的炮火，前进！"说明搞革命和搞建设同样必须明晰敌人是谁，炮火又是什么，进而勇往直前。敌人就是国内外敌对势力，西方腐朽意识形态流毒，封建主义遗毒，执政与和平环境下潜在的周期律问题。炮火就是国际敌对势力的封锁、颠覆、侵略、破坏与和平演变，国内敌对势力的破坏捣乱，革命队伍中某些人和平麻痹、思想变质、意志懈怠、消极腐败等。如果说社会主义新中国革命和建设事业所取得的丰功伟绩来之不易，很大程度就在于根据中华民族到了最困难时候的客观实际，找到了大力发扬革命光荣传统，凝聚举国上下智慧力量，发展壮大社会主义的道路，战胜了国内外敌人和各种艰难险阻，开创了社会主义中国新纪元。

国歌是警钟。高唱国歌，汲取国歌的智慧和力量，必须切实把握改革开放、建立和发展社会主义市场经济的艰辛历史。深入分析我国是怎样实现了经济跨越式发展，综合国力大幅提升，人民群众生活极大改善，国际地位更加强固，以及中华民族伟大复兴何以会面临更加纷繁复杂的风险挑战。联想延伸所要把握的关键词是"不愿做奴隶的人们"，说明不能做金钱财富的奴隶。"中华民族到了最危险的时候"，已过渡到国泰民安最富裕的时候，说明经过多年的建设和发展，国家和民族进入了有史以来的最好时期，有些发展成果甚至走在了世界前列。然则，对现今社会大多数国人来讲，虽说时常高唱国歌，但对中华民族到了最危险的时候和最困难的时候之理解还只是一种概念，缺乏实际经历和切身感受，个别的甚至早已忘却。倒是面对良好的和平环境与丰厚的物质条件，有的则产生了诸多优越感、享受感和满足感，这也是时代转型发展的特有现象。"起来！我们万众一心"，说明现在虽然日子过好了，幸福指数提高了，举国上下仍必须保持清醒头脑，紧密团结，开拓进取，才能顺利到达中华民族伟大复兴的理想彼岸。"冒着敌人的炮火，前进！"说明深入推进改革开放和发展社会主义市场经济，照样需要明晰敌人是谁，炮火又是什么，进而勇往直前。敌人就是国内外敌对势力、西方腐朽意识形态流毒、封建主义遗毒，执政与和平环境下潜在的周期律问题，市场经济和资本的负面影响。炮火就是国际敌对势力的封锁、颠覆、威胁、破坏与和平演变，国际资本炮制的枷锁、酝酿的危机和各种的“剪羊毛”，国内敌对势力的破坏捣乱，以及行政领域的某些权力腐败，经济领域“丛林法则”、拜金主义、唯利是图、不择手段等违法违规和失德失信行为，社会生活领域理想信念缺失、道德水准下降、责任心和正义感淡化、私心私欲膨胀等所导致思维行为的扭曲、妄为和极端。可见，高唱国歌和唱好国歌，必须时刻让中华民族到了最危险的时候和最困难的时候历史警钟长鸣，高度警惕堡垒最容易从内部攻破，建设发展的最大敌人是内部消极懈怠，贪图享受，行为腐败，成了金钱和利欲的俘虏。

国歌是明镜。高唱国歌，汲取国歌的智慧和力量，必须聚焦即将实现中华民族伟大复兴新的历史。着力思考、拼搏、推进中华民族重登世界历史峰巅和巍然屹立千秋万代。联想延伸所要把握的关键词是“不愿做奴隶的人们”，说明不能做逢强必骄、必奢和必霸的奴隶。“中华民族到了最危险的时候”，已过渡到国运昌盛最强大的时候，说明国家综合实力将要或已领先世界，仍必须时刻牢记发展巅峰时代是怎么来的，又该怎样巩固和发展。尤其不能忘记中华民族最危险的时候和最困难的时候所历练的民族奋斗精神，以及为开创巅峰时代所打下的坚实基础和提供的强力支撑，且融入后人的思维行为。“起来！我们万众一心”，说明后人不仅要感恩前人在中华民族最危险的时候、最困难的时候、最富裕的时候所做出的历史性贡献，幸福享受建设发展成果，更要坚定不移地担负起实现中华民族最强大和巩固发展最强大的历史重任，更加紧密地团结在党的周围，向着共产主义远大目标迈进。“冒着敌人的炮火，前进！”说明实现中华民族伟大复兴，巩固和保持峰巅发展时代，更要明晰敌人是谁，炮火又是什么，进而勇往直前。敌人仍旧是国内外敌对势力，各种腐朽意识形态流毒和遗毒，执政与和平环境下潜在的周期律问题，权力、资本和市场的负面影响。如果说中华民族在最危险的时候、最困难的时候、最富裕的时候，面对的最大敌人是国内外敌对势力，那么到了最强大的时候，面对的最大敌人则是自身肌体出问题。炮火就是国际敌对势力的掣肘、破坏、腐蚀和演变，国际市场和资本酝酿的各种危机，国内敌对势力的破坏捣乱，自身在优越条件下可能产生的心无主义、志疏神迷、不以史鉴、逐利肥私、恃富生奢、享乐忘形、状如散沙、强而称霸、居安忘危，最终让自己打垮自己。因此，必须始终以国歌为镜，思维行为既要有世界视野，更要有历史纵深，永远铭记中华民族到了最危险的时候、最困难时候和最富裕时候所练就的民族之魂与力量，永远铭记中华民族建设发展之敌和炮火，永远铭记打破绝境、突出险境、进入顺境、保持佳境的唯一出路就是“起来！我们万众一心，冒着敌人的炮火，前进！”

2019 年 12 月

图书在版编目（CIP）数据

征途心语：基层为民服务的实践与思考 / 曹欣著 .
—北京：东方出版社，2023.8
ISBN 978-7-5207-3499-8
Ⅰ. ①征… Ⅱ. ①曹… Ⅲ. ①地方政府 - 行政管理 -
中国 - 文集 Ⅳ. ① D625-53
中国国家版本馆 CIP 数据核字（2023）第 105376 号

征途心语：基层为民服务的实践与思考

ZHENGTU XINYU: JICENG WEIMIN FUWU DE SHIJIAN YU SIKAO

作　　者：曹　欣
策划编辑：姚　恋　李志刚
责任编辑：黄彩霞
出　　版：東方出版社
发　　行：人民东方出版传媒有限公司
地　　址：北京市东城区朝阳门内大街 166 号
邮　　编：100010
印　　刷：北京汇林印务有限公司
版　　次：2023 年 8 月第 1 版
印　　次：2023 年 8 月第 1 次印刷
开　　本：710 毫米 × 1000 毫米　1/16
印　　张：56.75
字　　数：966 千字
书　　号：ISBN 978-7-5207-3499-8
定　　价：168.00 元
发行电话：（010）85924663　85924644　85924641